2010 年度教育部人文社会科学研究一般项目
《排污权初始分配的法律调控》（10YJA820102）成果

排污权初始分配的法律调控

On the Initial Allocation of Emission Rights

王清军　著

中国社会科学出版社

图书在版编目（CIP）数据

排污权初始分配的法律调控／王清军著．—北京：中国社会科学出版社，2011.12

ISBN 978 - 7 - 5004 - 9911 - 4

Ⅰ.①排…　Ⅱ.①王…　Ⅲ.①排污 - 费用 - 环境保护法 - 研究　Ⅳ.①D912.604

中国版本图书馆 CIP 数据核字（2011）第 118001 号

责任编辑　宫京蕾
责任校对　郭　娟
封面设计　弓禾碧
技术编辑　李　建

出版发行　中国社会科学出版社　　出版人　赵剑英
社　　址　北京鼓楼西大街甲 158 号　　邮　编　100720
电　　话　010 - 64040843（编辑）　64058741（宣传）　64070619（网站）
　　　　　010 - 64030272（批发）　64046282（团购）　84029450（零售）
网　　址　http：//www.csspw.cn（中文域名：中国社科网）
经　　销　新华书店
印　　刷　北京奥隆印刷厂　　　　装　订　廊坊市广阳区广增装订厂
版　　次　2011 年 12 月第 1 版　　印　次　2011 年 12 月第 1 次印刷
开　　本　880×1230　1/32
印　　张　9.5　　　　　　　　　　插　页　2
字　　数　245 千字
定　　价　30.00 元

中文摘要

　　严格意义上的排污权交易制度应当包括三个主要过程：排放总量控制、排污权初始分配（排污许可证配额分配）以及排污权交易（买卖交易）。其中，排放总量控制担负着环境保护及创造稀缺市场职责，构成排污权交易制度之必要前提；排污权交易则保障稀缺资源实现优化配置，形成排污权交易制度之逻辑终点；居于中间位置的排污权初始分配则起着承上启下之功能：借助排污权初始分配机制，排放总量被分成若干具体份额，按照既定分配规则赋予不同排污主体，以污染物持续减排为主要目标的排放总量控制机制才得以贯彻落实。通过初始分配机制，形成具有相对排他性、可交易和可测量之排污权，以经济效率为主要价值取向的排污权交易机制才有可能真正启动。对排污权初始分配机制进行专门研究不仅可以指导排污权初始分配的实践工作，而且对于排污权交易制度自身完善也有重要意义。

　　本书第一部分分析了排污权初始分配机制的基本原理。首先明确排污权及其法律属性。通过回顾排污权物权化理论和实践困境，指出在财产权来源多元化、财产权性质综合化和功能性财产权日益增多的情况下，应跳出以所有权为中心而析出其他权利、须在绝对之物权和相对之债权二元结构中寻找财产权利性质的理论桎梏，以开阔视野和在更广泛领域内探寻排污权法律属性。结合新财产权理论，文章指出从以下几个方面理解排污权法律属性：第一，排污权具有私权和公权的双重属性，受公法和私法调整；

第二，排污权是一种功能性权利，具有促进、引导和激励等诸多功能；第三，排污权保护具有特殊性，排污权初始分配构成权利保护重要内容。其次，对排污权初始分配进行了界定。作为一种行为、一个过程、一类关系的有机总和，排污权初始分配基本构成要素应当是相对固定的，即分配关系主体、分配客体和调整分配关系的具体分配权利（权力）义务规则。排污权初始分配特征包括：行政主导下市场手段和管理手段的有机统一，利益分配和资源配置的有机统一，多种价值取向的有机统一；最后，论文论述了分配法律关系主体理论。指出所谓分配法律关系主体即依法或依照协议参与排污权初始分配过程，享有权利（权力）和承担义务（责任）的法人或法人共同体组织。按照享有权利和承担义务的不同性质，初始分配法律关系主体可以分为分配主体和分配接受主体。在特殊情况下，国家可以作为分配主体，也可能成为接受主体。分配主体就是在分配法律关系中，依法对排放总量按照既定分配规则进行分配，享有权力和承担责任的行政主体或其他依法授权受委托组织。分配接受主体就是依照政策法律规定或依照协议参与排污权初始分配法律关系，基于一定分配规则获得一定排放权份额的排污主体的总称。以分配主体和分配接受主体为主，联结其他利益相关者构成一个分配共同体结构。

本书第二部分论述了排污权初始分配基本规则包括既往占有、当前占有、公平分配等。既往占有亦称历史分配，是基于历史排放量基准或其他基准进行排污权初始分配。种类包括：按照历史排放量分配，按照历史能耗量分配、按照历史排放绩效分配。洛克的劳动财产理论及诺齐克财产持有理论构成了既往占有正当性的主要来源。既往占有在排污权初始分配占据重要地位，但存在着基准年选择困难和一定的道德困境。基于当前或最近排放量或其他基准进行排污权初始分配即当前占有。它包括基于当前实际排放量进行排污权初始分配和基于当前排放绩效进行排污权初始分配。当前占有的正当性可以从法律规定中找到，也可以从休谟的功利主义和法经济学的效率标准中找到。当前占有很多优点：减少重新制定分配规则的制度成本；可以带来效率提高；可能产生制度规则的预期效应等。但当前占有形成的禀赋效应造成排污权"惜售心理"，当前占有同人与自然和谐理念也存在矛盾之处。公平分配包括基于机会公平的初始分配、基于结果公平的初始分配及考虑机会与结果公平的多元分配。德沃金的资源平等理论和"拍卖"假设论证了排污权初始分配拍卖规则的正当性。拍卖规则可以分为密封拍卖和公开加价拍卖。拍卖规则保障每个排污主体同等竞价机会，强调排污权初始配置过程中的机会公平同时带来充裕环境治理资金，故成为理论和实务界推崇的主要分配规则。但存在造成排污主体无污染防治计划及加重排污主体额外成本负担等顽疾。基于结果公平的平均主义分配也在温室气体排放权分配中占据一席之地。全球气候变化的不确定性会引起平均主义思潮泛滥。平均主义理论主要包括基于人均排放的"紧缩与趋同"分配规则，"一个标准，两个趋同"分配方案，"人均累积排放"计划等。

　　本书第三部分对排污权初始分配机制包括主体和具体分配规则的实践状况做了细致描述。本书回顾了美国"酸雨计划"二氧化硫排放权初始分配的公开博弈过程，指出以下几点经验值得借鉴：第一，依法赋予分配主体（EPA）职权能够保障初始分配顺利进行。EPA法定地位和权责是保证排污权初始分配顺利进行必要条件和重要保证；第二，分配接受主体有效厘定和有序扩大。排放接受主体被明确为具有固定源、同质性等属性特征的火电厂，并按照强制和自愿结合思路确定接受主体，有序扩大参与主体数量，保障规模市场效应；第三，建立一种分配规则为主，多种分配规则并存的分配格局。采用何种分配规则或几种规则组合，取决于在支配作用的经济、政治、技术、环境条件以及规则的有机整合程度。《京都议定书》谈判中，当前占有能够满足当时各国控制温室气体需求，兼顾各国现存或既得利益，能够做到当前利益的最大化满足，且包括了一个更低的管制成本。人均排放量为基础的排放权分配机制可以为发展中国家提供更大的生存和发展空间，易为发展中国家接受。但由于基准年难以确定以及实施操作的具体难度，平均主义最终没有出现在国际法律文件之中。

　　本书第四部分对完善中国排污权初始分配机制提出思路。回顾了中国排污权交易制度规范性法律文件等，分析了中国排污权初始分配机制存在的种种问题：第一，排污权交易制度缺乏整体主义考量，断片化现象突出。缺乏排放总量控制目标和对排污权初始分配关注不够，旨趣仅停留在"交易"层面。第二，分配主体及其分配权配置存在问题。包括横向权力配置方面的部门利益化和监督权缺失问题，纵向权力配置方面的正式法律渊源虚化，多样化和可操作性差等；第三，排污权初始分配规则存在问题。包括具体分配规则单一问题；定价出售规则所耗成本巨大和随意性问题；拍卖规则功能异化，有沦为资本游戏风险；有偿分配费用名目繁多，名称各异，有加重排污主体负担问题。第四，排放量数据管理规则问题分析。包括缺乏规范的排放数据库管理制度和明确的责任追究制度。最后对中国排污权初始分配机制提出了若干建议：在法律法规完善方面，提出修改完善环境法律法规，明确排污总量控制机制及实施措施；法律授权环境主管部门排污总量初始分配权责；出台国家层面的排污权初始分配规则制度。在初始分配主体分配权配置方面，依寻能源和环境政策一体化思路，依法明确国家环境部在总量控制和初始分配的主导地位，通过联席会议和通报机制协调横向关系；在初始分配接受主体方面，结合同质性、成本差异、技术手段、市场力量等，将强制性和自愿性结合起来，分阶段有计划渐次扩大接受主体范围和数量，在较长一段时间内应在火电行业推广为宜；在分配规则方面，建立一种分配规则为主，多种规则并存分配格局。本书的最终结论非常简单：各种排污权初始分配规则在立法或实践中都有广泛的运用，但同时都存在一定的局限。每一种规则都有它的优势和不足，在不同的地域行业、技术以及其他条件下，这些优势或者缺陷可能会最大化或者最小化。没有一种分配规则可以证实在所有情况下，考虑到制度的各个层面都优于其他分配规则。排污权初始分配规则的选择，必须满足多项价值目标，最终取决于在某个特定时间和地点起支配作用的制度、经济和技术条件。

Abstract

Strictly speaking, the emission rights system consists of three main process-capping, allocating, and trading. Among them, the capping process takes the responsibility of protecting the environment and creating the market, which constitutes prerequisite of the emission rights system; the trading process guarantees optimal allocation of scarce resources, which forms the logical end of the emission rights system. The initial allocation of emission rights plays a role of connecting the capping process and the trading process: by virtue of the initial allocation mechanism, shares of the cap must be distributed among resource users and potential resource users in the allocation process according to established distribution rules. Through the initial allocation mechanism, the relatively exclusive, measurable and tradable emission rights can be established, and as a result of that, the economic-efficiency-centered market trading mechanism is possible to start. Research on the initial allocation of emission rights mechanism can not only guide the practice of initial allocation of emission rights, but also perfect the emissions trading system itself.

The first part of the dissertation is the preliminary analysis of the basic principle of the initial allocation mechanism. First of all, it is necessary to define the legal nature of the emission rights. By analyzing the plight of transferring the emission rights into the real right, the article points out that, in the situation of the diverse and integrated property rights, and the ever-increasing functional property, we should jump out of the ideas that ownership is the center of other rights, so that we can find the legal nature of the emission rights limited to the absolute real rights and relative obligation rights. With a reference to theories from "the New Property", the article points out that the legal nature of emission rights should be analyzed from the following aspects: First, the e-mission rights has the dual legal nature of private rights and public rights, which should be regulated by both public and private laws; secondly, the emission rights is the functional right, with the function of promotion, guidance and encouragement, and so on; thirdly, the protection for the emission rights has special feature: the nature of emission rights plays a vital role in the initial allocation process. Next, the article analyses the initial allocation mechanism of emission rights. Being a legal act, a legal process and a distribution relationship, the basic elements of the initial allocation mechanism, that is, the distribution of subjects, objects and the allocation rules between different subjects should be relatively fixed. The initial allocation of emission rights includes the following characteristics: integration of market means and management means under the guidance of executive authority; integration of profit allocation and resource allocation and the integration of various value orientations. Finally, the author analyses the theory on legal allocation subjects. The author declares that the subjects refer to legal persons or organization of legal community that take part in the initial allocation process in accordance to the law or agreement, enjoy rights and bear responsibilities. According to the different features of their rights and duties, the subjects in initial allocation process can be subdivided into allocation subjects and acceptance subjects. In some special circumstances, the state can be both an allocation subject and an acceptance subject. Allocation subjects refer to those executive bodies or associated agencies that determine the share of allocation according to the agreed allocation rules, enjoy relevant rights and bear duties. Acceptance subjects generally refer to those emission subjects that enjoy a certain amount of emission share according to the laws or regulations. Allocation subjects, acceptance subjects, together with other interest parties, form an allocation community.

The second part of the dissertation discusses the basic rules of initial allocation of emission rights, including Prior possession, Present possession, equitable distribution and others. Prior possession is also known as Prior allocation, and is the initial allocation based on prior emission or other criterion of distribution. The legitimacy of Prior possession is fully supported in Locke's and Nozick's theory. Prior possession plays an important in an initial allocation, but it also faces some difficulties, for example, the choice of the base year, and other moral dilemmas. Present possession is also called grandfathering. It is an initial allocation of emission rights based on present emission, the latest emissions figures or other criteria. Present possession's legitimacy can be found out both from current law, from Hume's utilitarianism and from efficiency of law and economics. Present possession owns many advantages, including: the reduction of system cost for re-establishing allocation rules; bringing about increased efficiency; producing the expected effects of such rules. Nevertheless, the endowment effect caused by the present possession may result in "reluctant-to-sell psychology". From the long-term point of view, this type of allocation also reflects the idea that humans are independent of nature, which conflict with the idea of harmony between man and nature. Equitable distribution includes initial distribution based on fair opportunities, initial distribution based on fair results and diverse distribution based on the fairness of both opportunity and result. Dworkin's equality theory of resources and the "Auction Suppose" demonstrates the legitimacy of the auction rules in the initial allocation of emission rights. Auction can be divided into sealed-bid auction and ascending auction. Auction rules guarantee equal bidding opportunities for each pollutant, emphasize the fair opportunities on the initial allocation emissions and bring fund for environmental management. Because of these advantages, auction rules have become the major allocation rule in theory and practice. However, auction rules also have some disadvantages; for instance, it may cause the pollutants to stop planning sewage and increase the burden of additional costs for emission subjects. Egalitarian allocation, which focus on fairness of results, also occupies a place in allocation of greenhouse gas. The uncertainty of global climate change causes the proliferation of egalitarian thought. Egalitarian allocation consists of contraction and convergence and so on.

The third part of the dissertation gives a detailed description of the basic rules of the initial distribution. It reviews the allocation process of the open game of the United States "Acid Rain Program", and points out what can be learned from that experience: First, according to law, subjects (EPA) is endowed with the main responsibility to guarantee the smooth progress of the initial distribution. As an executive body, EPA is authorized by the federal government and directly responsible to the president. The legal status and responsibilities is to ensure the necessary conditions for the initial allocation, to express statutory authorization to bring environmental authorities as well as personnel and better equipment; Secondly, acceptance subjects was given an effective definition and orderly expansion according to the plan. After scientific evidence and public game, acceptance subjects was limited to fixed sources, homogeneous characteristics such as thermal power plants, and in accordance with mandatory and voluntary participation to determine the number, the number of effective protection in the main market effects of scale. The number of trial should not be too many and too complex at first, after certain period of trial, the scale can be gradually expanded; thirdly, there is a major distribution pattern based on one rule and the coexistence of multiple distribution rules. Which distribution rule to apply is up to the dominant role in the economic, political, technological and environmental conditions and the level of organic integration of the rules. In the "Kyoto Protocol", present possession met the needs of greenhouse gases of the participating countries. Furthermore, it took into account the existing interest of different countries, so that it could maximize the current benefits. Moreover, this distribution included a lower control costs. Emissions allocation rights mechanism based on per capita emission provided developing countries with greater survival and development space and so made it easier for them to accept. However, due to the difficulty in determining the base year and the loss of voice for developing countries, egalitarianism failed to appear in international law.

The fourth part of the dissertation supplies some proposals for the initial allocation of emission rights mechanism of China. After reviewing the emission trading system of normative legal documents, the author analyzes the existing problems in the mechanism of China's initial allocation of emission rights: in the first place, the emission system lacks a general consideration, and the phenomenon of fragmentization prevails in China, with the main interest staying on the level of "trading". In the second place, there is problem on allocation subjects and the distribution of its allocation rights, for instance, horizontally, the department's interests and the lack of supervision power; vertically, virtualization of the sources of formal laws; and the low operability caused by various power allocation, etc.. In the third place, there are problems on the initial emission allocation rules, such as homogeneousness of allocation rules, difficulty in harmonizing efficiency, fairness and environmental protection, and the huge cost in fixed-price sale rules; alienation of auction rules, with a high risk of becoming capital game; different names on paid allocation, making it possible to increase the cost for the emission subjects. In the fourth place, there are problems on allocation data management rules, such as the lack of management system for the standard emission database and the lack of clear accountability system. Based on the above analyses, the author put forward the following suggestions: one, in terms of laws and regulations, the author holds that it is necessary to modify the existing laws and regulations to clarify total emission amount control system and implementation measures, to authorize environmental agencies the rights to allocate the initial emission, and to publish the national regulations on initial emission allocation rights. Two, in terms of initial emission allocation subjects, the state should clarify the Environment Bureau's leading role in total emission control and initial allocation on the basis of integration of energy and environment policies; establish joint conference system and reporting system. Three, in terms of acceptance subjects, the state should consider factors such as homogeneousness, cost difference, technological means, market power, etc.. Combine compulsory and voluntary means together, so that it can gradually enlarge the number and scope of acceptance subjects. And for a certain long period of time, it should be mainly popularized in thermal power industry. Four, in terms of allocation rules, the state should establish a system with one major allocation rule and many other minor allocation rules. Finally, it comes to the viewpoint of the dissertation: the various rules on initial allocation of emission rights are widely applied in legislation or practice, but at the same time, they all possess certain limitations. Every rule has its advantages and disadvantages and in different geographical sectors, technology and other conditions, these advantages or defects of may be maximized or minimized. There is no allocation rule that can be confirmed to be superior to all the other allocation rules when taking into consideration all levels of the system. The choice of the rules for initial allocation of emission rights satisfy a number of value targets, so it ultimately depends on the system, economic and technological conditions functioning the dominant role in a specific time and place.

目　　录

引　言

一　问题的提出

在经济学上，把因生产或消费对其他人产生的附带成本或收益叫做外部性。外部性是普遍存在的。在人群中抽烟，在生产过程中向周围环境排放废水、废气等污染物等都会产生外部性。根据外部性产生原因，可以区分为消费外部性（如吸烟）和生产外部性（如排污）；根据外部性造成的后果好坏，则可分为无外部性、正外部性和负外部性（消极外部性或外部不经济性）。排污行为就是一种典型的生产外部性和负外部性。1920 年，经济学家庇古（Pigou）在《福利经济学》中提出，可以采取对污染者征税或收费办法来解决负外部性问题，税收标准应等于污染的外部成本，从而使企业成本等于社会成本。[①] 欧美各国实践表明，这种政策并不是非常有效的。因为制定有效庇古税的信息负担相当大，以至于无法计算出有效的庇古税数额。庇古税的缺陷促使人们不断寻求新的治理方法以减少排污行为所致外部性。1960 年，经济学家科斯（Coase）在《社会成本问题》[②] 等一系列著作中指出，污染需要治理，而治理污染也会给企业造成损失。既然日常商品交换

---

① ［英］庇古：《福利经济学》，何玉长、丁晓钦译，上海财经大学出版社 2009 年版。

② Coase, "The Problem of Social Cost" *Journal of Law and Economics*, 1—44, October 1960.

可看作是一种权利（产权）交换，那么污染权也可进行交换，从而可以通过市场交易来使污染达到最有效率的解决。1966 年，环境政策学者克罗克（Croker）将科斯定理用于对空气污染控制的专门研究。1968 年，经济学家戴尔斯（Dales）在《污染、财富和价格》①一文中，首次提出"污染权"（Pollution Right）概念，并将科斯定理用于水污染控制研究。上述各个方面的研究奠定了排污权交易制度基础。1972 年，经济学家蒙哥马利（Montgomery）从理论上证明了基于市场的排污权交易系统明显优于传统的环境治理政策，可以和传统制度相互补充治理环境污染。如果用排污权交易系统代替传统排污收费体系，就可以节约大量成本。②排污权交易制度自此开始正式登上历史舞台，并成为当代社会污染治理或控制环境污染的重要制度。

制度经济学家康芒斯系统阐述了交易概念。他认为交易是指"个人与个人之间对物质的东西的未来所有权的让与和取得，一切取决于社会集体的规则"③。康芒斯将交易主体局限于"个人"，将交易核心定为"对物质的东西的未来所有权的让与和取得"。阿尔钦和德姆塞茨将交易主体含义由个人拓展为组织或政府，交易内容扩大为排污权这种无形财产权的让与和取得。康芒斯认为，依据交易性质可以将其分为：买卖的交易、管理上的交易和限额的交易。其中，买卖的交易通过法律上平等的人们自愿的统一，转让财富的所有权。从这个意义上讲，排污主体之间的交易就是买卖的交易。管理上的交易是指用法律上的上级的命令创造财富，排污主体内部的交易就是管理的交易。限额的交易，由法律上的上级指定，分派财富创造的负担和利益。政府与排污主体之间的

---

① Dales John, *Pollution Property and Prices*, US：University of Toronto Press, 1968.

② Montgomery, "Markets in Licenses and Efficient Pollution Control Programs", *Journal of Economic Theory*, 395—418, 5 (3), 1972.

③ ［美］康芒斯：《制度经济学》，于树生译，商务印书馆 1962 年版。

交易就是限额的交易。若不考虑管理的交易，同时考察买卖的交易（真正意义上市场交易）和限额的交易（排污权的初始分配），就是广义的排污权交易。若单指买卖的交易，就是狭义的排污权交易。可见，限额交易和买卖交易构成排污权交易制度的重要内容，其中，限额交易是政府分配财富和负担，买卖交易是财富或负担的相互交易。结合上述学者关于交易及排污权交易的若干理论，我们认为排污权交易制度的基本含义包括以下三个主要层次：第一层次是根据或借鉴环境质量或环境容量要求，确定区域一类或几类主要污染物的排放控制总量；第二层次由政府或主管机关（分配主体）依照法定程序和一定分配规则将排污总量转化为排放许可指标份额，面向合法排污主体（分配接受主体）进行初始分配（限额交易）；第三层次是排污许可指标及其所代表的排污权可以在具有不同边际治理成本的排污主体以及其他利益相关主体之间进行交易（买卖交易），从而使整个社会以最低成本达到环境保护目标，并同时实现资源配置效率的最大化。一言以蔽之，一个完整的排污权交易制度应当主要包括三个不可分割组成部分或过程：一类或几类主要污染物排放总量的依法确定、初始排污权的政府分配或配置（排污许可证配额分配）以及排污权交易（买卖交易）。其中，处于首端的主要污染物总量控制担负着保护环境质量以及创造稀缺市场职责，构成排污权交易制度之必要前提；处于末端的排污权交易则保障稀缺资源实现优化配置，构成排污权交易制度之逻辑终点；而居于中间位置的排污权初始分配则起着承上启下之功能：借助初始分配机制，排污总量被分成若干具体份额，按照既定分配原则规则赋予不同排污主体，以保护环境质量为主要目标的总量控制机制才得以贯彻落实。通过初始分配机制，形成具有相对排他性、可交易和可测量之排污权，以经济效率为主要价值取向的市场交易机制才有可能启动。故如何进行排污权初始分配体制建构？包括分配关系主体、分配客体以及分配规则等不仅事关排污总量控制目标的有效实现，而且涉及排污权交易的顺利进行。

二 选题的目的和意义

早期的科斯定理认为环境资源有效配置与最初将权利赋予谁无关，但排污权交易实践表明排污权初始配置却构成最有争议问题。因为"排污权交易又意味着财产权交易，所以排污权初始分配构成财产权初始分配，它是一个技术和政治上的难题"；[①] 其次，经济学家哈恩（Hahn）[②] 经过论证后指出，在完全竞争条件下，排污权市场效率不受初始排污权分配影响。在不完全竞争的市场中，排污权的初始分配会影响排污权交易制度的效率。因为排污权市场本身就是不完全竞争市场，故选择合适排污权初始分配方案是至关重要的。最后，排污权初始分配不仅对排污主体本身的财政负担有重要影响，甚至还牵涉社会既定利益集团的利益得失。具体来讲，对排污权初始分配法律调控进行专门研究具有以下几个方面的目的和重要意义：

（一）排污权交易制度本身进一步完善的客观需要

真正的和真实意义上的公平乃是所有法律制度的精神和灵魂。实在法由它解释，理性法由它产生。任何法律制度建构及其有效运行均须考量公平的法律价值理念，但如何将公平理念渗透到法律制度中需要对此制度进行微观描述和细节分析。我们知道，排污权交易制度是在传统直接管制手段成本居高不下且效果式微背景下出现的一种以市场激励为导向的环境制度。从制度定位上看，它应当属传统管制制度的重要补充而非直接

---

① Palmisano, "Air permits Trading Paradigms for Greenhouse Gases: Why Allowances won't work and credits will. Discussion Draft", *Enron Europe Lid London*, 32—33, 1996.

② Hahn, "Trade-offs in Designing Markets with Multiple Objectives", *Journal of Environmental Economics and Resource Economics*, 11—26, 3, 1986.

替代。在法学者、经济学者和环境保护实际工作者共同努力下，将此制度应用于污染防治实践，并在大气污染防治领域有成功案例。近年来在范围和规模方面渐次扩大，从大气污染物控制拓展至水污染物控制，且在温室气体排放控制及减缓气候变化方面也有大幅推开之势。论文选取这样一个以市场和效率为核心而构建的环境法律制度进行公平正义的法律价值探寻可以窄化研究视角和研究范围，拓展研究思路和研究路径。具体来讲，通过以效率为核心而建构的有关排污权初始分配法律关系中主体、客体尤其是具体分配规则进行公平正义的审视，一方面，可凸显制度之公平正义考量对效率的抑制抑或促进功能；另一方面，通过对公平和效率交互影响下建构的若干排污权分配规则有机组合进行分析，为排污权交易制度自身完善提供借鉴。

再者，现有对排污权交易制度的法律研究多以大陆法系物权理论及物债二分理论为指导，希望在用益物权框架下着力挖掘排污权物权属性和异化特质，在买卖合同层面下侧重排污权交易机制之构建和完善，却对实践中引起广泛争议且最能彰显制度公平价值的排污权初始分配机制着墨不多甚至鲜有问津，致使初始分配问题成为环境法学研究的空白议题。如何将英美法系财产权话语体系下的排污权交易制度与大陆法系财产权制度进行有效对接并建构中国特色排污权初始分配体制应当是法学尤其是环境法学的一个重要课题。

（二）排污权交易制度实践需要进行指导

法律的真实生命不是逻辑，而是它要调整的社会现实。中国环境污染的日益加重、节能减排的现实压力以及直接管制手段的沉疴积弊促使中国政府不得不转向新的思路和手段控制环境污染。这样基于市场机制的排污权交易制度引进中国就有其客观必然性和现实紧迫性。追溯起来，中国排污权交易制度试点工作早在

1991 年已有端倪，规模不大，但近年逐渐扩大，似有星火燎原之势。

概括起来，中国排污权交易制度实践逐渐呈现以下诸多特点：国家政策法律试点和规范力度继续加大，且呈污染控制政策直接控制机制往市场机制逐渐转向之苗头；地方自发探索排污权实践呈蓬勃发展之势，各具特色，不同模式纷纷亮相，大有你方唱罢我登台盛况；以排污权交易为经营目的的全国性或地方性交易所（公司）、交易储备中心纷纷成立，各种中介平台机构都摩拳擦掌，跃跃欲试，排污权商业化趋势明显；交易对象呈逐渐扩大趋势，传统主要大气污染物二氧化硫、水污染物化学需氧量甚至温室气体等都陆续纳入交易范围。排污权交易实践中遍地开花、热火朝天的"繁荣景象"并不能掩盖或回避制度本土化过程中自身客观存在的诸多问题，其中尤以排污权初始分配为甚：强调排污权买卖交易机制建构而对排污总量控制及排污权初始分配（配额交易）机制探索语焉不详甚至回避绕过，这种通过裂解制度一体性而关注某一环节的碎片化实践倾向势必妨碍一体化制度的有效运行；缺乏初始分配法律关系主体包括分配主体（环境主管机关上下之间及与其他分管机关）权责的明确厘定以及分配接受主体（排污主体）的科学甄别和有效选择，监管有序、充满活力的排污权交易市场难以最终生成；无视大气污染物和水污染物各自不同环境属性而将它们一并纳入统一排污权初始分配实践探索可能会阻碍制度作用有效发挥甚至会异化制度功能；尤其是以有偿或无偿简单进行初始分配规则建构并打着"污染者付费"基本原则的神圣旗号，热衷于有偿分配规则之拍卖方式推行和大规模实践。在缺乏初始分配原则规则正当性判断和可行性分析背景下可能会使排污权初始分配体制简单异化为地方政府环境资金筹集工具甚至官员寻租手段。申言之，排污权初始分配实践中对"谁来分配"、"分配给谁"、"分配什么"，尤其是"如何分配"几个问题的有效解答迫切需要对排污权初始分配机制进行专门研究。本书在比较借鉴英美诸国排污权初始分配法律实践基础上，通过排污权初始分配机制的法律分析，包括初始分配关系主体、客体、初始分配规则的研究以及有效运行的内在机理进行研究，以便使我国排污权交易实践工作有所依循。

（三）对其他环境资源权利初始分配的借鉴作用

公共资源在转化为私人使用进程中，公共资源财产权政府分配问题一直是西方尤其是美国公共政策理论和实务研究的主要议题。由于公共环境资源使用或利用方式存在的外部性问题，各级政府均需通过行政规制手段对利用方式、时限等进行限制。这种限制的一般模式就是首先确定环境资源使用或控制总量，然后按照一定的标准规则（包括既往使用、当前使用和最佳使用等）将这些资源或财产权利授予既定个人或团体在一定期限、一定范围内使用，甚至包括这些资源权是否可以流转及流转限制。上述公共资源私人使用一般模式首先面临问题就是公共资源财产权的政府分配。① 财产权政府分配主要关注三个方面议题：谁应当构成接受分配群体中的一员（分配接受主体选择）？分配的基础或标准是什么（分配基本规则）？接受者需要支付一定的成本吗（有偿或无偿）？渔业资源、频谱资源、土地资源、水资源、油气资源等稀缺公共资源财产权的政府分配在美国都有长期实践。这些财产权政府分配的法律政策、计划既有成功经验可循，也有失败教训可资借鉴。

伴随着我国经济持续高速增长，各种环境资源正在逐渐成为

---

① Elizabeth Rolph, *Government Allocation of Property Rights：Why and How*, US：Rand Press, 1982, p. 2.

稀缺资源。基于此种情况，检讨和继续完善环境资源直接管制手段同时，利用经济或市场激励机制进行管理手段变革应当成为重要思考路径。总量控制下各种环境公共资源权属（简称为财产权）政府分配及限度交易也就成为一种有效选择。除排污权交易制度中初始分配机制外，我国众多环境资源财产权交易制度也存在权利的政府初始分配问题，如取水权初始分配、捕捞权初始分配、狩猎权初始分配、探矿和采矿权初始分配等。这些环境资源权利初始分配均存在一些共同背景或特征：多是在命令＋控制手段成本居高不下背景下，开始探索利用有限度市场机制进行稀缺资源配置；制度设计的基本思路一般是，首先需要依法设定取水总量（捕捞总量、猎杀总量），其次借助许可证手段对涉及环境资源的财产权进行政府初始分配，最后希望通过市场交易机制以实现稀缺环境资源的合理配置。由于无明确法律制度可被依循亦无丰富先例可资借鉴，故都存在分配接受主体确定以及初始分配规则建构和完善等诸多共同难题。比较而言，以主动适应现实生活且以实用灵活见长的英美法系（尤以美国为甚）在环境资源财产权政府初始分配尤其是排污权初始分配方面具有比较丰富的理论基础和实践经验。① 在一定程度上，美国政府主导下的环境资源财产权初始分配历史伴随着美国的环境资源法律制度产生与发展。比较和借鉴美英等国理论和实践先进做法，在检讨和反思中探索中国环境资源权属市场机制构建，利于发挥制度后发效应，因应我国日趋严重的环境资源稀缺困境。申言之，对排污权初始分配问题进行法律调控专门研究有助于其他环境资源权利初始分配机制的构建，故具有方法论上的重要意义。

---

① Elizabeth Rolph, *Government Allocation of Property Rights*：*Why and How*, US：Rand Press, 1982, p. 2.

三　目前国内外研究现状和趋势

受科斯定理[①]影响，初期人们关注排污权交易市场制度设计而忽视排污权初始分配研究和制度设计。随着排污权交易制度实践的深入推进，初始分配机制重要性日益显现，理论和实务纷纷把视角转向对排污权初始分配机制进行专门研究，其中尤以经济学为甚。[②]

（一）国内研究现状

排污权初始分配问题的研究在国内刚刚起步，并且逐渐成为经济学和环境政策学研究的热点问题之一，法学研究在上述基础上也有成果不断涌现。从现有学术文献状况来看，多集中在针对美国、欧盟诸国排污权（排放权）初始分配进行简单介绍或一般意义上的经济学或环境政策分析，并结合我国实际情况进行初始分配机制的建构。

---

① 这里仅指科斯第一定理。科斯是制度经济学创始人之一，科斯定理也一直被认为是排污权交易的理论基础。所谓"科斯定理"，并非科斯教授本人的表述，而是斯蒂格勒等经济学家对科斯思想所做的总结。科斯思想可以概括为两条定理，即"科斯第一定理"和"科斯第二定理"。"科斯第一定理"可以表述为：若交易费用为零，无论初始权利如何界定，都可以通过市场交易达到资源的最佳配置。其实质性的分析结论是：在交易费用为零的条件下，权利的重新安排并不改变资源的配置效率，但权利的清晰界定本身十分重要。"科斯第二定理"说的是，在交易费用为正的情况下，不同的权利初始界定，会带来不同效率的资源配置。详情请参见陈宝敏《科斯定理的重新解释——兼论中国新制度经济学研究的误区》，《中国人民大学学报》2002 年第 2 期；［美］R. 科斯：《论生产的制度结构》，盛洪等译，上海三联书店、上海人民出版社 1994 年版；吴健、马中：《科斯定理对排污权交易政策的理论贡献》，载《厦门大学学报》（哲学社会科学版）2004 年第 3 期，第 21—25 页。

② Matulich Scott Sever Murat, *Reconsidering the Initial Allocation of ITQs: the Search for a Pareto-safe Allocation between Fishing and Processing Sectors*, US: University of Wisconsin Press, 1999 (5) p. 47.

1. 将排污权初始分配机制纳入排污权交易制度的有机组成进行研究

国内对排污权初始分配研究比较丰富，多是将其纳入排污权交易制度进行一体研究。王金南等在《二氧化硫排放交易》、《中国排污权制度的实践和展望》等诸多文章中，回顾中国排污交易实践，认为排污权初始分配是实践中一个存在较多争议的问题：包括存在排放绩效分配没有落实到地方、新排放源配额获取方式不明确、缺乏科学的排污权初始价格形成机制。他还就上述问题提出了若干政策建议。沈满洪、钱水苗在《排污权交易机制研究》一书中，专门就排污权初始分配与有偿使用进行了研究。他们通过对排污权初始分配方式中江苏模式、嘉兴模式和绍兴模式分析，提出初始排污权配置要解决三个基本问题：一是确定初始排污权的属性和使用期限；二是采用无偿分配模式还是有偿分配模式，如果是采用有偿分配模式，还须进一步确定是采用政府定价模式还是拍卖模式；三是如果确定采用政府定价模式，如何实现从无偿分配到有偿分配的转换，如何确定排污权初始价格。马中、杜丹德在《总量控制与排污权交易》中结合美国"酸雨计划"中排污权初始分配的法律实践，认为排污权初始分配存在多种模式：有偿、无偿和有偿和无偿的有机组合。也有学者开始将排污权制度与其他制度进行比较研究以揭示初始分配的特殊性。靳相木等在《新增建设用地管理的"配额—交易"模型与排污权交易制度的对比研究》一文中，立足排污权交易和新增用地指标管理的差异性，借鉴我国地方政府新增建设用地管理的市场取向创新经验，参照国外排污权交易管理的"配额—交易"模式，希望建立一个中国新增建设用地指标交易的理论模型，其中指出了排污权初始分配的重要性。此外，中国海洋大学王俊英的博士论文《二氧化硫排污权交易市场体系研究——以青岛市为例》等也对排污权初始分配进行了研究，并结合青岛市实际提出了若干思考。将排污权初始分配机制纳入排污权交易制度有机组成部分进行研究有利于排污权交易制度自身的完善。

2. 排污权初始分配机制的极端重要性要求对其进行经济学或环境政策设计方面的专门研究

鉴于排污权的初始分配问题不仅是组建排污权交易市场的起点和基础，而且是排污权交易制度中争议最大和最困难的问题，学者们开始从多学科或其组合中探讨排污权初始分配问题，但主要也是集中在有偿或无偿模式讨论以及搭建相应的数学模型：李寿德在《交易成本条件下初始排污权免费分配的决策机制》一文中，认为从美国等国实践来看，排污权交易活动中不但信息不充分、交易不频繁，而且很多交易是建立在逐案谈判基础之上，存在着市场势力和巨大交易成本，因此，初始排污权免费分配存在一定的决策模型，应该在建构初始分配决策模型基础上进行分析。张颖在《我国排污权初始分配的研究》一文中分析了免费、有偿及其组合三种模式的基础上，结合我国现状，就第三种模式比例关系所涉及的影响因子进行了数据分析，这些影响因子包括排污主体（污染企业）利税数额、就业安置人数、控制区域全部排污主体利税数额等，但如何分析这些影响因子并搭建一定比例结构却是一个棘手问题。蒋静秋在《太原市二氧化硫排污权交易配额分配方法研究》一文中通过对传统分配方法弊端的分析，提出排污权配额分配办法——产值法和利税法。所谓产值法和利税法就是排污权分配不仅考虑企业既往或当前能耗状况，还应考虑排污企业在同等条件下，产品产出量和上缴利税的情况。并从公平性、满足总量控制、能否与许可证结合等方面对产值法和利税法进行分析，建议太原市排污权初始分配应采用利税法规则。高鑫等在《从社会资本角度探索创新排污权初始分配模式》一文中探讨排污权初始分配的制度性缺陷，分析了我国将排污权免费分配给企业的弊端，提出将排污权在初始分配环节按人头免费发放给每一个社会公民的制度设想。要实现这一制度设想，还必须破解科学技术、法律政策和环保设施等现实制约条件。李寿德等在《初始排污权不同分配下的交易对市场结构的影响研究》分析了排污权在免费分配和拍卖分配条件下进行交易时对市场结构的影响：当初始排污权免费分配并存在潜在进入者时，产品市场的垄断由于在具有完美且完全信息的市场中增加了厂商的数目而变得困难，当初始排污权进行拍卖分配时，不会阻碍厂商垄断性。王先甲在《排污权初始权分配的两种方法及其效率比较》一文中提出以效率为核心，在不考虑市场交易成本情况下，初始分配的市场机制可以实现计划分配的最大整体效应。

3. 将排污权初始分配纳入法律调控的框架进行研究

将排污权初始分配纳入法律范畴进行分析也有成果不断涌现。吴健、马中在《科斯定理对排污权交易政策的理论贡献》一文中，认为科斯使"交易费用"成为研究资源配置的组织形式和配置效率问题的有效工具。科斯提出的"私有产权加价格机制"的解决方案为排污权初始分配的有偿性提供制度建构的理论依据。李爱年在《排污权初始分配的有偿性研究》一文中认为在转型时期，我国建立了排污收费制度，初步确立了隐性的排污权有偿分配制度，但相关法律规定是分散的、不一致的。随着开放的扩大和市场经济体制的建立，有必要进一步改变"环境无价"观念，从"环境有价"理论和"污染者负担"原则出发，建立显性的有偿分配排污权的机制。王小龙在《排污权交易研究——一个环境法学的视角》一书中分析了美国排污权初始分配的法律实践，将排污权初始分配纳入排污权交易一级市场进行规制，提出我国排污权初始分配的一级市场建构应以有偿分配为发展趋势，并介绍了有偿分配模式下拍卖制度的建构及完善途径；李霞在《排污权初始分配方式法律问题探析》一文中比较无偿和有偿分配优劣之后，认为我国应当采取以无偿分配为主，辅之以有偿分配的排污权初始分配体制。邓海峰等在《排污权制度论纲》一文中，认为排污权是权利人依法享有的对基于环境自净能力而产生的环境容量进行使用、收益的权利。作为一种资源物权，由于其具有客体无形性、占有弱化性、公私兼容性和相对的排他性，因此在民法法域内其归属于准物权的范畴，但没有明确指出这种准物权分配采用何种模式进行。吴亚琼等在《初始排污权分配的协商仲裁机制》一文中认为污染物排放总量控制是目前各国遏制环境污染，实现可持续发展的重要手段，而初始排污权的合理分配是总量控制核心。因此从效率和公平性出发，认为需要建立一种初始排污权分配的协商仲裁机制，以避免企业排污信息的不完全性和不对称性为政府带来的巨大事务成本。

（二）国外研究现状

基于排污权初始分配机制在排污权交易制度中的重要地位，国外对此课题的研究比较系统和深入。就笔者在美国访学期间搜集到的著述或资料来看，研究成果主要集中在以下几个方面：

1. 将排污权初始分配纳入排污权交易制度进行一体化研究

斯蒂文森（Stavins）在《交易成本与可交易许可》（*Transactions Costs and Tradable Permits*）中指出排放权初始分配是决定治理效率的重要因素。如果边际交易成本不变，则同不存在交易成本时一样，排放权的初始分配不会影响每个企业的治理责任和总治理成本；但当边际交易成本增加时，排放权的初始分配影响企业的治理责任和总治理成本：某个企业的排放权初始分配量增加，则其污染治理责任减少，导致总治理成本偏离有效均衡时的成本，社会福利下降；相反，当边际交易成本减少时，初始分配的偏离导致交易结果更接近有效均衡时的结果。纳什（Jonathan Remy Nash）在《太多市场？可交易的排放许可量与"污染者付费"原则之间的冲突》（*Too Much Market? Conflict Between Tradable Pollution Allowance and the "Polluter Pays" Principle*）一文中，从国内和国际两个层面介绍了排污权交易制度与污染者付费原则之间的冲突和协调机制。指出排污权交易制度包括三个不可分割阶段：设定一个允许排放总量；进行可允许排放量初始配置；进行可允许排放量之间交易。在论述可允许排放量初始分配问题上，结合美国的"酸雨计划"等提出了排污权初始分配"祖父原则"和拍卖的各自利弊。"酸雨计划"主要设计者之一托马斯·泰坦伯格（Thomas Tietenberg）在《排放交易：原则和实践》（*Emission Trading：Principles and Practice*）一书中从经济、政治和法律多重角度分析了美国"酸雨计划"初期制度设想、制度运行中出现的问题以及经验教训。当涉及排污权初始分配问题时，泰坦伯格总结出排污权初始分配四种基本规则：抽奖、免费、先到先得和拍卖，并阐述了四种原则使用范围及其局限。杰尼佛（Jennifer Yelin Kefer）在《升至一个国际温室气体市场：美国"酸雨计划"实践教训》（*Warming up to an International Greenhouse Gas Market：Lesson from the U. S. Acid Rain Experience*）一文中比较了气候变化和酸雨背景下的排污（放）权交易制度异同，提出设计一个排放制度应当注意的问题包括：排放市场的范围（涉及到的气体种类、合理基准线的设置、参与主体范围以及计划阶段）；排放许可的配置（可允许排放量的初始分配、补助或补偿、排放银行）；制度的配套措施（追踪系统、检测监控系统和执行问题）。在排污权初始分配方面，作者提出了祖父原则较之拍卖原则最具有可行性，这种可行性主要体现在政治上可以最大限度减少纷争，相反，拍卖原则尽管有诸多好处，但易引发政治上、行政上和平等方面的问题。政治学者黑恩密尔（Heinmiller）在《"限量+交易"政策的政治属性》（*The Politics of "Cap and Trade" Policies*）一文分析"总量+交易"制度包括的三个主要过程后，指出初始分配实质就是政府主导下在不同利益集团之间分配涉及环境的财产利益，故包括初始分配在内的排污权交易制度更多是一个政治博弈过程。在这个过程中，无论采用英美法中广为人知的先占规则抑或采用普遍欢迎的拍卖规则，首先应该基于一种政治上的考量而非经济或法律上的实证探讨。学者博伦斯坦（Borenstein）通过研究计划和市场机制下排污权初始分配规则，提出以免费为主过渡到拍卖为主的分配机制，在既定时间内通过比例过渡，可以避免宏观影响的不利冲击。学者卡罗尔·罗斯（Rose）在《为全球公共资源扩大选择：财产权体制和可交易之可允许排放量》（*Expanding the Choice for the Global Commons：Property Regimes and Tradable Environmental Allowance*）一文中指出排污权交易制度第一步就是设置总的可允许资源使用量；第二步和第三步包括界定、配置和跟踪私人权利；第四步就是执行。排污权初始诸问题被放在第二步进行分析；紧接着从法经济学视角得出"广为推行的历史占有规则之免费模式降低了企业生产能力并在一定程度上妨碍竞争"的一般结论。

　　2. 将排污权初始分配纳入财产权政府分配模式下单独进行研究

　　早期在这方面进行专门研究的当属环境政策专家伊丽莎白·罗尔夫。1982 年罗尔夫受美国环境署（EPA）委托，就财产权政府分配问题开展专题研究，以期为"酸雨计划"排污权政府分配提供决策依据。最终研究报告《财产权的政府分配：为什么和怎样》（*Government Allocation of Property Rights：Why and How*）作为 EPA"酸雨计划"的重要决策依据。报告回顾了美英加等国环境资源财产权政府分配的 12 个典型案例或计划，并将这 12 个典型案例分为三种类型：促进公共资源有效合理利用计划（Programs to Develop Public Resources）；控制外部性计划（Programs to Control Externalities）；减缓市场冲击计划（Programs to Moderate Market Shifts），减缓市场冲击计划又包括生产者保护计划（Producer Protection）、消费者保护计划（Consumer Protection）和产业转移计划（Intra-industry Transfer）。通过对财产权政府分配案例的广泛考察，提出财产权分配规则应当包括：抽签、定价出售、拍卖、历史使用、当前使用、结合资本量和雇用工人数量的平均主义分配。依照这些分配规则，财产权得以最终分给自由使用主体、最高竞拍者、最佳使用者、历史使用者和当前使用者。最后得出重要结论：待分配的财产权可属性取决于国家环境资源政策、环境资源自身属性、分配类型和具体分配规则，财产权政府分配规则取决于多种考量，因此任何单一分配规则很难满足制度的多重需要。加州大学环境资源经济学者加里·利贝卡普近年也将关注目光投向公共财产权的分配问题。先后撰写了《自由获取、公共池塘资源的政府规制》（*Government Regulation on Open Access to Common Pool Resources*）、《西部边境财产权的制度安排：当代环境资源政策之经验教训》（*The Assignment of Property Rights on the Western Frontier：Lessons for Contemporary Environmental and Resource Policy*）、《公共池塘资源财产权的配置：先占规则在ITQs 的重要影响》（*Assigning Property Rights in the Common Pool：Implications of the Prevalence of First-Possession Rules for ITQs in Fisheries*）、《财产权和环境保护及自然资源保育中的公共信托原则》（*Property Rights and The Public Trust Doctrine in Environmental Protection and Natural Resource Conservation*）等。在上述一系列著作中，利贝卡普指出财产权的几种分配具体规则：先占规则、抽奖规则、拍卖规则等。进而详细分析 5 种环境资源权利包括石油天然气开采权、水权、无线频谱资源、排放许可和渔业 ITQs 等财产权分配具体规则的实践运用情况。强调指出，因为要考虑既得利益团体利益、交易成本、环境资源的物理和技术属性、参与讨价还价群体的数量和同质异质特性，故占有规则在上述权利配置中起着主导作用，至于拍卖规则和抽奖规则则很少采用。除了上述学者之外，哈佛大学财产法学者卡罗尔·罗斯近年来也通过多篇论文对财产权的分配问题进行专门研究。

　　国内外学者对排污权初始分配机制的研究都极大促进了我国排污权交易制度完善，并对中国各地"风起云涌"的排污权实践活动有指导作用。在此基础上下列问题仍然需要明确：第一，排污权初始分配是一种财产权益配置和利益获得过程，简单地在有偿或无偿两种方式之间进行两难选择显然不能回答如此重大利益分配过程。通过何种原则、途径或方式获得财产权益都必须接受正当性法理检视并为其可行性提供道德支持。这种正当性源于财产权分配正义的诸多基本理论和法律规定。将财产权益获得理论运用于排污权领域才是论证初始分配规则正当性的正确路径。实践中有偿或无偿的简单论争并热衷于有偿模式中拍卖方式探索都无法回避对其利益获得正当性的道德法律追问；第二，排污权初始分配规则和中国问题的有效对接。即便我们在正当性基础上追寻到了排污权初始分配原则规则，并不意味中国必然依循。众所周知，中国环境领域一个不容回避问题就是跨行政区域大气污染和水污染难以解决和根治，其根本原因在于行政区域边界分割和环境难以分割矛盾的客观存在。政府主导的排污权初始分配是联系行政和环境的纽带：通过宏观层面的污染排放总量的有效设计，结合跨区域环境污染现实，通过排污权初始分配过程，依法将环境资源不同用途分配给不同时空背景下排污主体，通过资源配置和权属分配来预防和减缓跨区域环境问题产生。将初始分配一般规则与中国问题结合，才能探索中国特色排污权初始分配机制。

四　研究思路和方法

（一）研究思路

　　本书以英美法系财产权政府分配正当性理论为脉络，以初始分配的公平与效率有机协调理念为价值追求，以排污权初始分配历史实践为逻辑起点，以排污权初始分配原则规则为研究主要内容，以完善和推进我国排污权初始分配机制为最终结论对排污权初始分配涉及的主要问题进行全面梳理，为夯实排污权交易制度提供必要理论储备。具体来讲，笔者通过以下思路进行创作：

1. 以财产权的政府分配正当性理论为分析脉络

进入现代工业化社会和福利时代后，财产权日益发生改变，出现了非物质化财产，通过私人合意改造出来的财产，政府公权力制造出来的财产，财产类型、内容和效力都明显迥异于传统财产，于是人们开始重新思考财产权的性质。"政府是巨型压力器，它吸进税收和权力，释放出财富"，"现代社会之下政府正在源源不断的创造财富，主要包括：薪水和福利、职业许可、专营许可、补贴、公共资源的使用等"，"政体和主要的财产权制度应当有必要的一致性，一方的改变也会引起另一方的改变"，"从长远角度考虑，正是政府创造了财产权"这些财产是现代社会重要的财产形态，对这些财产的分配是通过公法实现的，而不是私法，其对于个人的生存和发展具有极为重要的作用。"新财产权理论关注的重点是政府与权利持有者之间的关系，而非私有财产与其持有者之间的关系"。财产权政府分配首要问题就是在政府和财产持有者之间如何进行财产权分配在道德或伦理上是正当的。本书通过对洛克的劳动财产权理论、休谟的功利主义财产理论、法经济学的基本原理以及德沃金资源平等理论、罗尔斯的分配正义理论等进行简单梳理，希望从中找出财产权政府分配的正当性依据，提供一个分配正当性的系统理论脉络。

2. 以环境保护、公平与效率有机协调理念为分配价值取向

在一定意义上，排污权初始分配可以理解为是在环境资源有限情形下进行环境资源功能的时空分配。它以排污总量控制目标作为前提，故必须考虑不同环境功能分区等具体情形及对环境保护行为的激励作用，将环境保护定位为排污权初始分配机制的价值追求是应当和必需的。在此前提下讨论初始分配所追寻的公平

和效率价值目标才有意义。排污权初始分配公平的价值追求主要体现在几个方面：一是排污权初始分配首先是指超越于环境物品、与环境问题相关的发展权或发展机会在群体之间的机会公平分配；其次是进行公平的初始分配制度规则设计；最后包括对与环境有关的政治决策的平等参与、平等知情等公民政治自由权利的公平分配。二是初始分配效率价值要求通过排污权初始分配相关规则建构，可以使政府管制成本降低，或者使交易成本最小化，从而实现经济效率帕累托最优等。本书通过对排污权初始分配规则的历史发展、基本内容等进行回顾、概括和分析，指出排污权初始分配机制建构的基本思路就是形成一种分配规则为主，多种分配规则并存的分配格局，主要原因在于分配价值取向追求的多元化。

3. 以排污权初始分配的历史实践为逻辑起点

从更广泛视野来看，通过财产权分配来实现环境资源合理配置伴随着人类社会环境资源开发利用历史。其中，政府主导下进行权利初始配置，继而通过市场交易进行再次配置的市场机制策略广泛运用于英美各国环境资源开发利用保护政策。论文通过广泛搜集英美诸国财产权分配法律规则和经典案例，指出美国环境资源分配的历史就是一个环境资源权利配置的历史。通过对水权、狩猎权、捕捞权等权利界定、配置进行分析，特别是近代环境资源呈现稀缺以后，政府通过各种手段介入环境资源分配经典案例入手，深入分析美国"酸雨计划"中二氧化硫排放权初始分配机制、《京都议定书》中温室气体排放权初始分配机制、《欧盟排放权交易计划》以及新近通过的基于市场机制的各种财产权利分配计划、程序、规则等。希望通过一个全面论述来展示排污权（排放权）初始分配的经验教训，并以此作为中国排污权初始分配体制建构的逻辑起点。

4. 以排污权初始分配原则规则选择为研究主体

经过对欧美诸国排污权初始分配的归纳、概括和分析，本书指出，排污权初始分配体制的建构主要包括分配法律关系主体制度完善和具体分配规则的有机整合。排污权初始分配规则主要包括占有（当前占有和既往占有）、拍卖、定价出售、抽奖、人均主义等，并将上述规则分别纳入效率原则、公平原则和劳动应得原则进行正当性分析。在比较各种分配规则后得出最终结论：基于效率原则、劳动应得原则和平等原则之下的各种分配规则都在排污权初始分配机制中发挥着作用，同时也都存在局限。当前占有过于关注效率但并不一定达致效率的最终目的；既往占有分配带有对劳动应得原则的眷恋，曾在人类环境资源开发利用活动中占据主导地位，但对环境污染这些人类活动副产品分配却饱受道德煎熬；拍卖规则虽有公平正义的正当考量，但过于关注经济利益的拍卖模式扩大推行可能使其异化为资金筹集工具。总之，每一种分配规则都有其优势和缺陷，在不同的生态、制度、技术以及政治条件下，这些优势或缺陷可能会最大化或者最小化。没有一种分配规则可以被证实为在所有情况下，考虑到政策法律层面时都优于其他分配规则。排污权初始分配机制中采用何种分配规则或几种规则的有机组合，取决于经济、政治、技术以及环境条件以及规则的整合程度。

5. 以中国排污权初始分配体制完善为最终结论

中国排污权初始分配机制存在分配主体权责不清不明、分配接受主体未能实现科学厘定和有效分类、分配规则正当性不足以及恣意、单一等诸多弊端。中国排污权初始分配机制构建应在立足中国实际情况下，大胆借鉴西方财产权政府分配正当性理论及成熟的排污权初始分配实践经验。具体来讲包括以下几个方面制度的完善：权责关系明确清晰的排污权初始分配主体制度（包括政府各部门之间以及中央与地方之间）；同质性和异质性协调统一、强制性与自愿性有机结合的分配接受主体制度；可监测、可交易、可核查且有序扩大的分配对象制度及相关的技术支撑体系；

尤其是建构一种分配规则为主，多种分配规则相互补充之排污权之初始分配规则制度。通过科学有序的排污权初始分配机制的建构，能够促进我国排污权交易制度的完善，指导我国各地排污权初始分配工作。

（二）研究方法

本书的研究拟采用比较分析、多学科综合分析、理论与实践相结合以及微观与宏观相结合的研究方法。

比较分析方法。通过比较分析世界上尤其是英美法系中财产权分配较为成熟的理论和实践，分析其经验和不足，进而形成本书的一般思路。

多学科综合分析方法。运用法经济学、政治学、历史学、法哲学以及部门法学基本理论提出问题并分析问题。

理论与实践相结合的方法。利用财产权理论对排污权初始分配体制的基本问题进行解析，同时结合国际国别国内排污权初始分配的立法实践对初始分配体制存在问题进行剖析。

第一章

排污权初始分配的理论基础

第一节　排污权及法律属性

一　排污权物权化困境

"排污权"一词负载着重要的制度功能，故对其法律属性的研究，就成为排污权交易制度首要问题，更是排污权初始分配机制运行首先解决问题。由于英美法系与大陆法系存在法律理念和具体制度的构造差异，在大陆法系语境下认识和分析排污权法律属性可能会遇到各种障碍。

中国学者对排污权属性研究多以大陆法系为思考路径，将排污权纳入物权体系进行理论分析和制度建构，先后提出了排污权"用益物权说"、"特殊物权说"、"准物权说"和"环境容量使用权"等各种观点，我们将其统称为排污权物权化。"大陆法系财产权制度在罗马法中已经取得较为固定的形式，并经德国民法典的发展而臻于完善"。"概括的讲，大陆法系财产权制度表现为物权和债权的二元结构，它们分别调整物的静态占有关系和动态流转关系，在物权制度中确立了所有权至高无上的地位，他物权依附于所有权而存在，在此架构下形成了一套抽象的概念体系，任何具体权利都可纳入上述权利范畴中"①。"在物权债权二元结构下，

---

① 马骏驹、梅夏英：《财产权制度的历史评析和现实思考》，载《中国社会科学》1999 年第 1 期，第 96 页。

既然排放许可证交易仍然是一种买卖制度，法律上理应归于债权制度之中。排污权交易属于动态之债权，其前提应该是排污权作为一种物权的确立"[1]。在以所有权为核心物权体系下，通过所有权—他物权—用益物权—准物权逻辑推理，希望在既定物权框架体系内通过演绎方式寻找排污权法律属性，排污权物权说也就顺理成章：以所有权作为民事权利体系的逻辑起点和核心，基于环境污染物可能占有和使用环境容量的客观事实，提出环境容量资源国家所有权、环境容量资源使用权等一系列学理概念，用以论证排污权物权属性及排污权交易的债权属性。现行中国《物权法》虽无明确排污权物权属性的明确规定，但似乎并不妨碍这种趋势进一步发展。

（一）排污权物权化理论的困境

"按照物权法原理，他物权必然产生于自物权，自物权是他物权的母权；无母权则无他物权"[2]。排污权物权化首要任务就是需要找寻它的母权以便使其有所归依。"所有权和他物权之所以两立，他物权之所以从所有权中派生，是因为所有权人、他人都要使用和收益同一个所有物，二者的利益不同，换而言之，二权的客体是同一个物，他物权客体上竖立的所有权就是他物权的母权"。循此思路，学者们借鉴环境容量这一环境科学概念，提出了环境容量具有可感知性、可支配性和可确定性等传统物权客体所具备的"共性特征"，认为环境容量资源所有权和环境容量资源使用权都以环境容量资源这一特殊物为同一客体。这在物权体系下逻辑或自然生成如下结论：排污权属他物权种类，因为排污行为实际上就是占有和使用一定环境容量资源，也可称其为环境容量

---

① 高利红、余耀军：《论排污权的法律性质》，载《郑州大学学报》（哲学社会科学版）2003 年第 5 期，第 83 页。

② 崔建远：《准物权的理论问题》，载《中国法学》2003 年第 3 期，第 81 页。

资源使用权，其与环境容量资源资源所有权之间是子权和母权关系。[①] 排污权母权寻觅方法遇到以下困境：

1. 排污权"异化"或"例外"特征可能颠覆传统物权结构

找寻排污权母权目的是什么？就产生时间来看，排污权早于其母权环境容量所有权提出且在地方性法律法规或规范性法律文件中客观存在着，与其相对应的是迄今为止没有任何法律对环境容量资源所有权这一权利予以认可，更多的则是将其放在学理阶段予以探讨。在排污权已"创设"出来之后，再从理论上为它寻找所有权作为母权，似乎所有权存在价值就是为了创设各种可以市场化的使用权，母权窄化为仅是表明子权血统和来源的工具。已自立门户并先于母权存在并在实践中广泛使用的排污权势必产生脱离母权制约的倾向和必然性，而这最终导致的可能是所有权地位虚化。寻觅排污权的母权所有权，换来的不一定是排污权物权血统，却是对所有权存在价值和地位的重新审视，这无疑会冲击乃至降低所有权法律地位，引发物权理论体系重构思考。再者，为了兼顾传统物权客体一般特征和排污权实际需要，不得不对母权所有权及子权排污权的共同客体环境容量资源做出变通或扩大解释，衍生出包括主体、客体和内容等方面的大量异化特质和例外规则，并且希望借助这些变通或扩大解释能够因应现实生活的需要。[②] 越来越多且趋于常态化的"异化"和"例外"特征也使排污权和传统物权理论渐行渐远。简单地以变通或扩大解释必然会丧失物权体系本身所具有的理论统摄力和可操作性，导致物权结构变异。

2. 排污权物权化理论回避排污权功能性权利属性

排污权交易制度理论和实践表明，排污权就是一种功能性权利，设置排污权的目的就是通过权利界定、分配及交易来解决环

[①]　邓海峰、罗丽：《排污权制度论纲》，载《法律科学》（西北政法学院学报）2007 年第 6 期，第 76—79 页。

[②]　邓海峰：《环境容量的准物权化及其权利构成》，载《中国法学》2005 年第 4 期，第 65 页。

境污染外部不经济性所带来的直接管制成本过高问题，任何偏离或脱离这个目的来讨论排污权属性都可能带来理论及实践误区。排污权交易制度中，权利界定、分配和交易是紧密联系在一起的，权利界定和初始分配主要功能就是促进交易顺利进行，交易主要功能则是以市场机制所特有的引导、促进手段进行环境资源优化配置。权利界定分配必须进行成本考量，排他性和可交易性等也应当纳入成本考虑。设计排他性权利仅是保障交易顺利进行以便鼓励通过交易产生经济利益，通过排污权交易制度的这种设计，旨在为权利主体带来利益同时伴随着一些主要污染物的减排，当然主要污染物减排并不必然意味着环境质量的好转，相反可能导致次要污染物排放量的剧增，而非排污权物权论找寻母权那样"更多的是为了通过排污权将原有国家持有的环境容量资源所有权转化为权利人自己持有的环境容量所有权，并以此为据享有因对其支配所创造的利益"。[①] 一言以蔽之，排污权强调排他不慕支配，重视通过交易创造利益而非通过支配创造利益，而这已和传统物权制度相去甚远。经济的快速发展也在不断冲击着传统的物权债权二元结构，物权和债权相互交融现象不断涌现。在这种情况下再把排污权放在物权框架内，把排污权交易放在债权框架内分别予以制度建构而施以不同规则，在排污权界定（包括初始分配）和交易之间竖起一道藩篱，割断二者紧密联系。就排污权交易而言，当排放份额以权利形式流通若干次时候，仍探究权利人是否享有所有权以便行使所有权支配功能并希冀追求通过支配而获得利益，显然是不必要的和不可能的。

3. 排污权物权化在法律上缺少可行性

寻找所有权作为排污权母权，第二个遇到的问题就是是否可

----

① 邓海峰、罗丽：《排污权制度论纲》，载《法律科学》（西北政法学院学报）2007 年第 6 期，第 76—79 页。

行。排污权物权化理论将环境容量资源纳入其他自然资源一体考量，希望借助有中国特色自然资源所有权和使用权分离理论来阐释排污权属性。依我国现行自然资源权属制度一般规定，环境容量资源国家所有权是不二选择。但这存在以下难题：第一，环境容量资源国家所有权是否可能？环境容量资源与其他自然资源不同，自然资源具有可控性、有形性和相对确定性。而环境容量资源尤其是大气环境容量资源存在一体性、无形性、流动性和大气环境变化的科学不确定性等诸多特征。基于大气环境容量资源的特殊之处，迄今为止没有一个国家轻易宣布位于本国疆域上空或各国管辖和控制范围外大气环境容量资源为本国所有。就现有国内和国际法律文件来看，大气环境容量资源既不属于各国主权控制和管辖范围内环境和资源，也不处于两个或多个国家共享环境和资源之内，尚未见任何条约或国际法律文件将其纳入"人类共同财产"和"人类共同遗产"进行规范。全球大气层不处于任何国家主权控制下，而是供各国共同利用，且全球大气层环境状况是各国必须通过一体行动加以保护的。为解决大气层特殊地位，《气候变化框架公约》将全球大气层环境问题——气候变化引发温室效应宣布为"人类共同关切之事项"，以便为采取国际一致行动提供法律依据。① 控制温室气体排放所设计的"总量＋交易"、"联合履约"和"清洁发展机制"等市场机制就是在此背景下产生的。依排污权物权化一般思路，需要在本国疆界领域上人为分割出属于本国大气环境容量资源并予以特定化，单方宣称国有情况下进行排污权交易制度建构或在排污权设立后寻觅其母权而宣布环境容量资源国家所有，这必然会因不同国家所有权或财产权制度冲突而遭到反对。再者以目前之技术情势，企图分割隶属于本国大气环境容量资源可能更多的仅是停留在理论探讨层次，无实现之

---

① 王曦：《国际环境法》，法律出版社1998年版，第90页。

可能性。第二，各国排污权交易实践并没有借助环境容量这一概念。法律的真实生命不是逻辑，而是它要调整的社会现实。"环境容量并不是一个法律术语，而是环境科学的固有称谓。一般认为环境容量的概念首先是由日本学者提出来的，用来描述某一环境污染物的最大容纳量。"① 环境容量概念在理论界提出后并没有得到各国排污权实践响应，美国、欧洲诸国排污权实践更多的是采用最大可允许排放量等概念（我国称之为排放总量）。最大可允许排放量和环境容量存在显著区别：环境容量是科学测定结果，属环境科学概念。而最大可允许排放量则是不同国家或同一国家不同利益团体相互斗争和讨价还价的结果，更多体现为一个政治、经济和法律概念，它可能参考但经常偏离环境容量所得数据；受科学不确定性等因素影响，环境容量数据很难"真实"反映客观状况，易生操作性不强之弊端，而最大可允许排放量兼顾经济发展和环境保护要求，是经济利益和环境利益相互妥协产物，更多体现为"立法制造"出来的稀缺，具有较强可操作性。环境法律制度对环境科学概念取舍虽有借鉴科学术语的良好初衷，但当这些术语存在科学不确定和难以操作困境时，在实践中采纳利益合作和妥协且具有可操作性法律概念就成为必然选择。渔业权中最大可允许捕捞量（TAC）的设定、水权之最大取水量的确定、排污权之最大可允许排放量的提出都一再廓清这样一个命题：可交易环境资源权属制度的构建过程中，因应环境保护所创设的最大可允许消耗量（排放量）都是经济利益和环境利益相互妥协产物，都已经远远偏离了环境容量概念。继美欧之后，2006 年正式启动排污权交易实践的日本，同样舍弃环境容量概念而使用最大可允许排放量概念，恐怕也是基于此种考虑。

---

① 邓海峰、罗丽：《排污权制度论纲》，载《法律科学》（西北政法学院学报）2007 年第 6 期，第 76—79 页。

排污权物权化希望通过找寻母权所有权的方式来论证排污权物权血统却颠覆了母权与子权关系，动摇了大陆物权制度所有权为核心的根基。它以强调所有权因占有或归属而获得的利益从而弱化了通过排污权交易而获得利益及环境保护之本来初衷，部分消解了排污权交易制度目的。它通过物权债权二分法原理对排污权及其交易分别论述且施以不同规则，从而在排污权和其交易之间竖起篱笆。它通过环境容量这一环境科学术语而搭建的理论大厦也因大气环境容量资源的特殊情势和实践采用其他更具有可操作性法律概念而黯然失色。排污权物权化也许是大陆法系财产权理论困境的一个缩影，"就大陆法系而言，法典本身固有的滞后需要缓解自不用说，进入 20 世纪后，人类社会的发展更是产生了许多订立法典时完全没有预见到的新问题，这就必须要求在一定程度上转向普通法的问题性思维（problemdenken）"。①

排污权物权化的困境告诉我们，在情势复杂多变的当代社会，在财产权来源多元化、财产权性质综合化和功能性财产权日益增多的现实背景下，我们应跳出以所有权为中心而析出其他功能性权利、须在绝对之物权和相对之债权二元结构中寻找权利性质和通过直接支配获得利益的物权理论桎梏，在更开阔视野和更广泛领域内探寻排污权法律属性。

二　排污权法律属性分析

排污权交易制度最早源于美国二氧化硫等空气污染物排放控制，后推行至全球温室气体排放控制。中国欲对其进行本土化改造，回顾美国立法对其法律属性的认定应当存在一定的参考意义。

---

① ［日］大木雅夫：《比较法》（修订本），范愉译，法律出版社 2006 年版，第122 页。

（一）"酸雨计划"中排污权属性界定

1. 从排放削减信用到可允许排放量

20 世纪 50 年代以来，工业化进程加速特别是以煤炭为主要能源的大规模使用，燃煤产生二氧化硫形成酸雨而引发的环境问题频频发生，造成森林、湖泊、河流和建筑物等严重污染，甚至开始危及人类身体健康，因跨界大气污染而形成的美国和加拿大纠纷也日渐增多。早在 60 年代经济学家戴尔斯在科斯定理基础上就提出了可交易排污权理论，并在加利福尼亚等州和部分污染物领域进行了实践①。但 1970 年美国《清洁空气法》仍然没有采用可交易排污权理论，而是借助更严格的环境质量标准和最佳可得技术等传统命令控制手段控制酸雨问题。履行这些环境标准的巨额经济成本并未换来环境状况好转而是污染的持续恶化。传统管制手段失灵促使美国社会各界开始重新审视排污权理论。美国最大环境保护组织美国环境协会（以下简称 EDF）开始寻求与政府或其他组织合作，探索利用可交易排放权处理酸雨污染问题。1988 年宣誓要做"环境总统"的布什选择酸雨污染作为优先处理环境事项，这样 EDF 与总统合作探索利用排放权市场机制保护环境摆上议事日程②。布什总统希望 EDF 设计的可交易排放许可制度成为《清洁空气法》（修正案）的重要内容，但当时面临两个棘手法律问题：一是如何确定排污权法律属性并对其进行分配；二是是否设置二氧化硫最大可允许排放量作为交易制度组成部分。在后一个问题讨论过程中，包括国会、政府和非政府组织一致同意设置具有法律约束力的最大可允许排放量及其必要性，甚至认为它事关环境保护成败和创造稀缺资源市场前提，故第二个问题最先达

① Gary D. Libecap, "Property Rights in Environmental Assets: Economic and Legal Perspectives", *Arizona Law Review*, summer, 2008.

② Nathaniel O. Keohane Sheila M. Olmstead, *Markets and the Environment*, US: Island Press, 2007, pp. 184—187.

成了一致意见。于此情形之下，法案设计过程就把注意力放在第一个问题上，由于 EDF 把此制度目标明确定位为经济效率和环境保护，这就不难理解他们强烈要求设计一个独立排他、可交易和安全性等呈现诸多财产权特征的排放权作为法案中心内容。EDF 把这个权利叫做排放削减信用（Emission Reduction Credits，以下简称 ERC），为实际排放量和法定排放量之差额。法律提案送至布什总统后，这个权利名称从排放削减信用改为可允许排放量（Allowance），并明确提出政府根据情况调整排污数量而不予补偿，实际上弱化了这个财产权私权属性。

2. 排污权是财产权与行政许可的有机统一

按照立法议程，《清洁空气法》修正案在送交国会进行一般公开辩论过程中，一些国会议员对可允许排放量财产权属性表示担忧，因为这涉及一个敏感议题，即国家在未来对这种财产权进行征收及随后补偿的可能性。因为按照美国宪法第五修正案规定，对财产及财产权征收必须进行赔偿或补偿。通过辩论逐渐分野为两种截然不同意见，一种认可可允许排放量私人财产权属性或者至少具有财产权部分内容，基本论调是：如果它像鸭子一样走路，像鸭子一样说话，它就是鸭子。反对意见认为可允许排放量作为财产权"相当不清楚"，"法案需要很清楚指出，可允许排放量仅仅是特权（Privileges）而非权利（Rights），在美国环境保护署（以下简称 EPA）的鞭子下随时可以被撤销"。几乎所有实力强大的非政府环境保护组织（EDF 除外）认为可允许排放量不能构成财产权，"承认它的财产权地位将会对环境保护产生冲击"。"这里没有也永远不会有污染权利的存在"。① 最后通过的《清洁空气法》认定可允许排放量是经行政许可之财产权，但法律不能保障

① Tom Tietenberg, "Tradable Permits in Principle and Practice", *Penn State Environmental Law Review*, 345—347, Winter, 2006.

政府不对这种财产权削减或没收。在送交参议院表决时又附加了一项条款:"这种可允许排放量并不构成一个财产权。"① 之所以作出这样规定是保护政府可以征收、没收或递减(削减)可允许排放量而不需要进行任何补偿。排污权财产权论支持者包括 EDF 和至少三位诺贝尔经济学家都认为可允许排放量脆弱的财产地位会对交易市场正常运行产生威胁。为了消除经济学家和排污主体顾虑,国会强调他们会保证这种新排污权的排他性和安全性。参议院在随后一份报告中提出,尽管拒绝可允许排放量财产权地位,但仍然希望在二氧化硫交易中创造一种新的"经济商品",后续补充性法律文件会逐渐明确可允许排放量的流通功能和经济价值。从 EDF 法案到正式成为法律,尽管可允许排放量并没有被法律明确为一种新财产权,不受宪法第五修正案保护,但国会还是明确它具有财产权部分属性。② 美国《清洁空气法》修正案公开讨论过程中关于排污权法律属性的争议及法律规定有非常重要意义,因为它直接影响随后温室气体(以下简称 GHGs)排放权的属性设计。

(二)《气候变化框架公约》下温室气体排放权法律属性

作为"人类共同关切之事项"之气候变化使温室气体(以下简称 GHGs)排放控制一开始就要求国际合作。随着联合国《气候变化框架公约》、《京都议定书》等一系列条约协定签署,"共同而又区别责任原则"③ 被用来作为各国承担法律义务之基本法律原则,设计何种具体规则来贯彻执行这个原则一直是热门话题。与先前美国单独设计排污权历程不同,参与各国对设计一个什么性

---

① Tom Tietenberg, "Tradable Permits in Principle and Practice", *Penn State Environmental Law Review*, 345—347, Winter, 2006.

② Jillian Button, "Carbon: Commodity or Currency? The Case for an International Carbon Market Based on the Currency Model", *The Harvard Environmental Law Review*. volume32, 577, 2008.

③ 汪劲:《环境法学》,北京大学出版社 2006 年版,第 655 页。

质权利心存忌惮。一方面是由于各国法律制度和文化传统迥异，对设计这种权利属性及相应交易规则理解可能南辕北辙；另一方面更为重要的是，权利属性讨论主要针对排放削减压力和减排责任承担而非积极排放权利设计，尽管这种区别完全是语义上的（因为任何数量上排放递减都会导致排放权利减少），但这种区别仍有特别重要意义。如果说"酸雨计划"中权利设计更多着眼于财产利益获得可能性和安全交易的话，那么 GHGs 排放权利设计则更多带有分配排放责任。各国代表和国际机构举办多种会议企图处理这个棘手问题，采用基于排放权交易的市场机制来控制温室气体成为主导声音，但与此同时就是难以回避排放权法律属性。在此问题上引发激烈争论：一些政府或团体认为需要设计具有一定期限、具有排他效应和适合全球交易的排放权利；环境组织则质疑授予或分配永久排放权利的道德正当性和法律可行性；一些政府或团体对发达国家提出的可以购买发展中国家排放权利而惴惴不安；即便发达国家之间也存在明显分歧，美国旗帜鲜明要求按照本国"酸雨计划"模型，设计一个可交易和具有约束力排放权利制度，所有国家都应当加入这个交易体系。欧盟一些国家则认为美国为了满足自己排放目标而从贫穷国家购买可允许排放量是不道德的。协议最后根据"共同而又区别责任原则"，提出发达国家和发展中国家两个不同类别，发达国家又分为附件 1 和附件 2 两个不同类型。附件 1 之中发达国家应首先在其国内进行排放权削减及交易，国别之间排放权交易应严格限制或至少与国内交易有所区别，附件 1 发达国家与附件 2 国家之间联合履约机制，附件 1 发达国家与发展中国家之间清洁发展机制两个机制作为补充制度而产生。并且明确要求，国别之间补充性排放权利交易必须同时伴随着国内递减行动。另一个争论要点就是排放权安全性问题，多次谈判都把问题集中在美国"酸雨计划"中设计的可允许排放量安全性程度和永久性，最后达成排放权递减数量应该有安全保障和具有可测量性，以便有效促进排放交易。尽管始终没有对排放权做出一个明确法律界定，但指明了这个权利像什么，以及它呈现可交易、可测量和需要安全保障等诸多特点，而这也正是控制气候变化制度本身所需要的。

需指出的是，2007 年美国东北 10 个州签订了《控制温室气体排放协议》，涉及排放权性质时再次明确提出其是受行政管制排放许可交易，不构成财产权。[①] 2005 年通过的《欧盟排放交易体系》则回避了排放权性质，但同时指出欧盟可允许排放量法律概念（EUAs），认为它赋予权利拥有者在一定期限内排放二氧化碳的权利，它们可以在欧盟范围内交易，并接受行政当局适当监管。[②]

（三）基于比较法考察的若干思考

排污权在美国乃至国际的发展历程带来以下几点认识：

1. 排污权交易制度从理论到实践需要较长时间

从提出排污权理论到立法正式采用排污权交易制度，历时 30 余载。期间历经环境污染严重—强化行政管制—环境污染进一步恶化—采用可交易排污制度这样一个艰难制度选择过程。排污权交易制度姗姗来迟的一个重要原因是排污权本身就是一件非常昂贵和特殊商品，规划、设计这种权利及制度需要大量经济成本投入和政治情势考量。只有当这些支出能够得到合理补偿且在政治环境允许情况下，排污权才会产生。[③] 对国家而言，排放权是克服"公地悲剧"的最后依靠，过早安排排污权交易制度进行环境保护

① Regional Greenhouse Gas Initiative Model Rule&XX1. 2（k）（2007），原文为"No provision of this regulation shall be contrued to limit the authority of the Regulatory Agency to terminate or limit such authorization to emit，This limited authorization does not constitute a property right"．

② A. Denny Ellerman, Barbara K. Buchner and Carlo Carraro, *Allocation in the European Emissions Trading Scheme*, UK：Cambridge University Press，2007，p. 4．

③ Gary D. Libecap "Property Rights in Environmental Assets：Economic and Legal Perspectives"，*Arizona Law Review*，50，379—408，2，2008．

可能是无效率的，也可能达不到环境保护目的。① 对个人而言，排污权交易制度则是理性"经济人"通过合法手段追求经济利益的一种手段，需要较长时间进行生产或经营策略方式的调整。

2. 突出其功能性权利根本属性

排放权发端于美国，并在"酸雨计划"中取得一定成效，现在又广泛适用于温室气体排放控制。回顾和反思这个制度，我们发现它肇因于环境保护管制手段的高投入和低效率，希望借助市场机制促进效率和资源配置的优化。故要紧紧围绕排污权功能性权利的根本属性，着眼于是否有利于环境保护及减排为基本前提，是否有利于构建有效排污权市场以实现合理资源配置为中心进行排污权交易制度构建，脱离这个前提和中心而将排放权放在各国不同法律语境下对法律属性进行解读可能会带来诸多纷扰，以至于偏离制度本身走向，难以实现环境保护的目标。

3. 确立排污权财产权的若干外在特征

经济学家和法律家、政府组织和非政府组织、发展中国家和发达国家即使在发达国家内部，都需要从自己利益和既有立场出发来认识排放权。刻意保持排污（放）权属性模糊空间并通过谈判和对话达成外若干一致特征是可能同时也是必需的。排污权争论过程中有以下几个外在特征值得关注：一是排他性（安全性），这种排他性更多表现为对主体已有利益的确认，并排除他人干涉和侵犯（政府除外），而非大陆法系物权排他性所强调的"依法律行为成立一物权时，不容许于该标的物上，再成立与之有同一内容的物权"。二是流通性（可交易性），互易性已成为排污权功能的重要实现手段。三是可测量性，可测量性主要针对各国检测手段不同而提出的，其目的是为了保障交易顺利进行和监测各

---

① Gary D. Libecap "Property Rights in Environmental Assets：Economic and Legal Perspectives"，*Arizona Law Review*，50，379—408，2，2008.

国执行效果。

4. 强调政府在排污权交易制度主导作用

不能单单从权利排他性和可交易性等民事特征考察排污权法律属性，更要把它放在排污权主体与政府之间行政隶属关系加以审视。从上述讨论看出，排污权一直处于权利（Rights）或特权（Privileges）的争议之中。其排他性和可交易性更多体现权利，因为这符合财产权一般特征，更能实现排污权交易制度的功能；与此同时，各国立法部门和政府念念不忘保有政府在这个权利中的地位和作用：政府制定规则分配权利本身就体现了特权；政府有权减少权利主体排放数量甚至可以征收排放量而不给予任何补偿也体现了特权；政府储备或奖励排污主体排污权份额也有特权身影。将平等和隶属两种看似不可通约的法律属性同时付诸于排污权的制度性规定并结合社会生活变化不断进行动态行调整，充分显示了在社会迅猛变迁的情况下，英美法系财产权制度灵活多变一面，这与以理性著称和稳定见长的大陆法系在改造排污权时的左支右绌形成鲜明对比。

三 新财产权理论与排污权

排污权属性最大争议就在于它是否是财产权，是否必然接受私法保护？作为一个古典法律概念，财产或财产权长期被视为私法领域研究的重要内容，应有意思自治主导的私法调整，应远离公法，尽可能地禁止公权力对其干涉。① 但进入后工业化社会和福利时代后，财产权来源日益发生了改变，这种现象就是财产权来源多样化现象。出现了非物质化的财产，通过私人合意改造出来的财产，政府公力制造出来的财产。财产来源、类型、内容和效

---

① 高基伟：《政府福利、新财产权与行政法的保护》，《浙江学刊》2007年第6期，第29页。

力都明显不同于以往的制度规定或理念，于是人们开始重新思考财产权的性质。在对财产权性质讨论中，美国学者 Reich 提出的"新财产权"理论①开始受到人们越来越多关注。Reich 认为财产不仅包括传统的土地、动产、钱财，同时还包括了社会福利、公共职位、经营许可等传统的政府供给。这些供给一旦变成个人的权利，那么就应受到宪法个人财产保障条款的保护，对他们的剥夺就受到"正当程序"和"公正补偿"的严格限制。"政府是巨型压力器，它吸进税收和权力，释放出财富"。②"现代社会之下政府正在源源不断的创造财富，主要包括：薪水和福利、职业许可、专营许可、补贴、公共资源的使用等。这些财产是现代社会重要的财产形态，对这些财产的分配是通过公法实现的，而不是私法，其对于个人的生存和发展具有极为重要的作用"③。"新财产权理论关注的重点是政府与权利持有者之间的关系，而非私有财产与其持有者之间的关系"④。新财产权的提出根源在于政府供给的持续增长，政府供给以及相伴随的法律制度的兴起，相应增加了政府的权力，进而侵蚀了个人独立性，甚至会扩张之购买公民一些宪法性权利。故必须对政府供给这种财富以财产权的形式，加以宪法、实体法保障和程序法保障。"财产权被分解为一系列不连续的部分……它们之间互不联系。没有共同语言，原来起源于物品所有权概念上的法律上的财产权的含义，在法学和经济学上的一般理论框架中并没有获得统一的概念。发达资本主义经济和法律结构迄今以来的现实表明，对它的设计和操作可以根本不用'所有权'这一概念"。"新财产权"理论提出对传统的财产权观念和法

---

① Charles Reich, "The New Property", *Yale Law Journal*, 733, 1963—1964.

② 高基伟：《政府福利、新财产权与行政法的保护》，《浙江学刊》2007 第 6 期，第 29 页。

③ 同上。

④ John A. Powell, "New Property Disaggregated：A Model to Address Employment Discrimination", *U. S. F. L. Rev.*, 363, 1989—1990.

律制度产生巨大冲击，也对我们重新认识排污权法律属性提供新的视角。在更广泛意义上和更紧迫的现实基础上，从能否有效解决环境问题的视角来认识排污权属性。

（一）排污权具有私权和公权的双重属性，受公法和私法双重调整

传统财产权来源可能基于法律的明确规定或当事人之间的合意，大陆法系的物权法定和契约自由就是其中的生动写照。但随着公法私法化和私法公法化的现象出现，"政府管制下的市民社会，民法上的私权利不再是权利主体可以自由行使的私权，政府公权的行使也不完全在所有场合下都是公权力"。研究当代财产权的公私法性质定位成为当代财产权体系构建过程中不可回避的重要问题，但事实上这种超越公、私法体系的定位具有相当大难度，这种难度在日新月异的现代生活中更加凸显。

1. 排污权首先源于公法上行政许可

排污权就是这样一种权利，没有法律对其私权属性的明文规定，也没有因当事人的合意而自然产生，它必须依赖政府而产生，并且直接源于政府，与所有权无直接关系。排污权首先来源于政府对权利主体排污资格的实体和程序方面认定，这种排污资格是对排污权主体身份的法定认可。按照《行政许可法》规定，授予排污主体排污资格属于行政许可范畴，但它仅是产生了一定范围内行使权利的资格。可见在权利取得方面，排污权根据公法规范而获得；在权利确定及行使过程中，排污权需要行政主体的分配与认可；在权利交易或转让方面，需要行政主管部门的适度介入或依法监管；在权利功能实现方面，更多倚重行政强制规范作用和行政指导作用。行政许可本质上是政府的管制行为，因此许可的内容本身并不具有财产内容，它不是民法上的财产。正如布莱克辞典指出那样，许可既不是财产，也不是财产权利。取水权和水污染排放权虽都来自公法和公权行政许可，但两者也有区别，取水权是在水资源所有权明确为国有情况下，借助取水设施或工具对水资源在一定时段和一定数量的客观使用。理论上排污权可能涉及环境容量资源的使用，但实践中并不意味着对环境容量资源的必然使用。换句话说，主要污染物排放权实质上体现为行政法律允许排放一种或几种主要污染物的行政许可，且这种行政许可须建立在一种或几种主要污染物总量控制基础之上。

2. 排污权展现了私权的部分属性

排污权也可以视作当事人权利，在一定程度上展现了当事人的个人意志或选择自由。许可虽不是财产权利，但许可本身为被许可人创造了一种"事实上的财产权"。[①] 它具有一般财产权的合理内核，即具有一定经济价值且可以排他的享有。它为当事人带来一种利益、利益可能性和可预期性。权利主体在法律许可范围内，有权根据自己意志将这种可能性或期待性转化为现实的财产利益；权利主体可以依照规定将其储存，以利未来扩大生产；权利主体也可将其出售，以获取增值利益；甚至权利主体可以将其质押或抵押，实现融资功能。排污权这种权力和权利的双重属性使其很难被简单纳入公法体系或私法体系予以分别构建，简单的认定其公权或私权属性也有失偏颇甚至过于草率。当然，排污权的公权属性并不意味着排污权代表公益，排污权的私权属性并不意味着排污权代表私益。法律上的利益存在公益和私益之分。公益是一个多面的、多层次的和弹性较大的概念，多指与社会公众的一般福祉和福利有关，或属于社会公共利益范畴，私益则更多强调权利主体的个人利益。

排污权就是这样一种权利，它源于公法创制的一种私益，但排污权绝不简单的就是私益，因为排污权行使过程中污染物排放

---

① ［美］波斯纳：《法律经济分析》，蒋兆康译，中国大百科全书出版社 1997 年版，第 57 页。

行为势必造成他人利益或公共利益的危险和风险。法律对排污权属性认定应充分考虑其特点，以期在保护公益的同时，私益也能有效彰显；在实现私益的同时，公益也有位置存在。若将排污权简单定位为私权，公法对其实施全过程规制的正当性不彰，私益的过度膨胀最终会吞噬公共利益，环境保护目标最终会落空。若将排污权简单定位为公权，政府会在公共利益口号下不断压缩私益存在空间，排污权交易可能仅仅停留在理论之上，最终无法实现其激励和减排等功能。

（二）排污权是一种功能性权利

若将财产权分为基础性权利和功能性权利，那么排污权就是一种典型的功能性权利。排污权的功能性权利特征主要体现在以下几个方面：

1. 激励功能

在排污权交易制度体系下，污染削减将自动发生在边际削减成本最低的排污主体。削减成本较低的排放主体，获得利益的可能性大，故其削减排放内在动力就大，削减成本高的排放主体可能被要求增加成本或支出，故面临较大经济压力。排污权交易制度运行过程中，卖方通过各种合法手段超量减排而剩余排污权份额，其出售排污权份额获得的经济利益回报，实质上就是市场对有利于环境的外部经济性的补偿，买方由于无法按政府要求减排而购买排污权份额（或投资污染防治技术），其所支出费用实质是外部不经济性的代价。排污权交易制度就是借助市场机制特有的激励功能促使污染治理责任在各个排污主体之间进行合理分配。治污成本高的排污主体因为通过购买排污权份额而减少资金消耗，治污成本低的排污主体则可通过销售排污权份额获得资金收益，实现多方"共赢"的客观效果。

2. 促进功能

排污权促进功能首先体现在促使排污主体达标排放。传统的直接管制时期，排污主体正常遵守环境排放标准时，经常面临的问题就是缺乏积极性和内在动力。排污权交易制度体系的内在优势则是以排污主体达标排放为基本前提，排污主体为了通过市场交易获得利益，必须按照规定达标排放。与命令控制手段相比，这种通过自愿而非强制手段实现各种污染物排放达标势必减少环境违法的内在动因；其次，促进功能还体现在促进排污主体进行污染防治技术革新命令控制背景下，排污主体一旦满足环境排放标准要求，若无经济利益的持续刺激，排污主体势必缺少进行污染防治技术革新的内在动力。即便来自于行政机关的行政奖励和社会公众的道德褒奖也难以替代一种经济利益持续供应的制度机制。通过排污权的自身作用，促进排污主体围绕经济利益的不断追求和预期利益的持续获得而不断进行污染防治技术革新、加强管理和治理污染。① 最后，排污市场扩大又导致对污染防治新技术的需求增加，面对潜在市场需求，技术开发者乐于投资开发污染防治新技术，从而形成良性循环。

3. 节约功能

首先体现在管理成本节约方面。一般而言，制定和执行命令控制型制度需要较高管理成本（如信息搜集成本、执行成本等）。排污权交易制度则把自由选择的权利交给了排污主体。因为与行政部门相比，排污主体最了解自己污染物排放的各种信息以及自己应该怎么做，排污权特有的自由选择机制让排污主体自己决定实施减排方式获得可交易排污权或直接购买排污权份额而遵守环境法律制度，这样污染信息提供负担就由行政部门转移具体排放主体，降低了行政管理成本。行政部门仅需明确环境质量目标、排放总量及削减目标，建立相应市场，对排污主体实现环境质量

_____

① David Harrison, "Using Emission Trading to Combating Climate Change: Programs and Key Issues", *ALI-ABA Course of Study*, 3—5, December, 2008.

和主要污染物总量目标的具体方式不再过多干涉。环境管理成本的节约可以让政府转变职能，更好为公众提供公共环境服务。其次是信息成本节约。排污收费的一个难题是政府信息不足，从而无法确定恰当的收费标准。而排污权交易制度在正常运行后，只要根据市场的价格信号就可以完全避免这一困局，即使政府在初始分配排污权时不能掌握充分信息而导致定价不合理，那么在随后自由交易市场上通过价格机制也会自动实现调整。尤其是当交易的排污权价格超过污染治理费用时，排污主体就会选择自己治理污染，不会出现只花钱付费而不减排的尴尬局面。

4. 引导功能

排污权引导功能包括微观和宏观两个方面。微观方面最主要功能在于遵循环境法律法规情况下，引导排污主体根据自身发展需要和成本考虑，决定自己生产、排污等行为，包括通过工程减排、技术减排、产业产量调整减排抑或从市场上购买排污权份额；宏观上引导主要是指政府可以基于经济社会发展和环境保护等诸多要素的统筹考量，通过依法设定排污总量及削减目标，确定排污权初始分配接受主体范围和数量、明确具体分配规则的有机协调甚至可以以市场主体身份购买或出售排污权以达到产业调整和区域发展目的。

（三）排污权保护具有特殊性

现有民事法律对私有财产权保护主要分为"不得侵犯"、"积极保护"和"征收征用的合理补偿"三个层面。排污权产生于政府，来源于政府，其内容、功能都与私有财产权存在加大差异，故对其的保护显然与传统财产权不同。传统财产权保护所采用的排除妨碍、损害赔偿等救济手段都难以对排污权进行有效保护。总结各国对排污权的保护，主要体现在以下两个层面：第一是免受公权力的不当侵犯。"这是一种直接界定和给予的财产权，而不仅仅是提供一种外在保护的传统财产权"①。因为排污权来源于政府，故排污权势必会受到政府及其工作人员侵犯或肆意剥夺的风险，故制定政府征收、回收、回购、储存排污权的行政程序法律规则就显得非常重要。现有法律虽然明确规定政府可以征收排污权而不予以补偿，但同时也明确了行政机关对行政许可作出不利于相对人的变更、撤销或撤回的决定，应保障相对人有听证的权利，以便当事人对排污权可能带来的财产利益进行保护。第二是排污权保护也体现在排污权初始分配方面。排污权来源于政府排污许可，因此分配排污权便成为政府的重要职责。排污权初始分配方面，效率优先和公平优先都有可能是政府初始分配主要考量。排污权初始分配历史实践表明，没有单独采用免费分配或是拍卖方式，而是将两种或几种分配方式进行有机结合。这种分配方式的结合在一定程度上也体现了排污权保护的特殊性。

此外，排污权也具有财产权一般属性，包括排他性和可交易性等。排污主体获得排污权以后，即取得一定的排他权属，可以在法律规定的范围内根据主体自己的意愿对其行使占有、使用、收益和处分权。排污指标可以进入市场交易或者在排污主体之间进行有偿转让。这是一种无具体形态但可以通过数字表达的"财产"，具有可交易性。排污权的上述财产权一般属性并没有改变排污权功能性权利属性，相反，它是功能性权利得以实现的具体手段和重要保障。排污权交易制度的不断纵深推进过程，也是排污权更多功能不断拓展的过程。

---

① 高基伟：《政府福利、新财产权与行政法的保护》，《浙江学刊》2007年第6期。

第二节　排污权初始分配概念与特征

一　分配与初始分配

（一）分配及其含义

分配既是含义丰富又是一个不断发展变化的词汇。因此，了解分配的基本含义及若干范畴体系有助于我们全面认识排污权初始分配的基本概念或原理。

1. 分配的一般含义

一般而言，人们对分配有三种不同解释：第一，是指按照一定标准或规则分给一定物品。《后汉书·光武帝纪上》："悉将降人分配诸将，众遂数十万。"此解释强调的是分配规则或标准问题。第二，安排或分派。主要特指我国计划经济背景下大中专毕业生的指令性就业政策，由政府出面进行安排工作。第三，经济学上指把生产资料分给生产单位或把消费资料分给消费者。在马克思的古典政治经济学意义上，分配一般指产品分配，它构成社会再生产过程中的一个环节。社会再生产是生产、分配、交换和消费的统一体。其中生产是出发点，产品生产出来后，必须经过分配和交换，才能进入消费，是故分配是联结生产和消费的中间环节。乔治·恩德勒认为分配是经济活动中与生产和交换具有同等价值的基础性维度，分配维度贯穿于整个经济活动中，不仅是它的结果，而且也是它的起始条件和过程。① 作为经济活动的基本维度，分配与生产、交换这两个经济活动的基本维度是相互影响相互作用的。罗尔斯则从财富、权利等方面对分配进行了全面阐释。学

---

① ［美］乔治·恩德勒：《面向行动的经济伦理学》，高国希等译，上海社会科学院出版社2002年版。

者们对分配的不同理解丰富了分配的内涵，有助于我们从各个方面解读分配的基本含义。

基于以上简单分析，我们认为，分配有广义和狭义之说。广义分配是指对社会全部资源的瓜分、安排、配置，包括财富、权利、自由、机会、知识、名誉等各个方面。狭义的分配仅财富和收入的分配。事实上，狭义的经济领域中的分配与广义的社会分配之间是密不可分的。在现实生活中，如何对社会资源、政治权力、知识等进行合理分配，始终是经济权利和财富分配公平的基本前提和制度背景。本书所指分配，一般是在狭义的基础上提出的，但在一定情况下是围绕着广义分配展开分析。

2. 财富分配与收入分配

从最严格意义上，分配主要包括两个不同方面内容：一个是对财富的分割，简称为财富（利益）分配，关心的是谁来分配以及分配规则问题；另外一个是对收入的分配，关心的是把收入如何分配给个人，分配给谁。这里必须要明确一个基本点：财富分配和收入分配是两个不同概念。经济学家萨缪尔森强调了区别的意义和方法："在衡量一个人的经济地位时，最经常使用的两个尺度是收入和财富。理解的中心在于：财富是一种货币存量，而收入是一种货币流量。"① "收入（income）指的是一个人或一个家庭在一定时期（通常为一年）内的全部进账和现金收入。"它包括劳动收入（工资、薪金和附加福利）和各种形式的财产收入（租金、净利息、公司利润和业主收入）。而 "财富（wealth）是人们在某一时点所拥有资产的货币净值"。财富是一个存量，而收入是单位时间内的流量。多数情况下，我们一般讲分配是指收入分配，但收入与财富是密切相关的，当收入变成存量时，就成为财富。可

① ［美］萨缪尔森·诺德豪斯：《经济学》，萧琛主译，人民邮电出版社 2008 年版，第 359 页。

见，财富属于一种静态的财产支配权，它是在一定时间点以前，既定主体对特定物品已明确了归属权的一种法律效果，表现了社会公众对既定财富关系的一种普遍认可状态。财富的静态或存量特性，意味着既定主体在这方面的自由、特权以及获得一定利益的可能性。凭借一定的法律制度以及社会习惯，其他人不得随意去干涉这种自由和特权，其目的是在承认过去的基础上并保障以后的预期稳定。可见，财富分配关注历史、现在和未来三个时间维度。而收入则是一种现在还没有直接管领和控制的、但要经过各种努力才可以实现归属权的财富，它呈现一种动态或流量的特性，它需要经过一个产生过程才可能实现，或者说在以后因诸多变数存在情形下而会更多也许更少地产生的财富。收入所体现的对以后能产生财富的预期激励和变数控制，是人们在市场中竞争中追求的目标，也是社会发展和制度变迁的主要动力。

财富分配和收入分配存在密切联系。在一个常态化社会中，由于财富分配的相对静态属性和收入分配的相对动态属性，经常会出现动态的收入分配取决于财富数量多寡的现实情况，故通过财富分配的逐步调整来抑制收入差距悬殊是一个国家经常采用政策思路。

3. 财富分配与资源配置

财富分配与资源配置也存在一定联系。资源是指社会经济活动中人力、物力和财力的总和，是社会经济发展的基本物质条件。在社会经济发展的一定阶段上，相对于人们需求而言，资源总是表现出相对的稀缺性，从而要求人们对有限的、相对稀缺的资源进行合理配置，以便用最少的资源耗费，获取最佳的效益。资源配置即在一定的范围内，社会对其所拥有的各种稀缺资源在不同用途之间分配。资源配置合理与否，对一个国家经济发展的成败有着极其重要的影响。由于资源配置是将稀缺资源分配给不同的用途，故多以效率作为优先考量。宏观经济学和微观经济学近年来都把资源配置效率最大化作为主要关注对象，一般认为，稀缺资源的最优配置至少包括两个内容：第一，从投向对象来看，是稀缺资源应用于生产消费者最需要的产品；第二，从使用对象来看，稀缺资源应尽可能多地由生产效率高的生产者使用。与此相对，现实经济中资源配置没有达到最优也有两种表现：第一是部分产品滞销和部分产品脱销并存；第二是低效率生产者得到较多的稀缺资源。可见，资源配置就是将一定量的资源按某种规则分配到不同的产品的生产中，以满足不同的需要。

资源配置和财富分配存在紧密的联系。这种联系表现为，在一定情况下，两者可能都统一于经济或法律活动之中。比如，税务机关依法对某企业征税，从取得收益来看，可以把它看作是一种分配活动，关注企业生产经营状况、收益情况而向其公平合理确定税负。从稀缺资源配置角度来看，也可看作是资金由私人部门向公共部门转移的资源配置活动。可见在既定情况下，资源配置与财富分配是从不同角度对同一经济活动进行研究。

（二）分配构成一个法律问题

作为一个比较专业的经济学问题，分配主要关注财富和收入如何进行分配；但分配也同时构成一个政治问题。中国历代农民起义革命所打的"均贫富"等旗号都包含着对统治阶级财富收入分配制度的极端不满，并希望通过暴力手段予以更正。美国排污权初始分配过程中，各政党及各利益团体之间通过不同政治舞台相互斗争和博弈，以至于时任美国环境署长也感叹，分配是一个政治问题而非一个环境问题。① 但细究起来，分配其实也是一个典型的法律问题。这是因为经济学上所涉及的财富收入分配或政治学上关注的利益分配都可以在法律的框架体系中借助法律特有运

----

① Leigh Raymond, *Private Rights in Public Resources-Equity and Property Allocation in Market-Based Environmental Policy*, US: RFF Press, 2005, p. 68.

行机制予以解决。在法律运行的每一个环节，大都是围绕着分配尤其是财富利益分配这根轴心而展开的。立法的实质，其实就是对利益的初始分配。中国革命战争年代经常出现"打土豪，分田地"事儿，其实"分田地"构成当时最重要的财富分配。当前立法领域内常见的"行政权力部门化，部门权力利益化，部门利益法制化"问题。这种立法现象症结实质就是以立法形式，来维护、扩张特定部门的利益。可见，无论是过去的土地立法抑或时下"部门立法"，都在揭示一个基本规律：立法核心就是财富或利益的分配。然法律颁布或出台并不意味着利益分配任务的完成，或者说，仅仅通过立法并不能一劳永逸地解决利益分配的所有问题。原因在于立法仅仅是对初始财富的界定而非永久界定。权利界定本身的激励效应和社会经济发展规律双重效应势必带来经济利益持续增长，新增财富甚至会远远超过立法时予以界定的初始财富，而这些新增财富仍然需要进行分配。从法律上看，新增财富的分配过程，其实质就是法律监管下通过市场机制进行的配置活动。最后，政府对市场的干预和市场分配不公可以通过司法手段予以救济。可见财富或利益的分配既贯穿了法律运行的全部环节。分配构成一个法律问题具有重要的理论和现实意义，通过法律进行财富或利益分配可以最大限度地保障社会秩序的稳定和实现分配的争议，减少社会冲突和动荡。

总之，分配构成一个法律问题。作为一种行为、一个过程、一类关系的有机组成综合，其法律层面的基本构成要素应当是相对固定的，即分配关系主体、分配客体和调整分配关系的具体分配权利（权力）义务规则。其中，分配关系主体指明分配的发动者和接受者，是权利（权力）义务（责任）享有者和承担者，分配客体则明确分配权利（权力）义务（责任）指向的对象以及其质和量的内在规定性。具体权利义务分配规则则构成分配的中心环节，它具体指向如何在正当和可行情形下对利益或利益可能性进行分配。

二　排污权初始分配及特征

排污权初始分配就是在排污权交易制度框架体系内，政府或其主管部门（以下简称分配主体）主导下，依靠既定分配原则、规则和方式，在既定排污主体（以下简称接受主体）间进行既定主要污染物排放总量分配的行为、过程以及所形成的各种法律关系的总和。排污权初始分配机制构成排污权交易制度的重要组成部分和重要过程。

与狭义的排污权交易相比，排污权初始分配呈现以下特征：

（一）排污权初始分配机制是行政主导下市场手段和管理手段的有机统一

"机制"一词最早源于希腊文，原指机器的构造和动作原理。对机制的这一本义可以从以下两方面解读：一是机器由哪些部分组成和为什么由这些部分组成；二是机器是怎样工作和为什么要这样工作。把机制本义引申到不同的领域，就产生了不同的机制含义。将"机制"一词用于排污权初始分配，目的就是建构一套机制体系，在明确整个排污权初始分配的各个组成部分之后，不同主体、各种具体分配规则如何进行有机结合，在优化排污权初始分配机制同时，保障排污权交易制度系统的运行，使该系统功能得以发挥，以最有效和最可行方式控制污染物排放总量和改善环境质量。

1. 排污权初始分配机制是在行政主导下进行的

初始分配的行政主导性首先源于整体的排污权交易制度的行政主导。排污权交易制度虽是一种基于市场机制的污染控制策略，但这种控制策略却是在行政主导下进行。排污权交易制度体系的三个组成部分中，第一环节的总量控制是通过法律明确授权的政府或政府主管部门借助正当法律程序完成。最后环节的排污权交易市场也是在环境主管部门监管下的不完全市场。环境主管部门基于环境或其他公共利益客观需要，通过奖励、回购、储存等直接有形之手参与甚至左右排污权交易市场。至于中间环节的排污权初始分配机制，毫无疑问是在行政主导下进行的。

其次，排污权初始分配机制具体表现为行政主导下分配行为、分配过程和分配关系的总和。这种主导性主要体现在：政府主导（排污主体和社会公众依法参与）制订初始分配计划。分配计划是排污总量控制目标得以有效实施的先决条件，更是影响到排污主体的切身经济利益和民众的优美环境需求，必须在行政主体主导下才能有序和有效进行。初始分配法律关系的产生、变更和消灭也主要是通过行政主导具体或抽象行政行为完成的。主要包括分配主体有权依法厘定分配接受主体范围类型、分配对象以及具体分配规则；在初始分配计划、原则和规则指导下，分配主体依法对初始排污权份额进行分割。一言以蔽之，行政主导性体现在行政主体启动分配行为、引导分配过程和主导初始分配所形成的各种法律关系。各国排污权交易实践表明，排污权初始分配的行政主导有利于尽快消弭冲突和争议，为排污权交易提供可靠体制保障。

2. 排污权初始分配机制是市场手段和管理手段的有机统一

排污权初始分配的行政主导并不意味着政府可以采用单纯行政管理手段进行资源配置。理论上讲，行政手段应该是最优资源配置方式，因为它是无波动、最节约、效率最高的配置。但要做到这样配置必须具备如下两个前提条件：第一，行政主管部门对全社会所有排污主体排污状况，包括移动排放源和固定排放源、排污口设置、点源面源、各种各类污染物等信息全部掌握（完全信息假定）。第二，全社会利益追求一体化（单一追求经济利益或单一追求环境利益），不存在相互分离的利益主体和不同的价值判断（单一利益主体假设）。第一个条件是否具备关系到依法设定的排污总量是否反映客观实际；后一个条件是否具备关系到目标能否准确顺利地执行。但从实际操作层面上讲，排污权初始分配行政手段的上述两个前提条件都是不具备的。因此单纯采取这种资源配置机制，无论在作出决策和执行决策时，都会遇到难以克服的信息方面的障碍和多利益主体多层次利益需求方面困难。

　　行政主导并不排斥采用市场手段进行排污权初始分配。与单纯行政手段相比，市场机制利用自身价值规律来发现价格信息和排污信息，利用竞争手段来降低行政及社会成本，利用合作手段来达致各种目标协议的有效实现，甚至可以减少行政腐败问题滋生。但初始分配的市场手段本身并不可能构成一个完全市场机制。因为在完全市场体制内，参与主体要充分地运用自由竞争的市场逻辑来获取、转让和处分排污权。排污主体以及主导初始分配的地方政府更关心的是它们今天或明天能从排污权中得到什么，而不是为了明天保护自然环境。若听任交易各方自由地行使和处分着各自的权利，带来双方甚至三方共赢，但这种共赢是以当前利益换取未来利益、经济利益取代环境利益为代价的。即使市场机制有着容纳更多环境资源包括排污权的发展趋势，但由于环境资源多重属性决定，总是会有一些环境资源或环境资源的侧面难以为市场所覆盖，其中一个重要原因就是，越是在稀缺性背景下，权利界定就越发显得迟滞，很多时候环境保护的急迫性和风险不容许等待市场机制的事后性矫正。故同完全行政手段一样，完全市场手段同样难以支撑排污权初始分配过程。

　　总之，行政主导下的排污权初始分配机制既不是单纯依靠行政手段，也不是由市场手段单独完成的，市场和行政手段都不能单独保障排污权初始分配机制顺利运行。依靠行政手段对既有环境利益格局进行强制性调整，在政府理性有限情形下可能会异化排污权交易制度价值。若单纯借助市场手段进行初始分配规则的建构，在"有偿使用"或"价格信号"驱使下使其简单成为地方政府筹集资金的工具。许多更为有效的污染控制策略往往是行政手段配合着市场机制在发挥影响。惟其如此，才能在保护环境资源同时不牺牲环境资源配置效率，因为后者同样是政府环境责任的目标。从这个意义上讲，行政主导排污权初始分配过程实际上就是在不断寻找市场手段和行政手段、当前利益和长远利益、经济利益和环境利益的最佳契合点或最大公约数的过程。

（二）排污权初始分配是利益分配和资源配置的有机统一

资源配置和利益分配虽存在价值取向和体制机制等不同点，但就排污权初始分配而言，它既是一种资源配置，同时也是利益分配，是两者的有机统一。

1. 排污权初始分配是利益（负担）分配

从经济学视角上看，排污权初始分配是对财富的分配，从法律视角来看，排污权初始分配是利益（负担）分配。它"涉及利益稀缺（相对于人们的需求）与负担过度时，利益或负担应当被分配的方式"，"当至少有一部分人必须放弃他们更想拥有的利益，至少有一批人必须放弃他们更希望逃避的责任时，人们需要一种方式以决定哪些人该承担哪些责任，哪些人该享有哪些利益"。[①]排污权是一种政府公力创制出来的一种功能性财产权，这种财产权并不必然体现为一种利益。在多数情况下，分配的排污权仅仅是带来一种利益的可能性。排污主体经许可后获得的排污权在多数情况下并不能直接交易以获得利益，只有通过技术革新、管理革新后所形成的法定排放量与实际排放量之差额才形成可交易标的额，才能带来利益。排污主体储存这种利益可能是为了未来更好的发展空间，但同时带来客观上的环境质量好转；排污主体可以在市场上交易（包括出售、出租等）这些排放权份额以换取经

---

① ［美］彼得·S. 温茨：《环境正义论》"前言"，朱丹琼、宋玉波译，上海人民出版社2007年版。

济利益。因此从这个角度上讲，排污权初始分配与其说是对利益分配，不如说是对一种利益可能性的分配。排污权初始分配这种利益分配需要法律制度的有效保障，其作用在于"是利益的媒介"，"它为集中起来的利益提供结构，来表达要求，把要求转变为规则和决定"。①

排污权初始分配既是一种利益或利益可能性分配过程，也是一种负担分配过程，利益和负担分配构成排污权初始分配的两个方面。"涉及利益稀缺（相对于人们的需求）与负担过度时，利益或负担应当被分配的方式。当至少一部分人必须放弃他们的利益，至少有一部分人必须承担他们更希望逃避的责任时，人们需要一种方式以决定哪些人该承担哪些责任，哪些人该享有哪些利益"②。这是因为排污权初始分配是对排放总量的分配，而按照环境保护法律或政策规定，污染物或者温室气体排放总量必须呈现一种逐渐递减的过程，而逐渐递减的排放总量按照一定比例附随在待分配的每一具体排放权份额上面，排污主体接受排放权利益的过程，实际上也是在接受不断递增的排放负担的过程。负担分配在温室气体控制方面更显突出，温室气体排放权的分配过程在更多情形下被理解为减排责任的负担分配过程。作为一种利益（负担）的分配，排污权初始分配关注公平应属本来之义。③

2. 排污权初始分配构成资源配置

所谓资源配置，是指各种不同资源相互之间以及在不同主体间进行组合或重新组合，这种组合可能使资源的利用效率提高，当资源配置能够产生这一效果时，通常认为，资源配置得到优化，

① ［奥］汉斯·凯尔森：《法与国家的一般理论》，沈宗灵译，中国大百科全书出版社1996年版，第183页。
② ［美］彼得·S.温茨：《环境正义论》，朱丹琼、宋玉波译，上海人民出版社2007年版"前言"。
③ Andrewson, *Justice and the Environment*, UK: Oxford University Press, 1998, p. 20.

或资源的配置效率得到提高。如果环境资源供给足够多的话，任何主体都可以随心所欲的无代价索取而不会影响到其他人对环境资源消费。在这种情况下，就无须对环境资源使用或使用方式期限等做出限制和选择，也就不存在所谓的环境问题。正是由于环境资源稀缺的客观存在及稀缺程度的持续提高，当稀缺且不断持续的环境资源去满足不同利益主体不同层次需求时，就必须借助法律制度做出理性选择。选择的过程在一定程度上就可以理解为环境资源配置过程。

一般我们认为，环境资源初始分配（一级市场）是由政府主导下进行的资源配置，应当以公平为重要考量；二级市场是市场机制在起作用的资源配置，则以追求效率为关注目标。[①] 但排污权交易制度并不必然符合这一传统观点。排污权交易制度是排污总量控制下的初始分配和交易的总称，换而言之，排污权初始分配和排污权交易是处于总量控制这个直接命令手段的延长线上。初始分配也好，再次交易也罢，无非就是希冀降低成本来保障环境管理目标有效实现。就初始分配这个阶段而言，并不必然以公平为单一考量。因为初始分配虽是在政府主导下完成的，基于对排污权功能性权利的认知，政府可以借助排污权初始分配来实现资源的合理配置。可见，排污权初始分配并不仅仅是利益或财富分配，同时也构成资源配置，是资源配置和利益分配的有机统一。既是利益财富分配，当然强调公平，既是资源配置，势必考虑效率。一言以蔽之，排污权初始分配既有"切蛋糕"问题，也有"做蛋糕"问题。

与利益分配关注不同，排污权初始分配的资源配置则关注将排污权分配至不同的环境用途和不同的产业部门，这种资源配置

---

① 多数学者沿用经济学的一般观点，指出初始分配构成排污权一级市场，公平优先，而交易构成二级市场，应以效率优先。参见吴健《排污权交易——环境容量管理制度创新》，中国人民大学出版社 2005 年版。

甚至会影响投资规模、投资方向等产业布局方面的宏观问题。排污权初始分配的资源配置主要通过以下手段得以实施：第一，通过界定并厘定分配接受主体来实现资源配置。排污权初始分配不是一种简单的物品分配，而是一种权利的分配。权利分配的过程就是一个选择权利主体并确定其接受权利份额的过程。同样的排污权份额，由于分配接受主体不同，就会导致不同排污权价格。在接受主体及权属界定明确后，就可以利用市场价格机制在不同权利主体之间进行资源配置。一句话，若没有主体权属制度安排，任何人都可以占有环境资源，市场交易就无从谈起。第二，通过价格机制进行排污权初始分配的资源配置。传统西方经济学认为，价格和价格信号对资源配置起着至关重要的作用，因为它有效地回答了微观经济学提出的"生产什么"、"如何生产"和"为谁生产"的问题，毫无疑问，这些问题就构成资源配置。在价格机制引导下，各部门间发生的资源流动实现资源合理配置。在"环境资源有偿使用"和"污染者付费"环境法原则指导下，政府通过确定每个排放权份额的初始价格并设置不同行业的权重系数来实现行业的配置。第三，排污权初始分配的资源配置也可以通过具体分配规则展现出来。由于不同的分配规则背后所体现的是不同的价值取向，如当前占有是对当前占有主体的肯定和对其投资的鼓励，故有效率考量；拍卖原则更多的是对新进业者制造一个平等参与的机会，故有公平考量；平均主义分配则有对生存权和发展权益的适当照顾，彰显其公平一面；奖励规则却是对环境技术革新或者循环经济及新兴产业的积极肯定。各国排污权初始分配体制构建的实践中，很少单独采用一种单一分配规则，而是貌似不可通约的分配规则的有机合成。排污权初始分配不仅是利益的分配，也是资源的配置，更有环境保护的原初考量。

（三）排污权初始分配是多种价值取向的有机统一

法律价值是一个由多种要素构成，以多元形态存在的体系。

价值是法律的精神和灵魂，代表着法律文化、制度文明发展的新走向。不同的法律追求着不同的价值目标，同一项法律在不同的社会经济条件下，也会有不同的价值诉求，所有的法律共同确认和维护着一个国家法律追求的正义总旨。"任何值得被称为法律制度的制度，必须关注……某些基本价值"，"一种完全无视或忽视上述基本价值的一个价值或多个价值的社会秩序，不能被认为是一种真正的法律秩序"。① 排污权初始分配财富分配和资源配置的双重属性表明行政主导下排污权初始分配有多种价值追求。

1. 初始分配与效率追求

效率价值的根本意义，在于效率本身内涵的道德善。② 效率即符合人类社会一定的发展规律、目的意义和道德规范。西方哲学认为："在当代哲学中，效率主要用做衡量社会条件的福利标准。"帕累托效率标准、"卡尔多—希克斯效率"等效率理论，也正是从"福利标准"方面正向地强化了效率价值的道德理念。③ 在排污权交易制度领域，效率体现为环境效率和经济效率，局部效率和整体效率的有机统一，这几大效率好坏直接关系到环境现状和未来。第一，排污权初始分配追求"什么效率"？从具体学科的价值维度上看，构成"什么效率"价值客体包括物质效率、精神效率、制度效率和具体人的效率四种类型。排污权初始分配机制是排污权交易制度重要组成部分，它应当强调追求排污权交易制度整体效率而非单一的初始分配效率。第二，排污权初始分配形成"谁的效率"？"谁的效率"构成效率哲学根本问题？效率概念在数个世纪的演变和发展中，不断地使其价值主体及关系维度在一般学科具体化。排污权初始分配追求谁的效率意义非常重大，因为在排

---

① ［美］E. 博登海默：《法理学—法哲学及其方法》，邓正来译，中国政法大学出版社 1999 年版（中文版前言）。
② 王京跃：《试论效率伦理》，载《哲学动态》2006 年第 6 期，第 24 页。
③ 同上书，第 24—25 页。

污权初始分配法律关系中，分配主体、分配接受主体抑或其他利益相关主体都有制度效率应当考虑要素。不同主体归属有不同效率追求：站在分配主体角度，则以有偿且以拍卖为最佳。若站在分配接受主体位置上，则以无偿且以当前或既往占有分配为优先。第三，"怎样的效率"？哲学意义上的"怎样的效率"包括三重考量维度。第一考量维度是人与自然的资源配置效率。第二考量维度是人与人之间的利益分配效率。利益分配效率伦理指向促使利益主体平等互利、共同发展的道德目标。第三考量维度是人自身素质能力效率，即每一个体的人获取的生存状态条件与付出的时间比率上是合目的的、高效的。排污权初始分配的效率价值追求的基本理念应当是：以追求人与自然和谐为最终价值归依，以排污权交易制度整体层面追求的制度效率为重要目标，以拓展排污主体整体污染防治能力效率为主要诉求。

　　基于以上分析，我们认为排污权初始分配的效率追求主要表现为一种制度效率。任何制度都必须确定资源配置、产出组合和产出。排污权初始分配提供一种利益相关者相互影响的框架，这种框架制约着不同主体以及同一主体相互之间的选择集合，以及社会经济秩序中的合作与竞争关系。这里，最为关键是促进合作和保证合作者利益的合理分配。制度效率主要涉及以下几个方面：第一，通过分配制度建立防止胁迫和意见分歧，减少不合作损失。第二，通过制度运行克服谈判障碍，从而减少使用成本。制度效率包括制度对经济和社会的效率贡献与制度本身的运行效率两个方面。在对制度本身效率的考虑当中，核心是制度成本分析。效率追求要求在排污权初始分配规则建构中应有多重效率目标，而不仅仅表现为经济效率。

　　2. 初始分配与公平追求

　　在一定意义上，与效率相比，公平多体现为主观价值。在公认的经济学范式中，仅承认两三个效率观念，而实际上却存在许多种评价公平的观念。① 在不同的语境下，人们对公平有着不同的理解，故它运用广泛且内涵极其复杂。在法律层面，公平构成法的基本价值取向。公平与法律的结合使法律获得了持久的生命力，也使公平更加鲜活和生动。是故所有部门法无不将公平纳入自身研究范畴，以期发现新的东西或领域。具体到环境法方面，环境问题的恶化以及环境资源的不公平也日益显现，在人们环境意识和环境问题受关注程度的提高背景下，环境公平以及所包括的代内公平、代际公平等、环境正义逐渐发展成为环境法基本价值取向。本书所指环境公平，主要是指对环境问题所涉及的利益相关主体，公平分配相关环境利益包括环境负担，在平衡利益相关主体之间及不同层次利益需求关系。其中，分配公平构成环境公平的主要内容，追求机会公平、结果公平或两者结合有构成分配公平的重要内容。

　　排污权尽管是有政府创制出来的，但政府创制出来并不是自己单独享有，而是将其按照一定规则分配给不同接受主体。谁拥有一定数额排污权份额，也就意味着获得一定财产利益的可能性。以经济人角度考量，排污主体希望政府将其纳入分配接受主体范畴，已经被纳入进去的分配接受主体则希望政府分配给自己更多排放权份额。若无相应公平公开制度建构的话，初始分配可能成为政府与个别排污主体进行合谋的工具。再者，排污权初始分配的行政主导决定了界定权利属性、初始分配以及创建市场只能是一种自上而下的活动，政府地位和权责在很大程度上决定着初始分配各方权利分配结果。排污权初始分配的这个特点对制度公平追求提出了更高要求，不仅要依法约束政府分配权力和划定权力边界，为排污主体提供起点和机会公平，也要关注结果意义上的

---

① ［美］乌戈马太：《比较法律经济学》，沈宗灵译，北京大学出版社2005年版，第4页。

分配公平，使排污主体、分配接受主体和交易主体等得其应得，其他利益相关者权益也能得到适当照顾。初始分配的公平追求要求政府在确定分配接受主体时，应当考虑排污主体之间在地域、行业以及规模大小等方面差异，不能以简单僵化等"一刀切"方式在不同主体之间分配排污权份额，因为这样不仅无法保障和实现初始分配的公平追求，且会影响交易市场的最终形成。理论上我们对初始分配公平的认知显然很难回答实践中人们对公平问题的具体运用。因区域经济发展水平、治污技术以及环境要素等因素存在差异，公平的进行初始分配的难点就是无法形成统一的分配标准、规则和方法。故在公平理念下的各种分配规则和方法的有机整合是一条必然路径。

　　排污（放）权初始分配首先应超越排污权自身，而放眼于与环境问题有关的发展权或发展机会在不同国家、不同区域以及不同群体之间的公平分配。就我国情况来看，环境公平问题经常发生于存在着巨大经济差别的二元社会（城市和农村、东部和中西部）。自环境问题恶化以来，公平就先天的与社会发展失衡的现实状况紧密联系一起。若回避或忽视中国社会经济发展的种种问题，囿于排污权初始分配追求的公平并不能实现真实意义上的公平。只有尽可能削减环境公平问题产生的社会条件或将经济发展的条件考虑到分配要素内，才有可能实现排污权的公平分配。一些人认为东西部及城乡的环境差异主要是自然原因造成的，但忽视了我国中西部和农村地区是资源和能源相对富集的地区的客观事实。历次西部开发和农业反哺工业带来了国民经济的振兴和东部地区经济的高速发展，但环境破坏和环境污染的后果却由西部和农村地区承担。尽管东西部及城乡之间的环境差异并不完全是由对西部资源掠夺性使用和对农村的污染转嫁造成的，但排污权初始分配却不能不考虑东西部及城乡之间的发展权和发展机会问题。如此一来，排污权初始分配的公平问题就不仅仅是单个排污主体之间分配公平问题，而是每个排污主体背后所特有的区域群体或经济意义上的联合体公平发展机会问题。如果将注意力从不同区域或不同区域的发展群体转向单个排污主体，无疑造成对每个排污主体背后所特有之区域群体或经济意义上的联合体之间联系的忽略。"历史上，'个人'从来就不是一个抽象个人的存在"。[①] 承担排污权初始分配重责的政府及主管行政部门在进行排污权初始分配时，应借助法律手段赋予不同区域、不同群体以公平的发展机会和对发展成果的公平分享。"没有参与社会经济发展和环境保护的行为选择自由与机会平等，就失去了社会及其主体发展的动力和依据，而不能享受发展进程的利益结果的发展是有违发展权的本性的。"[②] 实现不同区域平等发展机会以实现平等发展权构成排放权初始分配公平追求需要解决的一个棘手问题。

排污权初始分配机制同样也包括了对初始分配过程、初始分配重要活动的公平有效参与、平等知情等公民政治自由权利等。排污主体的污染排放行为并不仅仅是政府管制的具体内容，更是涉及排污主体附近甚至很远地方民众的日常正常生产和生活，甚至也牵涉偏远地区弱势民众的生存和生活。公平的自由与公平的生存之间存在一定联系吗？即"穷人关心民主和政治权利吗？"[③] 罗尔斯认为"当社会经济发展到一定水平，便会出现边际效用递减的情况，于是人们对平等自由的追求的重视，将远较追求物质享受的增加为强"。[④] 在罗尔斯的理论中，社会经济发展程度成为

---

① ［日］大沼保昭：《人权、国家与文明》，王志安译，三联书店 2003 年版，第 228 页。

② 汪习根：《法治社会的基本人权——发展权法律制度研究》，中国人民公安大学出版社 2002 年版，第 246 页。

③ ［英］阿马蒂亚·森：《以自由看待发展》，任赜、于真译，中国人民大学出版社 2002 年版，第 152 页。

④ 何怀宏：《公平的正义：解读罗尔斯〈正义论〉》，山东人民出版社 2002 年版，第 86—87 页。

自由权优先的一个不很显著的背景条件。当"脱离罗尔斯假设的较理想社会而进入历史的现实的社会，那么经济利益就可分做两部分来考虑，一部分是构成人们的基本生存条件的经济利益，一部分是构成人们的进一步发展的经济利益，而对第一部分有关的生存的经济利益的保障，在社会的层面大概是优先于罗尔斯这里所说的基本自由的"。① 从根本上讲，公平的自由与公平的生存应当是相辅相成和相互促进的。若没有最低限度基本生存物质条件的保障，那么公平的自由权利包括参与权利也将是抽象和不真实的。基于对民众生存和发展、自由与尊严的强烈关注的使命感和责任感，排污权初始分配必须创造条件，允许、保障甚至鼓励受排污行为影响的利益相关群体或个人依法参与排污权初始分配活动或重要阶段，这种依法有序的参与，是基于分配公平的基本伦理和法律要求，即使牺牲一点效率也在所不惜。

　　3. 初始分配与环境保护

　　作为一个环境保护的法律制度，排污权交易制度构成污染防治的策略措施。在追寻的公平与效率价值之外，从排污权交易制度的一体性方面来分析排污权初始分配机制，环境保护构成初始分配机制的本来之义。初始分配的环境保护主要体现在，它首先是对一类或几类主要污染物总量的分配，在总量既定情况下进行污染物时空分配本身就构成环境保护重要内容，而且这个总量应当有长远的递减趋势。② 其次初始分配接受主体的范围和数量确定方面，初始分配机制应当结合国家产业发展规划，找出环境污染物"贡献大户"进行规制。在具体分配规则设计方面，通过排污权份额奖励或其他措施对在节能减排方面作出实质贡献的排污主体进行鼓励。

---

　　① 何怀宏：《公平的正义：解读罗尔斯〈正义论〉》，山东人民出版社 2002 年版，第 86 页。

　　② David Harrison，"Using Emission Trading to Combating Climate Change：Programs and Key Issues"，*ALI-ABA Course of Study*，3—5，December，2008.

第三节　分配法律关系主体理论

分配法律关系主体是指依法或依照协议参与排污权初始分配法律关系，享有权利（权力）和承担义务（责任）的法人或非法人组织。按照享有权利和承担义务的不同性质，排污权初始分配法律关系主体可以分为分配主体和分配接受主体，国家在特殊情况下既可以作为分配主体，也可能成为接受主体。分配主体就是排污权初始分配法律关系中，依法对确定的排放总量按照既定的分配规则进行分配，享有权力和承担责任的行政主体或其他依法授权或受委托组织。分配接受主体就是依照政策法律规定，依法或依照协议参与排污权交易法律关系，基于一定排放份额而享有权利和承担义务的排污主体的总称。以分配主体和分配接受主体为主，联结其他利益相关者构成一个分配共同体结构。

一　垂直型和水平型分配共同体结构

亚里士多德在谈到正义的时候曾经指出，正义包括两个要素，事物和应当接受事物的人。可见，在谈到分配共同体时，在一定程度上就是确定对一项物品而言的接受分配者（接受主体）的范围及它们与分配主体之间的关系。在这种情形下，分配共同体结构可以通过下面图表予以展示：

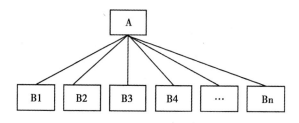

这是一种垂直型分配结构，其中 A 代表分配主体（政府或主

管部门），而 B 则代表分配接受主体（接受分配的成员）。在垂直型分配结构中，A 具有角色上或职责上的单纯性或单一性，它仅行使分配权，并不接受分配，甚至不被纳入有关分配公平和效率价值的评价范围。如同一个成年人将水果在多个孩子们中间进行分发一样，垂直型分配是外在于分配接受主体的一种自上而下的分配，分配主体与分配接受主体泾渭分明。① 垂直型分配结构中，分配原则规则直接影响波及的所有个人和群体构成了一个利益相关的除分配主体之外的分配正义共同体，即分配接受主体 B 的全体，其范围和数量由 A 确定。对垂直型分配结构进行效率评价，主要关注这种分配形式能给分配主体带来哪些成本上的节约或经济利益的增加，能够对分配接受主体产生什么激励作用，以便他们能够更多产生效率。对垂直型分配进行公平正义评价，主要关注不同接受主体应当得到些什么，或者说分配主体用什么正当或应然的道德原则把已有东西分发给接受主体个人的问题。② 历史和实践分配一再表明，在垂直型分配结构中，由于接受主体之间基于对利益的强烈追求，导致他们之间的相互碰撞日趋激烈以及他们与分配主体之间因分配规则和分配标准的相互博弈力度加大，简单地进行效率评价或公平评价都可能失之偏颇，都难以实现接受主体之间、接受主体与分配主体之间的利益妥协。不断在效率和公平之间进行有机协调，实施不同主体之间深度合作方可有效促进共同体价值目标实现。垂直型分配结构具有漫长发展历史，现在仍然广泛应用于政府主导下财产利益分配的各类政策之中。

　　与垂直型分配结构相对应的就是水平型分配结构，它是在不断挑战垂直型分配结构的过程中逐渐产生的。水平型分配结构理论认为，分配似乎是要把本来不属于某人的东西分派给他，而实

---

　　① 马晶：《环境正义的法哲学研究》，吉林大学 2005 年博士学位论文，第 25—26 页。

　　② 同上书，第 26 页。

际上物品并非来自乌有之乡，而是带着人们对它们的种种权利进入世界的。[①] 基于这样认知，水平型分配结构理论质疑垂直型分配所要求的组织机构或公法意义上权力机构（分配主体，笔者所加）的正当性，甚至在这一质疑的基础上否定社会正义或分配正义问题的存在。[②] 他们认为，分配问题应当是个人根据什么原则获得拥有某些东西的权利问题，所以他们在对垂直型分配正义理论的"分配者单一和接受者定向"批评基础上提出了水平型分配理论。水平型分配结构理论代表人物主要是西方自由主义者。代表人物诺齐克就认为"在考虑物品、收入等东西的分配中，他们的理论是接受者的正义理论，他们完全忽视了一个人可以拥有给予某人以某种东西的权利"。[③] 水平型分配可用下列图示：

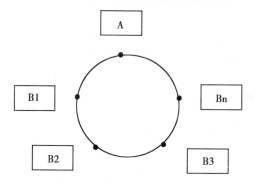

　　圆周上的各个主体之间处于形式上的或法律上的平等地位，B都是形式上的接受者，但其中实力卓著的某个人，例如，在发挥其在某领域的影响时，就可能成为事实上的分配者A。[④] 水平型分

---

　　① ［美］诺齐克：《无政府、国家与乌托邦》，何怀宏等译，中国社会科学出版社1991年版，第165页。

　　② 马晶：《环境正义的法哲学研究》，吉林大学2005年博士学位论文，第27页。

　　③ ［美］诺齐克：《无政府、国家与乌托邦》，何怀宏等译，中国社会科学出版社1991年版，第173页。

　　④ 马晶：《环境正义的法哲学研究》，吉林大学2005年博士学位论文，第27页。

配理论认为，"并不是一种生产出了某个东西，然后必须问谁将得到这个东西的情况"。[①] 他们反对分配主体预先确定分配模式，因为任何模式化的分配模式终将会被"一个人可以拥有给予某人以某种东西的权利或自由"搅乱，而如果存在这种分配的话，这种分配将体现在占取、转让、矫正等市场化的过程中。因为道出了平等主体之间分配关系的客观存在，我们将诺齐克分配意义上的分配称之为水平型分配。[②] 水平型分配理论认为，那种只在"被动等待分配的受众"（指垂直型分配理论，笔者所加）意义上理解分配共同体（即接受者的共同体）的观点显得非常简单甚至粗暴，因为这完全忽视了接受主体的客观存在、平等以及自由。水平分配结构中，分配共同体范围关系到分配行为发动者和受动者两端：接受分配主体与主导分配的主体均属于分配共同体。因为不同类型和层次主体既生活在呈现上下性特征的国家规制中，也生活在交互性的社会经济生活中，且更多体现于交互性生活中。在平等的市场交易下，不同主体都是形式上或法律上的平等者，不存在某种外部显著特征能将处在分配行为两端的人（即分配的接受主体与分配主体），如同在垂直型分配结构一样，截然分开。从更广泛视野里，社会中的所有主体都可能既是分配主体也是接受主体，在这个分配关系中构成分配主体，而在另外一个关系中，可能成为分配接受主体，人们通过具体情形或某一环节并借助一定的分配能力才能判断分配主体和接受主体，才能认识分配是如何发生的。申言之，水平型分配结构理论认为分配主体和分配接受主体在一定条件下是可以相互转换的，一些本属于垂直性分配结构关系中接受主体，在水平分配结构框架中却成了利益和负担的分配主体。反之，一些属于水平分配结构中的分配主体，在垂直型分

---

① ［美］诺齐克：《无政府、国家与乌托邦》，何怀宏等译，中国社会科学出版社1991年版，第165页。

② 马晶：《环境正义的法哲学研究》，吉林大学2005年博士学位论文，第27页。

配结构框架下可能成为分配接受主体。将不同主体关系纳入分配视角进行公平和效率追问，目的在于指出分配共同体内并不都是简单及被动的接受主体，或者说不能仅以其是否构成一个分配关系的接受主体来判断其是否为正义共同体的成员。分配理论的研究视角有助于我们科学认识分配主体地位和角色的可转换性。

分配共同体结构理论对于排污权初始分配主体制度的建构具有非常重要意义。在排污权初始分配共同体建构过程中，呈现垂直型分配的某些特征：代表国家权力的环境主管部门，依照预先确定的分配规则，在除自己之外的接受主体之间进行自上而下式的排污权指标或份额的分配，不将自己纳入公平性的评价范围，分配主体和分配接受主体似乎泾渭分明。与此同时，排污权初始分配也呈现水平型分配的若干特质，比如行使初始分配权的环境主管部门基于部门利益或公共利益的需要，依法预留一部分排污权指标不参与初始分配，而是将预留排污权指标由自己自行支配，或基于市场发展需要和环境保护客观要求，在接下来的排污权交易中购进或抛售排污权指标或将预留指标奖励环境友好或减排技术创新之排污主体。上述排污权初始分配行为活动或过程中，环境行政主管部门也成为交易中平等的一员，从而呈现一些水平型分配的特征。从垂直和水平层面审视排污权初始分配共同体结构，有助于我们正确认识和分析排污权初始分配法律关系主体，厘清主体内部及外部权责关系，也对我国参与国际碳排放权份额分配具有理论上的指导意义。

二　分配主体与初始分配权配置

如前所述，分配主体就是排污权初始分配法律关系中，依法对确定的排放总量按照既定的分配规则进行分配，享有权力和承担责任的行政主体或其他受委托组织。分配主体有以下几个方面特征：第一，分配主体主要是法律授权的政府或主管机构，比较各国相关法律，排污权初始分配主体多恒定为政府环境主管部门专享或由环境主管部门主导。第二，受中国环境管理体制制约，分配主体呈现多部门和多层次特性。从横向方面来看，分配主体呈现单一部门主导，多部门参与特征。主要因为初始分配（在有偿情况下）涉及物价、财政税收等要素，各部门结合各自法定职责参与初始分配。多层次性主要体现为排污主体是按照所有权属性等分属不同层级政府管理所致。

（一）分权理论与权力配置①

理论上分权包括横向分权（separation of powers）和纵向分权（division of powers）。横向分权主要是指权力在同一层次政府部门之间的配置问题；纵向分权是指权力在不同层级政府部门之间的配置问题，包括中央政府与地方政府的分权问题以及地方各层级政府之间的分权问题。西方各主要国家在研究和应用分权时，并不把分权当作目的。一般而言，分权目的在于实现权力制约，最大限度防止权力滥用，通过权力之间相互制约来实现权力结构均衡和力量均衡。从这个意义上讲，分权目的在于制衡。与分权相关概念是分工。分工最早源于劳动分工，主要为了提高经济效率而进行的劳动分工。后随着社会发展和分工内涵外延的不断拓展，分工被引申到政治领域和法律领域中并得到广泛使用。从本源上看，分工更偏重于通过机构设置分离来实现专业化，目的在于提高运行效率，即分工仿佛更侧重于效率。② 分权与分工虽有不同侧重点，但实质上都是权力配置的一种模式，不同国家通过不同权力配置模式来实现国家社会的有效管理。当权力配置出现在同一

---

① 英文中，有时会将"separation of powers"和"division of powers"合称为"the allocation of powers"，这个词也可以翻译成权力配置。参见［美］杰尔姆·巴伦托马斯·迪恩斯《宪法》（第5版），法律出版社2005年版，第1页。

② 刘志欣：《中央与地方行政权力配置研究——以建设项目环境影响评价审批权为例》，华东政法大学2008年博士学位论文，第11—13页。

层级政府部门时，我们可以将此时形成的权力配置结构称为横向权力配置结构；而当权力配置发生在不同层级政府及政府部门之间时，此时的权力配置结构可以称为纵向权力配置结构。横向权力配置与纵向权力配置的形成，首先是要求对国家机构进行适当分离：横向上就是将国家权力在国家机构之间如何分割；纵向上则是如何划定行政区划，要设立多少层级政府。权力配置的第二个环节是如何将相应权力赋予已经划定的国家机构，相应的国家机构应当拥有多少权力才能实现权力配置所要达到的目的。从横向权力结构上讲，相应的国家机构必须获得多少权力才能保证国家所追求的价值得以实现；从纵向权力配置上看，单一制国家的中央政府要赋予地方政府多少权力才能保证地方政府拥有必要的权力来实现中央的意志与管理目的，或者联邦制国家的地方政府必须让渡给中央政府多少权力才能使地方政府的利益最大化。分权理论尤其是其包含的横向和纵向权力配置对排污初始分配权配置具有重要指导意义。

（二）初始分配权特征

初始分配权具有以下几个显著特征：

1. 初始分配权具有"准立法权"、执行权和"准司法权"三重属性

初始分配权是对具有法律效力的排污总量目标的分配，它首先呈"准立法权"的一些特征。这种"准立法权"主要包括政府或主管部门有权确定总量目标，然后依照总量控制目标制定排污权初始分配规划。排污权初始分配规划权涉及国民经济的产业配置和重大财产利益的调整和分配，故应当由法律对主管部门的明确授权和遵循一定法定程序行使权力。初始分配权的执行权属性意味着初始分配行为经历一个从抽象行政行为转化为具体行政行为、排污量从"总"到"分"的过程。从国家、省、市及至具体排放源污染物排放权份额的层层分解过

程。分配执行权可以由法定主管部门、依法授权的社会组织以及受主管机关委托的组织依法享有。任何利益相关者对排污权分配事项存在争议或纠纷，也需要在初始分配权框架内借助正当程序获得救济，这体现了初始分配权"准司法权"部分属性；初始分配权的三重权力属性要求国家在进行排污权初始分配体制构建时必须合理进行权力配置，实现权利分阶段行使的协调和对接，与其他环境行政权的沟通。初始分配权的三重属性同时也要求，基于控权和抑制腐败等客观要求，在初始分配权内部应进行适当监督和制约的制度设计。这种监督制约，既可以包括内部的制约机制，更应有外部尤其是社会的监督。

2. 初始分配权体现了强制性和协商性的统一

初始分配权的强制性源于行政权的强制性，这种强制性主要体现在主管部门有权单方面依法确定区域或行业排放总量以及递减比例，有权分配、预留或储备排污总量及其份额，有权决定排放接受主体数量和范围，有权制定具体分配原则规则，有权就分配争议进行法律处理或裁处。初始分配权强制性表明排污权交易制度处于直接控制手段的延长线上，构成直接管制手段的重要补充制度而非替代性制度。随着制度变迁深入推进，初始分配权强制性逐渐呈现"弱化"迹象。这是因为初始分配权正确行使与排污主体（行政相对人）的意愿程度紧密相关。具体分配对象确定、接受主体范围选择、分配原则规则设定等具体分配权行使都需要尽可能寻求行政相对方的知悉、理解和合作。因此，在分配主体与分配接受主体之间，并不能总是强制与被强制关系，而是要相互沟通，相互妥协和相互博弈，尽可能就初始分配各项规则达成共识。初始分配权协商性特征在一定程度上影响排污权交易制度最终效果，因此越来越多的初始分配权，都是以非强制手段体现出来的。如国家环境保护部新近正在酝酿颁发的《排污权初始分配指导规则》可以看出，初始分配权的行使体现了带有"协商性"

的"指导"，此种分配权行使，旨在实现某种引导功能。总之，初始分配权在保留行政权强制性同时，呈现强制性"弱化"和协商性日益增长的特征。

3. 初始分配权包含了公共性和自利性的统一

从应然和实然的双重层面，初始分配权都体现为一种公共权力属性。这种公共性一方面是由政府性质和功能使然，另一方面则是因为排污权初始分配是在保护公共环境和节约公共管理成本背景下对稀缺公共资源的分配，强调初始分配权公共性特征主要是指排污权交易制度不能异化为地方政府与排污主体合谋追逐私利的工具。因为在初始分配权具体行使过程中，地方政府对局部利益、自身利益追求也越来越明显。一种突出现象就是所谓的"政府公司化"问题，主要表现为在一些排污权交易试点地区，地方政府借着"环境资源有偿使用"正当旗号，对经济收益及代表经济收益的交易量和交易金额等"数字"津津乐道。如同公司一样，地方政府有追求经济利益和强势政治话语权表达的强烈内在动机。从这个视角分析，初始分配权更多体现为一种地方或行业的自利性；另外一种问题就是"利益行政"也对初始分配权存在导向作用。理论上讲，包括初始分配权在内的行政权源于人民，只有为促进公共利益而行使，才符合法律向行政主体授权的本来初衷。实践中的初始分配权在一定程度上已经成为政府部门追求自身利益的工具，从而使这种权力性质从公共性异化为自利性。即便初始分配权涉及产业发展和利益重新调整，但在目前部门利益行政环境下，政府环境主管部门在制定排污权分配规划、方案和法规时，往往受到本部门或所管辖的行业利益局限，对国家利益及公众利益考虑不够，甚至作出违背国家和社会公共利益及法定程序的分配决策、规划等。各地排污权初始分配实践中，环境主管部门兼有决策、执行和准司法职能状况，可能演化为部门以此强化既得利益的正当借口。在此惯性作用下，初始分配权可能会异化为部门分肥的合法性制度工具。如何着眼于扩大公共性和抑制自利性将是排污权交易制度顺利进行的体制因素。

排污权初始分配实践中，分配主体主要包括以下几种情形：环境主管部门构成单一分配主体，其他部门未有参与；环境主管部门主导，多部门共同参与的分配主体构成，这是目前较为普遍的分配主体类型；中央与地方共同构成分配主体，共享分配权；环境行政部门主导、其他部门和依法授权或委托社会组织共同构成分配主体。

三　分配接受主体及分类

从法律关系视角来看，"分配给谁"中的"谁"，亦即分配接受主体（以下简称接受主体）。分配接受主体就是依照环境政策法律规定，依法或依照协议参与排污权初始分配法律关系，基于一定排放份额享有权利和承担义务的排污主体的总称。

（一）分配接受主体特征

1. 限于排污主体

正常生产经营活动中排放各种污染物质的企事业单位、个体工商户等均属于排污主体范畴，但并非所有排污主体都可以成为分配接受主体。按照现行国内法律规定和我国参加的国际条约规定，纳入排污（放）权交易制度体系，成为排污权初始分配接受主体，在实践中仅限于三类污染物（温室气体）排放主体：直接向环境排放大气污染物的排放主体；直接或间接向水体排放各类水污染物的排放主体；直接或间接向环境排放温室气体的排放主体。至于排放环境噪声和排放固体废物等，由于污染物属性和管理制度等原因，无法有效纳入排污权交易制度体系，故不在本书研究范畴。也有学者提出非污染物排放主体，比如环境保护组织是否也可纳入初始分配接受主体。我们认为是不妥的，就排污权交易制度本意来看，它是一种污染物排放的控制策略，与环境法律制度比如环评制度、排污许可证制度都存在一定对接和协调问题。将非污染物排放主体纳入接受主体范畴，可能造成制度之间冲突以及难以协调等诸多问题；另外，从欧美各国排污权初始分配实践来看，接受主体限于污染物排放主体能够保障制度顺利推行。

2. 须符合排放许可

环境主管部门为了减轻或者消除排放污染物对公众健康、财产和环境质量的损害或风险，依法对排污主体的排污行为提出具体要求，这些要求包括前置性预防管制条件（如排污主体建立是否符合国家产业政策走向，是否符合环评制度及审批程序，简而言之，排污主体的身份资格问题）；常规管理性要素（如环境保护设施正常维修运行及闲置、拆除的禁止性规定，污染物排放在线监测情况、环境报告、统计和污染源普查规定）；日常技术性支撑要求（如排放污染物浓度、速率、数量、时段、烟囱高度等参数）。上述管制要求需要以书面形式固定下来，作为排污主体守法、环境主管部门执法以及社会监督法律实施状况的法定凭证，这个书面凭据就是排污许可证。排污许可证就是对排污主体一种或几种主要污染物排放种类、浓度、数量、速率、方式、去向等排污行为全面控制的一种直接管制手段。建立在总量控制基础之上的排污权交易制度必须借助排污许可证才能进行污染物排放总量份额的分割和配置。故任何依法参与排污权初始分配体系的排污主体，除了按照具体分配规则获取排放权份额之外，仍然必须满足或符合排污许可证关于种类、浓度等其他义务或前置性条件，至于污染物排放去向、方式和时段可能因排污权交易制度具体实施而有所调整。

3. 分配接受主体确定需统筹考虑经济和环境要素

各国立法实践中，对分配接受主体的选择均需经过民主程序，综合考虑经济、环境以及政治可行性等要素。从经济方面来看，参与分配的接受主体数量能否有效形成具有一定规模效应的市场，数量太多可能会增加管理难度，数量太少也难以保障市场的有效运行，故各国均采用阶段划分和有序扩大的基本思路。另外，具体接受主体之间是否存在治理污染边际成本的差异以及差异大小，美国排污权初始分配之所以从火电行业入手，将一定类型的火电厂首先纳入分配接受主体，其中一个重要原因就是各个火电厂减排成本存在相对合理的差异。从环境保护方面来看，需要计算纳入的接受主体污染物排放总量占国家或地区排放总量的比重，在计算基础上，将污染排放总量比重或"贡献"较大的行业和地区首先纳入分配和交易体系，期间，也要考虑是否能借助一定技术手段将排放份额分至各具体固定排放源。具体排放物方面，除了纳入分配体系的主要污染物（二氧化硫、化学需氧量等）外，其他污染物排放量是否存在环境标准制度管制。分配接受主体是否具备相应的环境监测技术要求，以便保障环境主管部门能够实施有效监控。在政治可行性方面，选举政治、政党轮替、经济危机和国际环境都可能对接受主体的范围、数量产生影响。此外，众多接受主体作为一个巨大利益集团，其本身意愿也是关键要素。我国排污权交易制度一直计划将火电厂纳入初始分配机制，但迟迟未有实质性动作，恐怕与我国能源政策具体走向有关，也与火电厂多属于国有企业存在一定关联。

（二）接受主体类别划分

按照不同标准，可以对接受主体进行各种分类。明确不同分类，可以帮助我们划分不同主体的不同法律属性。

1. 最高竞拍主体、历史主体和当前主体

不同分配规则可能意味着不同的排污权接受主体。因此，按照分配规则不同，接受主体可分为最高竞拍主体、既往主体和当前主体。最高竞拍主体就是按照拍卖进行排污权初始分配时，出价最高的排污权接受主体。最高竞拍主体产生取决于经济实力，可能对其他接受主体产生抑制。既往主体就是按照既往原则进行排污权初始分配时，依法可以获得相应排放权份额的接受主体。若按照既往排放量进行分配时，污染物排放量越多，接受主体可以获得的排放权份额就会越多。当前主体就是基于当前排放量或其他基准而获得排放权份额的接受主体。实践中由于既往占有和当前占有经常转换，故容易形成既往主体和当前主体的混同现象。这种现象并不妨碍对其进行学理分类。

2. 强制参与主体和自愿参与主体

按照是否存在法律强制性，接受主体可分为强制参与主体和自愿参与主体。强制参与主体是基于法律的强制性规定，参与排污权初始分配体系的接受主体。这类排污主体主要存在较大污染贡献且在监测条件成熟情况下被纳入排污权制度体系。按照法律规定，此类主体必须参与初始分配，强制参与主体构成接受主体的主要组成部分。自愿参与主体是指依照协议规定，自愿参与排污权交易制度体系，接受相关规则束缚的排污主体。自愿参与主体一旦参与排污权交易制度体系，须接受分配规则和交易规则约束，在征得环境主管部门批准后可以依法退出排污权交易制度体系。一个理想的排污权初始分配体系应当有强制参与主体和自愿参与主体共同组成。

3. 上游主体和下游主体

根据国家环境和能源政策需要，将分配接受主体主要限定在化石能源燃料或其他污染物的物质生产部门或供给部门。这些部门并不直接排放污染物，习惯上称之为上游部门，主要包括燃料生产商（炼铁厂、采掘厂、天然气处理厂）以及燃料进口商。下游接受主体是指针对直接向大气或水域排放污染物的部门，主要包括燃料使用商（如发电厂、水泥厂、化工厂）、商业设施等；混合纳入法是指将上面两种方法结合起来，主要将燃料生产商和大型的燃料使用商纳入交易体系。一般而言，主要污染物排污权初始分配一般将主体限在下游主体，在试点初期更是将其限定在同一产业部门内部。而温室气体排放权交易体系则力图采用混合主体方法，通过循序渐进方式逐步扩大，力图将上游主体和下游主体都纳入分配和交易体系之中。

第二章

排污权初始分配规则概述

第一节　既往占有

一　既往占有概念和特征

以排污主体（排放主体）"实际占有"污染物（温室气体）排放量或其他基准量为标准进行排污权初始分配，即占有分配。占有分配有两个显著特征：一是能够有效界定接受主体，二是能够明确接受主体可以获得的具体排污权数量。占有分配以其简单、实用的显著特征占据排污权初始分配规则的重要地位。依时间维度不同，占有分配可以分为既往占有分配（以下简称既往占有）和当前占有分配（以下简称当前占有）；依具体标准指向不同，占有分配可以分为基于占有（排放量）分配和基于占有原料量（能源消耗量）分配等。

既往占有亦称历史分配，是基于历史或既往占有的排放量、原料量、产品量等基准进行排污权初始分配的总和。实践中我们常说的按照历史排放量分配，按照历史能耗量或排放绩效为进行排污权初次分配均属于既往占有分配。既往占有须满足一些条件：第一，须存在历史排放数据等各种信息。这些排放数据真实可信，经过一定法定程序或得到利益主体认同；第二，必须确定一定分配基准年或基准线。各种环境资源财产权政府分配实践中，选择既往某一年为基准年，或者选择既往几年平均排放量、平均能耗量或几年之中最大量作为分配依据。依照既往占有规则进行各种环境资源分配在美欧各国都有非常悠久的历史。美、澳各国水权的初始分配，英、加、美各国捕捞权初始分配都是既往占有分配占据主导地位。[①]

（一）基于既往占有（排放量）分配

按照具体标准的指向不同，既往占有分为基于既往占有（排放量）分配和基于既往占有原料量（能源消耗量）等。因此既往占有首先必须明确排放量这个基本概念。

1. 二氧化硫排放量及法律规定

排污主体排放废气、废水等，是伴随社会有益的正常活动而出现的对人体健康、经济发展有害的一种副产品。依目前科技等情形，完全实现"零排放"量仍然是不可能的。基于此，各国通过环境质量标准、排放标准等对排放量进行管制。但环境标准尤其是排放标准所设定的最高允许排放浓度和最高允许排放速率（Maximum allowable emission rate）等浓度控制措施并未实现环境质量目标要求，环境污染仍然难以控制。主要污染物"排放量"及"总排放量"概念就是在此基础上产生的。排放量是指某一或某几类排放源在总量控制范围内，经环境行政机构许可的一种或几种污染物具体排放数量。本书所指排放量是指在排污权（排放权）交易制度体系框架范围内，经环境主管部门法定程序认可，排污主体之排放源一种或几种主要污染物（碳）的具体排放数量。排放量是排污权交易制度中的基础性概念。排污权初始分配基本规则中，既往占有和当前占有都建立在排放量这个概念基础之上，甚至严格意义上的排污权交易也是建立在法定排放量和实际排放

---

① Colby, "Cap-and-trade Policy Challenge: a Tale of Three Markets", *Land Econ.*, 76, 638, 2000.

量的差额基础之上。

　　排放源二氧化硫排放量计算方法很多。法律实践中，项目环评、同时竣工验收以及排污申报制度都对二氧化硫排放量作出了规定。基于行文方便，本书简单了解火电厂二氧化硫排放量计算方法的法律规定。1998 年 4 月，原国家环境保护总局等四部委发出《关于在酸雨控制区和二氧化硫污染控制区开展征收二氧化硫排污费扩大试点的通知》[①]，明确规定排污主体（火电厂）二氧化硫排放量可以按实际监测或物料衡算法计算，其计算公式为：

　　$GSO_2 = 2BFS (1 - NSO_2)$

　　式中，

　　GSO_2 代表二氧化硫排放量，用 kg 表示；

　　B 代表耗煤量，用 kg 表示；

　　F 表示煤中硫转化成二氧化硫的转化率（火力发电厂锅炉取 0.90；工业锅炉、炉窑取 0.85；营业性炉灶取 0.80）；

　　S 煤中的全硫分含量，用百分比表示；

　　NSO_2 表示脱硫效率，用百分比表示，若未采用脱硫装置，NSO_2 为零。

　　由此可见，火电厂二氧化硫排放量计算方法涉及燃煤重量（B）、含硫量（S，全硫）和锅炉的型式（F，电站锅炉视为常数）及其脱硫效率（含湿式除尘器的脱硫率，NSO_2）等量值的计算。假如某火电厂 2004 年全年用煤量 3 万吨，其中用甲地优质煤 1.5 万吨，含硫量 0.8%，乙地煤 1.5 万吨，含硫量 3.6%，二氧化硫去除率为 10%，那么我们就可以得出该厂 2004 年二氧化硫排放量为：$G = 2 \times (15000 \times 0.8 + 15000 \times 3.6) \times (1 - 10\%) = 2 \times 66000 \times 0.9 = 118800$（kg）。若该厂 2009 年参与排污权初始分配和

----

　　① 国家环境保护总局关于印发《贯彻〈国务院关于酸雨控制区和二氧化硫污染控制区有关问题的批复〉的行动方案》和《〈酸雨控制区和二氧化硫污染控制区二氧化硫污染综合防治规划编制大纲〉的通知》，（环发［1998］27 号）。

交易，按照基于既往（2004）占有排放量分配，那么该厂就可获得许可二氧化硫排放量118800公斤。

由于不同排污主体耗煤量不同、所购煤炭硫分含量不同以及污染防治设备不同，故必然导致两个差异：其一是不同排污主体的二氧化硫排放量可能存在差异；其二是即使存在排放量相同情形，不同排污主体的成本投入也存在差异。上述差异的客观存在才是构成排污权交易制度得以有效运行的基本条件。

2. 二氧化碳排放量及理论观点

二氧化碳排放量及其计算目前仍是一个争议问题。比较普遍的一个观点就是在生产、运输、使用及回收某一产品时所产生的平均二氧化碳排放量。也有观点认为不只计算二氧化碳排放量，应该把二氧化碳（CO_2）、甲烷（CH_4）、氧化亚氮（N_2O）、全氟化碳（PFCs）、氢氟碳化物（HFCs）、六氟化硫（SF_6）六类温室气体都包含在内，每类温室气体可以通过一定标准转换为"二氧化碳等量值"，然后计算出总的二氧化碳排放量。下面我们简单介绍比较流行的二氧化碳排放量计算方法。

《温室气体协议：企业核算和报告准则》（以下简称为"GHG协议"）。"GHG协议"由世界资源研究所（WRI）联合世界可持续发展工商理事会（WBCSD）共同研究而制定出来的，目前被多数国家、国际组织认为是计算排放主体温室气体排放量的相对科学计算方法。与传统跟踪排污主体或具体排放源污染物排放量的环境监测方法不同，"GHG协议"参考国际通用的企业财务核算标准，并根据某一排污主体所拥有的不同排放源或设施，确定其二氧化碳排放量。"GHG协议"希冀建立一套温室气体会计核算语言，甚至包括明确排放主体应当报告范围以及确定报告内容，主要依据包括排放主体经营控制范围、具体排放源甚至每一排放源股权分布等情况。"GHG协议"在计算排污主体二氧化碳既往排放量时，可能存在以下几种情况：

范围1是指直接排放，即排污主体控制范围之内的所有排放，包括来源于静止燃烧、移动燃烧、化学或生产过程等。

范围2是指间接排放，即排放主体范围内能耗量所产生的排放量，但在具体计算时不包括在电力、蒸汽、加热及制冷方面的购买行为所产生的二氧化碳排放量。

范围3是指其他间接排放，主要包括使用生产的各种产品、员工上下班、差旅等所产生的二氧化碳排放量。

在确定上述范围基础上，任何排污主体可以通过上述计算具体得出实际二氧化碳排放量或计算出历史排放责任。应当引起注意的是，范围2中终端用户耗电量带来的任何排放量，可以计算在发电厂的范围1排放量上面。明确不同范围的排放量，可以在最大限度内确保不会大范围地重复计算排污主体二氧化碳排放量。当然，各国目前碳排放交易体系中排放权初始分配主要限于范围1和范围2的排放源计算，联合履约和清洁发展机制也在一定程度上沿用此计算方法。

中国碳排放量核算依据是政府间气候变化专门委员会（以下简称IPCC）提出的《2006年IPCC国家温室气体清单指南》。在清单中，以企业或集团为单位计算该单位在生产活动中各环节直接或者间接排放的温室气体，称作企业温室气体排放清单。企业温室气体排放分为直接排放（SCOPE1）、基于电热或热能使用的间接排放（SCOPE2）和其他间接排放（SCOPE3）。SCOPE1包括公司所有车辆以及燃料燃烧的温室气体排放；SCOPE2包括自用的采购电力产生的温室气体排放；SCOPE3包括生产采购的原料、产品使用、外包活动、承包商的所有车辆，废物处置以及雇员公务旅行产生的温室气体排放。企业在以上三个范围之内排放的 CO_2、SF_6、CH_4、N_2O、HFCS、PFCS都属于受管制的（即被国际标准管制的）温室气体。由于目前我国参与国际温室气体减排政策仅限于《京都议定书》框架下的清洁发展机制（以下简称CDM），完全意义上的温室气体排放权交易制度包括初始分配机制尚处于空白状态，故排放主体温室气体排放量更多体现为 CDM 下地方政府的官方统计数据。从长远角度审视，我国需要借鉴国外先进思路和手段，建立一个具有中国特色并被各国确认的可测量、可验证和可核查的温室气体排放量计算系统。既是谋取我国在气候变化方面的话语权的必要手段，也表明朝着后京都时代气候变化解决方案迈出了坚实的一步，更是中国作为国际负责任大国的重要一环。这里面同样也包含着建立排放源温室气体排放量的数据系统对于国内温室排放权初始分配乃至碳排放权交易的重要作用。

（二）基于既往基准分配

反对既往占有进行排污权初始分配的主要理由在于这种分配规则是不公平的，无视环境保护的基本要求，因为历史排放量越大，分配的排污权份额就会越多。这种认识至少是不全面的，因为除了依据排污主体历史占有的二氧化硫（碳）排放量进行排放份额（排污权）初始分配外，既往占有仍然存在其他标准的分配规则，这些规则包括基于既往能源消耗量、既往排放绩效等进行排污权初始分配。美国"酸雨计划"中二氧化硫排放权初始分配就是这种规则的具体体现（在第三章进行详细论述）。

1. 基于既往排放绩效分配

污染物排放绩效（Generation Performance Standard，以下简称 GPS）是生产单位产品所排放污染物的量。[①] 一般来说，二氧化硫排放绩效越大，表明既定单位产出能源消耗越多，二氧化硫排放量越大。反之，若二氧化硫排放绩效越小，表示既定单位产出能源消耗越少，二氧化硫排放量越少。正是因为污染物排放绩效与污染物排放量存在密切联系，各国排污权交易制度实践中，多采

---

① 朱法华等：《利用排放绩效分配电力行业 SO$_2$ 排放配额的研究》，《环境保护》2003 年第 12 期，第 77 页。

用当前或既往排放绩效规则进行排污权初始分配。

　　基于既往排放绩效进行排污权初始分配就是依据国家或地区电力行业二氧化硫总量控制目标和该区域对电力的需求确定二氧化硫排放绩效标准，然后根据每个排污主体（火电厂）既往（历史）发电量来分配二氧化硫排放权指标。基于既往排放绩效进行排污权初始分配不考虑发电厂使用机组类型、生产工艺、燃料特性，以及排放的污染物浓度和发电厂地理位置，而是全面考虑排污主体（电力企业）生产技术、生产效率、燃料质量、污染治理状况等因素，因此它是一项综合反映企业生产过程中能源利用效率和污染物排放情况的重要指标。[1] 基于既往排放绩效进行排污权初始分配在实践中经常会出现三种情况：第一，既往（最近历史）排放绩效高于平均绩效的排污主体，其获得的排放权份额将少于既往排放量，故此类排污主体必须采取各种减排措施或者购买排污权指标以保障排污主体正常生产排放需要；第二，既往（最近历史）排放绩效等于平均排放绩效的排污主体，在排污权初始分配之初可能不需要进行减排或者购买排污权指标。但随着环境质量目标和总量控制目标的逐年递减，排放绩效可能会下降，故此类排污主体可能面临着削减污染物排放的潜在压力；第三，既往（最近历史）排放绩效低于平均排放绩效的排污主体，表明此类排污主体既往（最近历史）在环境保护和经济发展方面至少存在三个方面贡献：节省了能源或电力的消耗，提供了大量电力（能源）和减少了污染物排放量。如果基于既往排放绩效进行排放权初始分配和进行排放权交易，这类排污主体应该从这两个方面获益，这种获益实质上就是通过行政和市场的双重机制对排污主体节能和减排行为进行补偿或奖励。

---

　　[1]　朱法华等：《利用排放绩效分配电力行业 SO_2 排放配额的研究》，《环境保护》2003 年第 12 期，第 77—78 页。

申言之，基于既往排放绩效进行二氧化硫排放权分配，分配过程易于操作，表达形式简洁，与基于既往排放量分配规则相比，分配过程无须更大成本支出即可有较大收益；另外，基于排放绩效分配规则充分体现了"一视同仁"的公平性，所有相同排污主体处于同等的环境管制要求，不同排污主体不同对待。一方面减少利益冲突，保障了排污权交易制度顺利推行；另一方面也为排污主体提供了一种公开有效的竞争机制。

2. 基于既往其他指标分配

除按照既往排放绩效进行排污权初始分配外，仍然可以通过其他既往数据进行分配，包括基于既往燃料原材料、基于既往能耗绩效和基于既往雇用工人数量等进行排污权初始分配。基于既往燃料原材料进行分配是基于各排污主体污染源当前或最近使用燃料和原料用量进行排污权初始分配。此种规则最大特点就是简单明了，成本低廉，无须复杂数据测算和动态监控体系。但实践中也存在诸多弊端：第一，因为不同燃料污染物排放量是不同的，基于既往燃料原材料分配没有考虑不同燃料污染物排放系数差异，即使考虑了系数差异，不同燃料污染物排放系数很难通过相对科学手段测出；第二，没有考虑污染源对环境质量的浓度贡献。基于既往燃料之分配只考虑燃料的数量，但对不同燃料排放浓度关注不够，若存在燃料供应和燃料品质的不稳定状况，将会使分配过程争议太大。这样导致基于当前或最近燃料或原料用量进行排污权初始分配很少在实践中采用。当然在直接控制背景下，通过排污许可证颁发方式控制民用小烟源群等面源污染也许存在一定市场。基于既往能耗绩效分配是指每发一度电所消耗的标准煤耗。它也是一项综合反映企业生产过程中能源利用效率和污染物排放情况的重要指标，因为能耗与污染物的排放情况是有直接关系的，它主要是针对排放绩效方法中排放量数据的不可靠性所做的改进。因为能源消耗量是企业的主要经济指标，统计的数据较客观、真实。但此种方法主要适用于同一类型企业，比如美国"酸雨计划"既往分配部分采用了此种模式，我国是耗煤大国，即便是同一类型企业，煤耗及含硫量等数据很大程度上取决于地区的燃煤供应及燃煤品质的选择。但由于我国燃料煤品质参差不齐，故限制此规则应用范围。有些分配实践甚至采用雇用工人数量进行排污权分配，美国 2007 年 Lieberman-Warner 法案建议采纳既往雇用工人数量进行分配。①

二　既往占有正当性分析

正当性问题历史悠久，由隐而显，在现代社会变得尤其成"问题"。② 在这一历程中，人类对其进行了不懈思考、求解，由古代自然法经启蒙思想家的努力而转为规范意义上的道德法、理性法，正当性的解释基础几经辗转，延续至今，可以说在这一问题上凝结了人类最出色的头脑的最深刻的思考。功利主义、自由学派、契约论、正义论这一系列理性主义历史上的成就，都可以视作正当性思考的结晶。它已经历史地构成现代西方社会政治法律制度的思量基础。排污权初始分配在一定意义上可以说是对一种财产或利益的分配，由于事关对一定财产权益的分配，任何分配规则面临首要问题就是：分配接受主体获得财产权益正当性何在？私有财产怎样取得才具有正当性？哲学家、法学家一直在不断地追问这一问题，并得出了许多对后世影响深远的财产理论。洛克关于劳动确立财产权的基本命题，在西方思想史界几乎是私人财产权利起源问题的"标准答案"，诺齐克在此基础上不断进行更新和变革，使其逐渐成为既往占有正当性的基本依据。

---

① David Harrison, "Using Emission Trading to Combating Climate Change: Programs and Key Issues", *ALI-ABA Course of Study*, 3—5, December, 2008.

② 刘扬：《法律正当性观念的转变——以近代西方两大法学派为中心的研究》，北京大学出版社 2008 年版，第 43—45 页。

（一）洛克的劳动财产理论与既往占有

任何对于财产权的论述首先必须回答财产私有何以可能，即财产权来源问题。[①] 以既往占有进行财产权初始分配与既往（历史）劳动量存在一定内在联系，洛克劳动财产理论对上述问题做出的回答初步论证了既往占有的合理性。

1. 洛克的劳动财产理论简述

在分析社会契约论基础上，洛克认为，财产最初基于一个社会契约属于全体人民共同所有，属于共有物。"土地和一切低等动物为一切人所共有，但是每个人对他自己的人生享有一种所有权，除他之外任何人都没有这种权利。他的身体所从事的劳动和他的双手所进行的工作，我们可以说，是正当的属于他的。"[②] 显然，使某物摆脱自然状态的是劳动，而且只有劳动。这样，财产权获得就从"天赋"的自然权利发展为劳动理论。紧接着，洛克进一步说明了劳动使人们获得财产权的合理性。"……我的劳动使它们（这里指共有的东西，笔者所加）脱离原来所处的共同状态，确定了我对于它们的财产权。"[③] 正是因为这一点，洛克成为近代"劳动价值论"的创始人物。在从"天赋"到"劳动"的论述中，洛克也同样完成了从"对自己人身享有所有权"到"对自己劳动享有所有权"的转换和过渡：所谓因为"每人对他自己的人身享有一种所有权"，所以他的身体和双手所从事的劳动，也就"是正当地属于他的"。洛克由此而确立了劳动作为财产权的基础地位。[④] 当然，"足够多"和"同样好"作为劳动作为财产权来源的两个限制条件基础上，个人可以通过劳动取得占有物的私人财产权无须

---

① 应鹏：《试析洛克的"财产权"理论》，《东南大学学报》（社会科学版）2009年12月增刊。

② ［英］洛克：《政府论》（下篇），叶启芳等译，商务印书馆1964年版，第18页。

③ 同上。

④ 易继明：《评财产权劳动学说》，《法学研究》2000年第3期，第97页。

经过他人的同意而获得正当性基础。

2. 洛克财产理论与既往占有

以既往劳动成果作为应得的财产分配规则在洛克劳动理论似乎找到了一定的正当性基础。实际上，洛克的劳动财产学说一直是西方尤其是美国私人财产权获得主要依据，至今仍然发挥重大影响。美国财产权分配的法律实践中，狩猎权、捕捞权等财产权利获得正当性都与洛克财产权理论直接相关。具体来讲，洛克财产权理论对既往占有产生以下几个方面影响：第一，既往占有具有合理性。利用既往持续劳动成果或先前使用（劳动）数量作为财产权利来源唯一标准。各种环境资源使（利）用量、开采量、捕捞量都有人们连续或不断的劳动投入。因此依照人们的劳动投入作为财产权分配的依据具有正当性。第二，既往占有存在合法性。既往占有基于自然权利的基本认知，任何涉及劳动而进行的环境资源初始权利分配都是在新的或另外一个法律框架内对先前既存自然权利的一种法律认知。这种法律认知不是重新创设权利，而是对既有权利的认知，不是认可现在的权利，而是对既往劳动的肯定，因此这种认知和肯定无须支付一定的对价，亦即依照既往劳动进行财产权利分配应当是以免费方式进行。第三，既往占有存在正当性界限。由于洛克认为环境资源使用是创造性劳动过程，因此既往分配必须要认识到既往发展过程中对环境资源的开发、开采和利用等对人类而言必须是有形的和有益的。有形的意味着渗透劳动因素的各种环境资源使用、开发具有一定时间持续性和空间占有性，人类对环境资源施加的影响是可以被观察到、计量或者测量的。更重要的是这种使用必须具有创造性和有益于人类生活和生产，如基于既往分配的放牧权、捕捞权和取水权等均符合有形使用和有益使用两大显著特征。

（二）诺齐克财产权理论与既往占有

诺齐克财产权理论集中体现在其"持有正义"（包括获取正

义、转让正义和矫正正义中）理论①。与既往占有存在一定关联的就是他的获取正义理论。

1. 诺齐克的获取正义理论

诺齐克正义观理论出发点是获取的正义原则。它主要讨论了无主物如何能被持有、通过什么方式被持有、在什么程度和范围内被持有等内容。② 诺齐克获取正义理论主要包括以下几个方面内容：第一，继承了洛克"劳动财产理论"，即一个人通过把自己的劳动加在一个对象（无主物）上，就能产生对这件东西财产或所有权。第二，提出财产占有的限制条件。他认为财产占有的条件应该是"不使他人状况恶化"。这样，他人的状况没有因占有而恶化，权利也就没有被侵犯，私有财产权也得到了维护，这样的占有是被允许的。通过这种手段获取的权利就是正义的。③ 在洛克财产权理论启发下，诺齐克理论通过弱化"洛克条件"思路来完成其对财产权原始取得正当性的论证。在继承洛克自然权利理论核心观点及克服其不足基础上，诺齐克提出了一套系统财产权利理论。与洛克一样，诺齐克所捍卫的权利是指自然权利，而且他特别强调所有权或财产权，故用了一个更具经济与法律意味的词"entitlement"来强调财产权的自然属性。

2. 获取正义理论与"既往占有"分配

诺齐克获取正义理论对"既往占有"正当性做了进一步说明。而且，他提出来财产权分配的非模式化观点也已超越了其获取正义理论。简而言之，诺齐克财产理论在以下几个方面论证了既往占有的合理性：

（1）为"既往占有"分配提供理论基础。诺齐克认为，财产

---

① ［美］罗伯特·诺齐克：《无政府、国家与乌托邦》，何怀宏等译，中国社会科学出版社1991年版。

② 胡昕亮：《诺齐克正义三原则评述》，载《前沿》2010年第10期，第63页。

③ 同上。

权的最初获得依靠既往劳动和先前的占有，无疑为既往占有提供
了一定的理论支持。诺齐克理论强调对历史或既往的重视，坚持
分配的历史原则，这种历史原则不是按照分配的现成结构来评判
分配是否符合正义，而是考虑这种分配是如何演变过来的，考虑
与分配相关的各种信息。诺齐克理论强调财产权的应得本身包含
着既往劳动，因此财产分配应该是向后看的，取向于历史和现实，
而不是向前看的，取向于理想。既往原则要尊重历史，反对目的，
因为历史就是某项财产的来龙去脉；既往原则也要尊重现实，而
现实就是某人对某项财产是拥有权利的。在分配问题上，尊重历
史就意味着承认既定事实，而既定事实是与某些人的既得利益是
联系在一起的。在这个意义上，诺齐克的分配理论是承认现状，
维护既得利益。当然，诺齐克持有理论也受到来自不同方面的反
对。彼得·温茨在论及诺齐克理论缺陷的时候就明确指出，"最有
可能的解释就是德性理论（指诺齐克的理论，笔者所加），德性理
论赞同对富人利益的顺从。人们越是富有，就越是应当为了他们
的利益而忘记或忽略作为他们财富来源的过往罪行"。①

（2）坚持财富分配的非模式化。诺齐克在坚持历史分配基础
之上，又提出了财产权分配的"非模式化"观点。"非模式化"是
与"模式化"相对立的，所谓"模式化"是指一种正当的分配应
当按照某种自然维度或某些自然维度的综合或序列来进行分配，
这些自然维度包括需要、贡献、努力程度，等等。诺齐克认为，
"人们提出的所有分配正义的原则都是模式化的"，"一些人收到了
他们的边际产品；一些人赢得了一场赌博；一些人得到了他们配
偶的一份收入；一些人从投资得到回报；一些人从他们拥有的东
西得到收益；一些人发现了什么东西等等"。

---

① ［美］彼得·S. 温茨：《环境正义论》，朱丹琼、宋玉波译，上海人民出版社
2007 年版，第 91 页。

每种情形可能服从某种模式，各式各样的模式在决定各种各样的分配，但并不存在一个总的原则来支配全部的分配。诺齐克认为，每种持有都可能通过某种模式来解释，但整个社会的持有不是一个可预先设计的统一过程，而是一个自然的分散过程，从而任何一种模式都不可能解释所有的分配和持有。强调分配模式的多样化和非模式的观点对排污权初始分配具有借鉴作用。

（3）既往占有须设置科学的基准线和基准年。诺齐克认为，财产权既往分配过程中，为了保障他人状况不致变坏，需设置一条基准线或基准年，通过基准线或基准年的划定，来有效确定既往占有的范围和界限，以便保障通过这种形式的分配不致利益相关群体状况变坏。为此，诺齐克提出了基准线的标准，主要办法就是"评价最初占有的一般经济重要性以弄清为不同的占有理论和基线的确定留有多大余地"。但有学者对"使他人状况变坏是用什么比较以及比较的基线如何确定"提出疑问，加拿大学者金里卡把该基准线评为"一个软弱无力模棱两可的要求"。既往占有基准线或基准年的难以确定性反复出现在财产权分配的法律实践中，英美诸国在排放权既往分配过程中所设基准线和基准年方面反反复复的讨价还价也注定了这是一个财产利益的艰难博弈过程。

三　既往占有的法律评价

如果说洛克的劳动财产理论及诺齐克的财产权理论为既往占有提供了一定正当性论证之外，各国财产权初始分配包括排污权初始分配的大规模实践，不断丰富和扩大了既往占有的内涵为既往占有规则赋予新的活力的同时，也使其正当性和可行性进一步彰显。

（一）既往占有及其积极功能

排污权初始分配虽然是在政府主导下，自上而下进行的分配过程、分配活动及活动和过程中所形成的分配关系的总和。政府主导绝不意味着政府可以随心所欲或恣意分配，其中尊重既往占有或历史占有进行排污权初始分配是应当遵循的基本规则之一。只有把握既往占有的科学含义才能正确认识其在排污权初始分配中的重要地位。

1. 全面把握既往占有含义

我国学术界和实务界在谈及既往占有时，大都存在这样一个认知：遵循既往占有进行排污权初始分配，意味着历史污染物排放量越大，分配的排放权份额就会也多。应用到温室气体排放权分配问题上，同理得出既往温室气体排放量越大，获得的未来温室气体排放量也就越大的观点。虽然基于既往占有进行排污权初始分配虽在实践中广泛采用，但在环境污染加重、温室效应加剧和极端气候变化频发背景下，既往污染物或温室气体排放量越大，分配排放权份额也就越多，显然是对污染排放的纵容和变相鼓励，违背了一般社会道德认知。

我们知道，既往占有包括基于既往排放量分配和基于既往排放绩效等进行分配。在目前完全不能实现污染物或温室气体"零排放"情形下，污染物或温室气体排放始终是人类正常活动的副产品，排放量与能源消耗量和社会产品的正常提供紧密地联系在一起。在没有违背现行法律规定的禁止性条件下，没有在禁止或控制区域利用环境资源，也无在禁止时间内利用环境资源功能，且不断在提供人类生产生活须臾不可或缺的产品情形下，简单地认定既往占有是不道德的，恐怕有些过于草率。既往占有分配包括很多种类，除了基于既往占有排放量进行分配外，仍有基于既往其他排放绩效等诸多分配规则。如果说基于既往排放量存在一定道德非议的话，那么基于既往排放绩效进行排污权分配应当有其存在的合理性，应该可以获得社会公众的认可或接受。故在谈论排污权初始分配规则时，首先应对既往占有进行全面理解，不应人云亦云，更不能以讹传讹，歪曲或误解既往占有本来含义，从而得出似是而非的不可靠结论：既往占有就是排污主体历史污染物排放量越多，分配的排放权数量就越多。

2. 科学认识既往占有

洛克劳动财产理论和诺齐克的财产持有权利理论都提出了一个著名论断："通过劳动和努力创造出来的东西属于创造者自己。"这个论断在一定意义上同样可以运用于论证排污权初始分配既往占有的正当性。在环境污染成为一个严重社会问题之前，人类一直在通过自己的劳动利用环境资源，其中一部分利用行为已经获得正式制度的接纳而演变为法律权利，典型者如土地使用权，另外一部分一直作为法律之外的权利而长期且客观存在着，典型者如排污权。不管属于哪一种情形，排污权初始分配问题作为社会制度自身演化的客观结果，都应当对于历史上既存的法定或自然权利予以承认和继承，方能顺应社会的发展并获得自身的合法性基础。① 没有历史，何来现在，更无从谈及未来。对既往历史的尊重是立足现在的一个基准，更是面向未来的一杆标尺。中国排污权初始分配实践过程中，各地通过诸多规范性法律性文件一再强调尊重历史原则正是基于此种考虑。从直接管制向排污权交易制度变迁过程中，为避免社会震荡以及制度变迁成本的无限扩大，希望利用既往占有规则以换取排污主体的有效合作和成本降低，从而实现制度变迁顺利实施。可以看出，基于既往占有进行排污权初始分配绝不仅仅是权宜之计，而是现实对历史的正确回应。

从另外一个方面看，依照既往占有进行排污权初始分配本身就明确了排污权接受主体及分配基准。这些既往排污主体为了遵守强制性环境标准制度或其他环境法律制度要求，已在污染防治等环境保护设施方面进行了资金和设备的大量投资（包括人力和

---

① 刘长兴：《公平的环境法——以环境资源配置为中心》，法律出版社 2009 年版，第 148 页。

物力等方面的投资），遵循既往占有就是对既往排污主体投资环境保护设施和前期劳动生产的肯定和认可，因为投资和生产是社会发展的主要源泉和发展动力。另外，既往排污主体历经环境管制的诸多措施，累积了污染物排放控制及减排经验和排污诸多信息，与新排放源或新进入者相比，具有污染防治、资源保护以及污染管理的相对比较优势。与环境管理部门相比，具有污染物排放种类、数量、成本等信息优势。承认这些优势情况下坚持既往占有分配既可以提高环境保护水平和管理的效率，也能使社会感受投资和生产劳动的正常回报，从而间接鼓励环境设施方面的社会投资，也有推动污染防治的客观效果。

（二）既往占有的困境

既往占有以其理论正当性和实践广泛采用存在于现实生活，但也存在广泛的争议，这里面既有实践具体操作中的困惑，也有对其道德合理性的追问。这些困惑和追问在拷问其正当性同时也在一定程度上促使人们不断修正和完善既往占有，以期发挥更大作用。

1. 基准年或基准线选择困境

如前述，诺齐克在回应根据既往原则进行财产权分配时，为了避免使他人状况变坏需要设置一条基准线，但他没有明确说明设置基准线或基准年的基本依据。基于既往占有进行财产权利尤其是排污权初始分配中，首先遇到的棘手问题就是如何设置基准线或基准年。基准年或基准线概念广泛用于各个领域，包括银行业、建筑业、水利、污染物排放控制以及温室气体排放控制等方面，目前涉及最多当属控制环境资源使用和应对大气污染和气候变化（大气污染物控制、温室气体减排）方面。基准年或基准线设置必须具备以下几个条件：第一，所选择的基准年或基准线必须存在真实可靠的历史数据。这些历史数据包括污染物排放量数据、能源消耗量数据、产品生产量数据甚至雇用工人数量数据；

第二，利益相关各方对这些历史数据没有异议或异议不能成立；第三，基准年或基准线设置应有环境保护尤其在污染防治方面的意义。理论上讲，基准年或基准线选择并不是一件难事。但排污权初始分配的实践或历史表明，基准线或基准年选择是一件非常困难的事情。由于不同国家之间，同一国家不同区域经济发展水平存在较大差异，每个排污主体历史各种数据及数据结构之间存在巨大差异，再加上初始分配基准年或基准线选择直接涉及国家或排污主体获得利益和发展空间的多少，故在排污权初始分配实践中，基准线选择就成为既往占有分配的最棘手问题：或者缺少历史数据；或者是历史数据存在较大争议且难以调和；或者是所选定的基准年数据在环境保护方面没有价值。美国加州二氧化硫交易计划中、美国"酸雨计划"中和欧盟排放权交易计划中，利益相关方虽就既往占有分配基本规则达成一致意见，但在基准年或基准线的选择存在广泛争议，通过公开、民主及博弈等程序规则，基准年或基准年的平均数等各种妥协规则是都可能被采用的措施。基准年的选择及采用过程是一个经济利益和环境利益博弈的过程。依照民主公开程序和用法律形式予以保障可以在一定程度上纾缓基准线或基准年存在的争议。

2. 既往占有的道德困境

当今社会，伴随着正常生产经营活动和日常生活所必须排放各种环境污染物已经造成环境容量饱和或致难以恢复之环境风险。排污权制度安排目的就是保障社会正常发展的同时减缓控制环境污染。若以既往占有作为排污权初始分配主导规则，虽有劳动价值理论的合理因素存在，但细加审视，这些正常生产活动所致的副产品除了危及人类生命财产和产生环境不可逆转之风险之外，尚无任何有益成分存在。按照洛克财产理论要求，基于既往占有进行财产分配，这种活动必须是有形的和有益于人类的。在这方面，既往占有存在道德争议。

首先，既往占有难以回应一些国家环境资源稀缺的现实困境。许多环境资源，当前都是短缺的，或至少在全球很多地区都是稀缺的，这种稀缺是技术和社会变化的必然结果。稀缺导致生存危机并不是一个关于遥远未来虚构的可怕报道，而是当前正在发生的现实。认真审视当今环境资源稀缺的现状，就会发现环境资源价值主要不是来自于劳动，甚至与劳动关系并不大，相反这种价值更多来自某一环境资源本身所具有的"非制造性"和"不可替代性"，甚至来自于人为制造出来的价值。在环境资源稀缺境况下，某个人或某个国家对它们的占用就限制了其他人或其他国家的自由、生命健康以及安全。当稀缺发展到一定程度，甚至危及人类正常生存生产的时候，这种正在发生的稀缺客观事实本身足以构成否定"既往占有"获得财产权正当性的最大可能理由。

其次，既往占有在温室气体排放权分配方面也饱受争议。欧盟诸国鼓吹温室气体排放权初始分配中的"既往或历史原则"，实质上就是要求世界各国承认它们在国际上的既得利益，而非清算他们对全球环境污染和气候变化的历史"贡献"。根据既往占有规则，历史上排放大国可以获得较大排放份额，而欠发达国家和发展中国家只能获得较小排放份额。这个规则无疑危及或限制欠发达国家和发展中国家发展或发展机会，使它们人民难以摆脱贫困和欠发达状态难度持续加大。更有学者认为这是对发展中国家或欠发达国家其基本需要的基本人权的漠视。[1] 当然，既往原则不仅没有对排放大国历史排放行为进行惩罚，反而通过给予它们较多的排放份额而对它们的历史排放行为加以奖励，这无论如何都是难以获得伦理上的辩护的。[2]

关注分配规则本身是非善恶问题可能是一个方面，但就分配

---

[1]　杨通进：《全球正义：分配温室气体排放权的伦理原则》，《中国人民大学学报》2010 年第 2 期，第 2—10 页。

[2]　同上。

规则达成一致意见之后，是非善恶就主要落在排污权取得途径的正当性以及是否按照既定排污权份额排污问题。若以损害他人或社会公共利益为代价手段获取排污权，或以违反排污权数额排放污染物才是一种恶或违法行为。"事实上，财产权的善恶不在财产权本身，而在人性善恶在财产权上的映射。"[①]

第二节 当前占有

一 当前占有及法律渊源

当前占有，是基于当前或最近排放量或其他基准进行排污权的初始分配的基本规则。当前占有主要包括基于当前实际排放量进行排污权初始分配和基于当前排放绩效进行排污权初始分配等。由于当前就是正在发生的历史，依据当前或最近占有进行的分配和既往占有分配在结果方面往往存在一致的情况，故学术界和实务界并没有严格区分当前占有和既往占有，在更多情况下是将它们混用。实际上，当前占有和既往占有存在一定区别：第一，当前占有可能来自历史占有，也可能不是。当前占有强调的就是当前或最近占有排放量作为初始分配主要依据，至于历史排放情况、如何取得当前排放数量、如何交易取得的排放数量等情况，都可以在所不问。第二，正当性依据不同。既往占有来自劳动与应得原则，而当前占有可能基于当前禀赋效应和功利与效率要求。由于当前占有所需要的各种数据都可以很容易获得，因此在各种环境资源的初始分配中占据重要地位。需要指出的是，在美国排污权初始分配实践中，既往占有和当前占有之间的相互转换并没有掩盖它们之间的区别，相反却反映了一种法律实用工具主义思路。

---

① 易继明：《评财产权劳动学说》，《法学研究》2000年第3期，第95—106页。

（一）当前占有的法律渊源

与既往占有不同，当前占有存在较为深厚的法律渊源。当前占有源于普通法中的先占，因此回顾先占有助于我们理解当前占有。所谓先占，即对于无主财产，最先占有的人即取得其财产权或所有权，即我们常说的"先到先得"、"时间上优先，权利上也优先"。先占将财产上存在的竞争限制在时间这个单一维度之上，仅仅依靠进入和控制财产的时间顺序的先后来确定权利的归属。先占的目的在于获取不属于任何人或不再属于任何人的财产。

1. 大陆法系中的先占原则

严格意义上讲来，先占原则最初来源于罗马法。在罗马法中，个人依先占方式取得财产，包括动产和不动产，因此这种立法被称之为自由先占主义。[①] 自由先占主义允许先占人自由取得无主物的所有权，以便及时明确无主物权属和发挥无主物效益。英国法学家布莱克斯通曾经指出，"据罗马法所承认的各民族法律规则，这（先占）是权利的真正基础"、"土地和土地里的一切物件是人类直接得自造物主赐赠的一般财产……根据自然法律和理性，凡是第一个开始使用它的人即在其中取得一种暂时的所有权，只要他使用着它，这种所有权就继续存在"。

近代以来，各国《民法典》对先占大都做了一般规定。现行《德国民法典》第958条规定，"（1）自主占有无主动产的人取得此物的所有权。（2）先占为法律禁止或因实施占有而损害他人的先占权者，不取得所有权"。《日本民法典》关于无主动产的取得采取了德国模式。《俄国民法典》第219条第3款规定："在本法典规定的情况下和依照本法典规定的程序，一个人可以取得无主财产，所有人不明的财产，或者所有人拒绝受领的财产，其所有人依照法律规定的其他依据丧失其所有权的财产的所有权。"由于

---

① 周枏：《罗马法原论》，商务印书馆1996年版，第339页。

土地等自然资源具有重要的经济和安全意义，大陆法系一般均规定能够依照先占方式取得的财产仅限于无主动产，无主土地等自然资源的所有权法定归于国家。这种立法称之为"不动产的法定先占权主义"，又称为"国库先占主义"。可见，先占原则在大陆物权法系中仅是取得财产的一种方式，与其他方式相比，先占原则更多适用于无主动产。

2. 英美法系中的先占原则

与大陆法系不同，英美法中的先占原则是建立最初财产权的主要规则，从而使首先对物取得事实上管领的一方依法取得物的所有权或其他财产权。英美法系中先占原则的经典判例可追溯至1805 年皮尔森与波斯得之间关于野生动物占有的案件。[①] 该案历经一审、二审并最终在纽约州最高法院作出终审判决。一审原告波斯得带着一群猎犬在追逐一只狐狸。在这个过程中，狐狸被猎犬咬伤但仍然得以逃脱。这一切情景均被同样前来打猎的一审被告皮尔森尽收眼底，皮尔森利用这个机会给了狐狸致命一枪并带走了猎物狐狸。波斯得认为，根据占有原则，自己的追逐（劳动）足以构成占有，故应该拥有该狐狸的所有权，皮尔森"间接侵害"了其对狐狸的占有，构成了妨害。一审法院在经过马拉松式的审理中做出了有利于波斯得的判决。判决认为，首次发现、追逐等一系列行为足以构成先占的基础。皮尔森不服而提起上诉，认为即使动物已经受伤，但仍然处于被追逐的状态下，也不能视为占有。终审法院纽约最高法院认为，按照普通法关于占有的要求，仅仅发现追逐是不够的。在这样的追逐中，一方对猎物施以致命的伤害，并且取得最后对实物事实控制的占有才能视为取得占有，故判决皮尔森获胜。尽管"致命说"在当时存在广泛争议，但先占原则所蕴涵的占有物当前事实管领和实际控制的一方依法取得

---

① Epstein, "Possession as the Root of Title", *Georgia Law Review*, 13, 1221—1243.

物品财产权甚至包括所有权的法律观念已深深融入美国的社会制度中，并在美国财产权政府分配中占据重要地位。

随着社会发展和环境资源使用范围规模纵深发展，现代英美法财产法或法律实践中越来越广泛地使用先占原则进行财权权利的分配或配置。不仅有体物可以依照先占原则获得，而且无体物也可以依照先占而获得使用权。不仅如此，先占原则所涉猎的对象和范围也越来越广泛，已经成为指导美国财产归属的主要指导原则。美国财产法政府分配的法律实践中，包括电磁光谱、野生动物和河流中的水生动物、地下水、矿石、石油天然气和污染物（温室气体）排放权等有形或无形财产权都可以依照先占而取得。其中，尤以两部水权和排放权初始取得先占原则最为典型。

3. 中国法律中的先占原则

先占原则并不是各国法系尤其是英美法系的专利，我国历代法律也承认先占制度，而且广泛地适用于环境资源方面。早在先秦时期，政府在法律允许范围内承认民众对木材、猎物等先占取得所有权。秦简《田律》明确规定了在官府允许的时间、空间开垦荒原、砍伐林木以及渔猎物的所有权。魏晋南北朝宋孝武帝时，政府承认了封略山湖，强占官田，即承认了官僚地主有权封山占地，实际上就是认可了先占制度。唐代《杂律》也有先占取得无主财产的法律规定。宋代继承了唐代的先占规定，并把先占作为原始取得的一种方式。法律规定，只要先占无主土地的人按照"元业"缴纳税租，就不属于盗耕而确立其所有权。元代先占制度作了一定变化，其中主要包括占有的财产范围的扩大。作为一种财产取得方式的先占，包括对无主物和一些无人管理的公共产业的先占。明代时期先占已扩至不动产，先占不仅是土地所有权，也是动产所有权取得的重要方式。由于明初推行屯田政策，明确规定"开垦成田，永为己业"，国有的荒地、山林也被默许按照先占原则取得。对于动产，明律规定，"若山林柴草木石之类，他人已用工力，砍伐聚集，而擅取者，准窃盗论"。在清代，对于原始取得，也强调先占原则。若山野柴草，木石之类，本无主物，人可先采。清末及民国时期，先占也作为动产所有权取得的重要方式早在《大清民律草案》、《中华民国民法草案》也有明确规定。现行《物权法》虽无先占原则的规定，但实践中广泛存在先占原则的法律实践。

综上所述可知，先占原则不仅是财产权取得的主要方式，而且已成为财产权分配的指导规则。待分配的财产从动产到不动产，从有形财产到无形财产，从一般资源到稀缺资源，甚至成为排污权初始分配的重要规则。

二　当前占有的财产权理论

与既往占有相比，当前占有回避了历史且着眼于或立足于现在或当前，故在排污权初始分配法律实践中，当前占有摆脱了既往占有的历史责任，故受到理论和实务越来越多重视。探寻当前占有规则正当性的必要性和现实性，就是探索当前占有的理论基础。其中功利主义在很大程度上滋润着当前占有，使其在各种环境资源权利分配实践包括排污权初始分配中也占据一席之地。功利主义注重社会总体的效用与福利，"在现代道德哲学的许多理论中，占优势的一直是某种形式的功利主义"。当自由主义内部以诺齐克为代表的极端自由主义和罗尔斯的"作为公平的正义"进行理论交锋之际，环境领域中的功利主义正义观却一直在潜滋暗长。功利的思想源远流长，德谟克里特宣扬过快乐主义，伊壁鸠鲁学派认定快乐是最高的善，而培根开辟了近代快乐主义的时代。功利主义的代表更是直接论证了财产权分配中"当前占有"的道德合理合法性。功利主义直接影响到了奥斯丁的分析法学，间接影响了耶林的利益法学，也在庞德"最大多数人最大利益"社会法学原则中表现出来，直至在经济分析法学关于效率的代数公式中，我们同样可以看到功利主义的影子。

（一）休谟财产权理论与当前占有

休谟正义规则理论是其社会政治理论的一个中心内容，其中财产权问题又是正义规则论的核心。与洛克一样，休谟也是从财产占有开始他的财产权理论的，不过他所遵循的路径与洛克大相径庭。

1. 稳定当前占有是财产权核心规则

休谟认为财产权产生之前，个人占有是增加社会财富的最大障碍，这是因为个人自私本性给社会合作不断制造障碍。但历经一段时间后，人们会逐渐意识到承认并尊重对方占有能给所有人包括自己带来利益。基于追求幸福等基本需求，人们能够选择一种更为长远的利益，但要以放弃眼前利益作为代价。为保障长远利益，人们需要共同创造出一种共同遵守的规则。基于创造规则的客观需要，休谟拒绝强制性分配社会财富，相反强调以现在占有为基础授予所有权，坚持按照目前占有情况来分配财产是最自然选择。在人类社会形成初期，稳定财物占有这一法则对于维持人们现有财产、稳定社会秩序具有重大意义①。正义的主要作用是通过稳定当前占有财产来巩固社会，它的直接表现就是依据当前占有确定财产的权属关系。财产必须稳定，必须被一般的规则所确定，才能源源不断地保障社会财富的增长和社会的稳定。一言以蔽之，稳定当前占有就成为休谟财产理论的核心内容。

2. 需对占有进行科学界定

休谟指出："虽然关于稳定财物占有的规则确立对人类社会不但是有用的，而且甚至于是绝对必需的，但是这个规则如果仅仅停留于这种笼统的说法，它就绝不能达到任何目的。"必须对"占有"的含义进行精确规定，制定出可操作的具体规则。但要精确

---

① 伍志燕：《论休谟的财产权理论》，载《中南大学学报》（社会科学版）2008年第1期，第54页。

地确定"占有"的含义并不如我们初看时所想象的那样简单。为此，首先应区分占有的"很可能"、"很不可能"这两种情形。譬如，一头野猪落在我们的陷阱中，如果它"很不可能"逃脱，才能说它被我们所占有；同样，如果它仅仅是被猎枪打中，仍然"很可能"反抗脱逃，那就不能说猎人已经占有了它。其次要注意同一的能力和接近关系在具体的情形下，对物的占有是不相同的。例如，一个人如果把一只兔子追得精疲力竭，这时如果另一个人跑在他前面，攫取了这个猎物，那么后者的行为就会被认为是非义的；相反，同一个人如果前去摘一个他手所能及的苹果，而同时又有一个较他更为敏捷的人，跑在他前面，取到了苹果，他就没有任何理由抱怨。这种差别的理由在于，兔子的僵卧不动不是它的自然状态，而是人辛劳的结果，因而在那种情形下形成了对追赶者的一种强烈的关系，而在后一种情形下则没有这种关系。最后，接触或其他明显关系也往往是占有权发生的依据。比如，两个殖民团体同时发现一座被其他居民放弃的城堡，并立刻派遣各自的使者向城门奔去，使者甲看到自己不是使者乙的对手，于是便扬起长矛向城门掷去，并且幸好在使者乙跑到之前射中了城门。当然，使者乙用身体接触城门，也并不比使者甲以长矛刺穿城门更确当地占有，但是在这种情况下，接触关系中的哪一种将赋予人的占有权，或者说其中的任何一种关系是否足以产生占有的效果，显然就成了双方财产权发生争执的焦点。

3. 依时间维度确定当前占有

尽管稳定当前占有非常重要，但固守这个原则势必带来一系列问题，毕竟财产占有状况呈现一个动态的变化过程。故在"稳定当前占有"之外，必须寻求在社会成立之后仍然可以产生财产权一些依据。休谟依据时间这个单一维度为标准指出了财产占有规则：当前占有（Current Possession）、先占（Occupation）、时效（Prescription）、添附（Accession）和继承（Succession），其中最为重要就是当前或现实占有。① 现实占有是指在社会形成之初以及财产分配之初，自然应该"让各人继续享有他现时所占有的东西"。② 按照休谟说法，确立财产权制度重要性在于财产权与社会正义实际上是表里一体的：因为如果缺乏对财产权的确认，那么社会就极易出现掠夺他人财富现象，就会带来社会关系的混乱以及人际关系的损害，这就有损于社会正义和社会混乱；相反，确认财产权则有益于社会的稳定和人们之间的和谐交往，这必然是符合正义要求。与洛克的财产权理论不同，休谟考虑财物占有方式并不是基于人的自然权利，"要获得稳定的占有，就不能基于所谓的自然权利，而要寻求新的基础，这个基础是规则或法律规则"。③ 休谟的确定财产占有理论对于西方财产权确定、财产权的政府分配甚至包括排污权初始分配有很大影响，日本学者内井想七认为，休谟以时间维度来确定财产权分配的五项原则，"即使在现代社会里亦是被公认的所有权规则"。④ 基于"当前占有"进行排污权初始分配正是在休谟财产权理论指导下形成并逐渐完善。

（二）效率原则与当前占有

效率是经济学研究的一个中心问题（也许是唯一的中心问题）。经济学家经常用"配置效率"表示物品或服务在众多消费者中的均衡分配。

1. 效率原则及基本要求

一般认为，法律以公平正义为最高价值标准，经济学核心价值标准是效率。把公正与效率结合在一起，凸显法律的经济分析中的"效率"标准，即以效率为标准来研究一定社会制度中的法律制定和实施问题，则成为法经济学的核心价值标准。一个有效

---

① ［英］大卫·休谟：《人性论》，商务印书馆1980年版，第545页。
② 同上。
③ 高全喜：《休谟的财产权理论》，《北大法律评论》2003年第5期，第297页。
④ 同上书，第294页。

率的法律（制度）才是适宜的制度安排。[①] 科斯在其经典性论文中将权利分析和交易费用概念引入经济学关于资源配置效率分析框架之中，开创了法经济学研究之先河。20 世纪 60 年代以后，经济学在法律分析领域的发展就是一个疆域不断拓展的过程，成本效益分析、交易费用分析、比较制度分析、公共选择理论、博弈及演进博弈分析、实验经济学等新的分析工具广泛运用到法经济学中。美国学者斯考特·沙皮诺（Scott Shapiro）在其作品《法与经济学：哲学的观点》中指出，对法的经济分析中，居于主导地位的论点，最直接地说，就是法律规范应该满足经济效率的原则。[②] 钱弘道总结说，法经济学家宣称：在侵权法、合同法、财产法等法律领域，法官发展的几乎每一项原则都可用来表明是为了更有效率地分配资源这一集体目标服务的；在相当多的案件中，法官明确地把他们的判决建立在政策之上，而效率考虑是政策的一个根据。[③]

　　按照效率原则要求，权利配置应当首先进行成本效益分析。其中交易成本构成一个效率的核心范畴。但交易成本是一个含义丰富的概念，广义的常指全部社会"经济制度的运行费用"。[④] 具体来讲，交易成本就是指在一个缺乏法律调整的权利混沌社会中，每个社会主体彼此之间交易或发生关系时可能支付的一系列成本变量，主要包括产权保护成本、外在成本、信息发现成本、谈判成本以及执行成本等。[⑤] 交易成本理论中，只要某种权利（如排污

---

　　① 此乃科斯定理的要义，"交易成本"（trade cost）是科斯理论话语中的核心概念，"有效率"意味着"低成本"。在科斯看来，能使交易成本最小化的法律是最适当的法律。参见程恩富《经济学方法论》，上海财经大学出版社 2002 年版，第 416—417 页。

　　② 钱弘道：《法经济学》，法律出版社 2005 年版，85—86 页。

　　③ 同上。

　　④ Oliver Williamson, *The Economic Institute of Capitalism*, New York：The Free Press, 1985, pp. 9—19.

　　⑤ 冯玉军：《法经济学范式》，清华大学出版社 2009 年版，第 198 页。

权）是被明确界定的，那么不管双方各自认定的权利效用有多大分歧，权利都可以交易。没有权利价值的初始界定，就不存在权利转让和重新组合的市场交易。价值概念的正确界定应该是由劳动、效用和稀缺所决定的资源与人的福利之间的关系。[①] 在不同的法律制度和规则调整下，交易成本的高低不同。一般来说，人们总是自觉倾向于选择使用和遵守使交易成本最小化的法律制度和规则。当交易成本过高而阻碍交易时，科斯认为："权利就应该让与那些能够最具生产性地使用权利并有激励他们使用的动力的人，而且要发现和维持这种权利分配，就应该通过法律的清楚规定，通过使权利让渡的法律要求不太繁重，而使权利让渡的成本比较低。"[②] 波斯纳认为："权利就应赋予那些最珍惜它们的人们。"[③] 在法经济学成本效率思潮影响下，美国连续几任总统都通过正式的程序对环境、卫生等专业领域的行政立法进行经济分析，其中里根总统要求行政机关对新的重大管制措施和可能的替代方案进行成本效益分析。克林顿总统签署命令认定：环境、健康、安全、平等和幸福是基本价值目标，他们既是社会管制的出发点，也是对政府管制的边界约束。即使经济效益最大化的政府管制，只要违反了人类应该奉行的基本价值，该政府管制也是被禁止的。[④]

从权利配置的结果主义[⑤]来看，效率原则的判断标准主要有两个：第一，帕累托"最优状态"概念。作为检验社会福利是否增

---

① 徐国栋：《公平与价格——价值理论》，载《中国社会科学》1993 年第 6 期。

② ［美］R. H. 科斯：《生产的制度结构》，银温泉译，《经济社会体制比较》1992 年第 2 期，第 56—57 页。

③ 蒋兆康：《中文版译者序言》，载波斯纳《法律的经济分析》，中国大百科全书出版社 1997 年版，第 20 页。

④ 马晶：《环境正义的法哲学研究》，吉林大学 2005 年博士学位论文，第 8 页。

⑤ 当代法经济学在吸收功利主义基础上，已不是纯粹功利，更注重工具主义考虑，包括关注权利分配的成本（前已谈及）及结果。正如诺贝尔经济学奖获得者阿马蒂亚·森指出那样，结果主义即每一种社会选择都应由必然事态的良好情况来决定。转引自冯玉军《法经济学范式》，清华大学出版社 2009 年版，第 70 页。

值的标准。只有在一定收入分配的条件下，生产和交换情形的改变使得有些人境况变好，而同时其他人并未因此而变坏，只有这种情况才能说明社会福利增加了，资源配置是有效率的。由于生活中的大多数交易都会对第三方当事人产生影响，所以，人们的收入、分配以及需求类型差异极大，从而使这一效率概念在现实世界的实用性很小。[①] 第二，卡尔多—希克斯（Kaldor-Hicks）标准。按照这个理论，如果资源配置的任何改变使一些人的福利增加而同时使另外一些人的福利减少，那么只要前者增加的福利超过后者减少的福利，就可以认为这种改变使社会福利总体实现了增加，因而这种改变使有效率的。在卡尔多—希克斯标准基础上，波斯纳提出了著名的波斯纳定理："如果市场交易成本过高而抑制交易，那么，权利应赋予那些最珍视它们的人。"[②] 波斯纳提出以财富最大化作为卡尔多—希克斯效率观的伦理基础。可见，财产或权利分配结论是：只要一些人增加的财富超过另一些人减少的财富就符合波斯纳的"效率"标准。

2. 当前占有符合效率原则

效率理论在这一点做得较好。财产权的正当性不是来自于它被获取的历史，而是源自于这种权利帮助建构的现在与将来的人类活动中所产生的效率。[③] 因此我们所享有的财产权的肮脏历史与此主题是不相干的。只要效率没有受到不利影响，这段历史丝毫不会贬低我们的财产权。如果非法获取是很近的，如上星期或去年，那么效率就会受到影响，因为人们即使在拥有财产的时候仍然是不安全的。他们会期待任何额外的、大量的非法获取。他们

---

① 冯玉军：《法经济学范式》，清华大学出版社 2009 年版，第 71 页。

② ［美］理查德·波斯纳：《法理学问题》，苏力译，中国政法大学出版社 2002 年版，第 444、488—489 页。

③ ［美］斯蒂芬·芒泽：《财产理论》，彭诚信译，北京大学出版社 2006 年版，第 171—188 页。

会耗费大量时间和精力以保护其财产而不是富有成效的使用之。效率理论的第二个优点是与环境资源的缺乏相关联。供应稀缺的那种环境资源如果不是私人拥有的，那么就会发生典型的"公地悲剧"。当每个人随心所欲的去利用它时，一个多数人所共有的资源在超出其本身供应能力的条件下，很快就会过度使用而毁坏。因为每个人都会意识到他人可能会过度使用资源而将其破坏掉，所以毁灭是异常迅速的。人们都会尽快地加入其中，以图在资源毁灭之前至少从中分享到一杯羹。资源的使用是非常无效率的。如果草场是私有的，物主就会尽力保护它。他将限制在其中放牧的数量。如果放牧者希望放牧的牛群数量超出了草场的承载能力，物主就会通过他对放牧者在草场上的放牧权索取更高费用来限制这种使用。从特定的资源中使受益最大化，就是使效率最大化。因此稀缺的草地使用权，避免了"公地悲剧"，并导向对于那片土地的高效、非破坏性的使用。从效率理论看出，稀缺资源的私有权能够使人们避免无效率的源头来看，使效率最大化的一切都是合理的。但许多经济学家所不了解的是，经济效率只是多种价值中的一种而不是统摄其他价值的最高价值。

按照功利主义和效率原则的要求，当前占有这种分配规则有助于：（1）功利最大化；（2）效率最大化。功利主义和效率的复合原则是可能的，因为功率和效率既有共性，在一个重要方面也有差别。其共性是个人满足偏好的概念，其差别在于只有功利原则而非功利原则假定了个人满足偏好的人际比较是可行的。相比单一的功利原则和效率标准，两者形成的复合原则以及在复合原则指导下的"当前占有"在排污权初始分配中至少有以下好处：第一，如果可以进行人际比较和顺序序列都可能，那么复合原则有助于分配中冲突的解决；第二，如果在一个既定的分配案例中，人际比较不可能，那么政府可以求助于效率。效率至少可使一个人变好而不使其他人变坏。既然效率提供了一个顺序序列，它便可以充当功利指标，因为如果一个选择能够促进效率，那么他也能促进功利。[1]

三　当前占有的法律评价

基于当前占有进行财产权分配是美国最主要的分配规则。美国西部水权分配、狩猎权分配、频谱资源权分配甚至土地发展权分配，都是借助当前占有进行定纷止争。毫不夸张地说，一部美国西部环境资源开发的历史，就是依照当前占有进行资源确权的历史。[2]

（一）当前占有的效率优势

排污权交易制度产生的背景就在于传统命令管制手段高成本支出或低效率收益，这种高成本既体现在较高行政管理成本，也体现在排污主体较高投入成本，这种低收益同样体现在较低的环境效益收益或者经济效益收益。因此，追求效率应是排污权交易制度的应有之义，作为排污权交易制度重要组成部分之一的排污权初始分配机制，立足于效率原则进行初始分配规则的建构也有其正当性和现实性。

1. 减少制度形成和变迁成本

制度成本是以制度设计为起点，以制度变迁为终点的整个制度周期中所产生的一切耗费总和，是实现不同主体之间利益博弈而产生的成本。[3] 制度成本至少包括制度形成成本、制度执行成本、制度监督成本等。以此来看，依循当前占有进行分配可以有效降低制度形成成本和制度变迁成本。首先就制度形成成本来看，最为突出的就是信息成本，包括收集信息成本和加工信息成本，即一方面需要获取与制度相关的各种信息。随着社会不断发展，

---

① ［美］斯蒂芬·芒泽：《财产理论》，彭诚信译，北京大学出版社2006年版，第3—4页。

② Christine A．Klein, *Natural Resources Law*, US: Aspen Publishers, 2005, pp. 884—887.

③ 张广利、陈丰：《制度成本的研究缘起、内涵及其影响因素》，《浙江大学学报》（人文社会科学版）2010年第2期，第112页。

此阶段所需要掌握信息势必越来越多；另一方面由于各种信息庞杂，必须要对它进行相应的加工，即去粗取精、去伪存真。在信息量日益增加的现代社会，信息加工的成本必然不断增大。[①] 以污染主体污染物排放量（这是排污权交易制度得以顺利进行的重要前提和关键环节）信息为例，目前具有一定法律或政策效力的信息就有项目环评排放量信息、"三同时"竣工验收排放量信息、排污申报登记排放量信息、环境统计排放量信息、污染源普查排放量信息。如何对上述各种信息进行加工和选择，无疑是一件耗资巨大的工程。基于当前占有排放量进行分配则以成本非常低廉方式解决此类问题。从制度变迁视角来看，排污权交易制度本身就是对直接命令制度的变迁。在这个过程中，必然遇到来自直接管制制度背景下一些既得利益者的极力阻挠，且排污权交易制度的实施甚至牵涉利益格局的重新调整，利益受损主体势必阻挠甚至对抗对其不利的利益调整，形成制度变迁成本。再者，由于排污权交易制度尚处于探索阶段，其不够成熟特性要求传统直接管制制度仍然在很多环节和很多地方发挥着不可或缺作用。新旧两种制度并存且相互作用过程可能要持续很长时间，在这个过程中，势必产生旧制度对新制度的阻碍，这种阻力构成了制度变迁的摩擦成本。当前占有则以尊重当前占有者既得利益为前提，可以减少他们因制度变迁而带来的利益损失或风险，有效降低既得利益团体对新制度的排斥和对抗，并在保障自己利益同时积极寻求合作，从而有效降低制度变迁成本和减少摩擦成本。

2. 带来经济效率提高

当前占有就是以当前或最近这一单一时间维度来确定排污权初始分配，除了能够带来制度成本减少之外，它在整体社会或经

---

① 张广利、陈丰：《制度成本的研究缘起、内涵及其影响因素》，《浙江大学学报》（人文社会科学版）2010 年第 2 期，第 113 页。

济效率方面也存在一定的优势，主要体现在以下几个方面：第一，这一分配规则首先限制了后来者进入财产的权利，有效确定了对财产享有权利的主体范围，在环境资源稀缺或总量控制前提下，也就有力地限制了竞争，并通过适当限制自由转换财产避免环境资源的过度利用。第二，当前占有规则具有吸引力还在于现任占有人在开发利用资源以及污染物排放控制方面具有经验方面的优势。与新进入者相比，当前占有者为满足日益严格的环境管制要求，除了正常的生产经营投资之外，他们在环境保护设施方面进行了相当数量的投资。以我国针对工业污染源管制为例，可以说每一个管制制度背后都有巨大的投资或成本投入，从项目立项开工建设到投入生产运行，需要历经多次审批和非生产性投入。现任使用者关注在资产上的投资包括在污染防治管制要求方面的投资以及为适应管制要求而形成了一定的污染控制经验。以当前占有进行分配也在一定程度上更好地促使当前占有主体关注投资的长远发展以及有效利用他们污染控制的经验。第三，与行政管制部门相比，现在使用者可能对资源使用和排污状况掌握了更准确的信息，当前占有规则鼓励排污主体与污染治理规制者之间进行合作以共同制定资源的最大使用量、获取量和最大可允许排放量。依循这个思路，最准确的污染物排放信息可以有机融入政策制定之中，使用者有更多的自觉性去遵守政策，因为他们认为政策是正确的，并能在一定程度上反映他们的知识状况。另外一个原因也可以解释先占原则为什么是有效率的。原则上，它们是对资源开发和利用的先行者、探索者和具备事业心的人们的回报或奖励。社会从资源开发利用、探险活动中得到好处或利益，先占原则补偿了这种活动。另外，在先占原则之下，由市场决定合理的占有规模，与其他的分配方式所遇到的政治上的阻力相比先占原则可以有效地节省交易成本。先占原则广泛地使用在诸多财产权的分配上，捕捞权上的先占原则、排放许可上的先占原则、水权中的先占原则等。

3. 形成规则预期效应

所谓预期，主要是指预期主体基于对外部环境的了解和认识及其内心信念特点而形成的对未来的估计与期望。预期对人们的影响主要表现在两个方面：一是行为选择。由于未来对自己的影响往往具有一定的复杂性和不确定性，反之，目前的行为对未来同样具有影响力，怎样的行为是最为明智、最具有远见的，必须根据对未来的判断来决定。二是信心强弱。预期作为一种心理活动或心理活动的部分内容，对其他心理活动也会产生影响，预期乐观积极者，对未来的信心就比较强，对生活的态度就比较积极，就更能够表现出乐观心态与进取精神。基于当前占有进行排污权初始分配不仅带来整体制度效率的提高，而且它能产生排污主体合理的预期，在这种预期的指引下，排污主体可以进行合理的生产经营安排，包括进行污染防治计划的有效制定。

（二）当前占有的困境

与其他分配规则一样，当前占有也存在一定缺陷和不足，正是这些问题的存在，当前占有也难以单独支撑排污权初始分配机制。

1. 禀赋效应导致"惜售心理"

一般说来，人们对损失一笔财富所带来的痛苦或不快通常要比获得一笔财富带来的快乐要大。简而言之，人们对现有的东西更加偏爱，害怕失去。卡纳曼和特沃斯基（1979）把这称为损失厌恶。1980 年，经济学家塞勒把损失厌恶概念发展成为禀赋效应概念。[①] 其主要意思是一旦一件物品或权利成为自己禀赋的一部分，人们便倾向于给予它更高的价值评价。我国有句俗语说："丢了是个宝，放着是根草"，就是说一件自己的东西，放在家里也许

---

① Thaler, "oward a Positive Theory of Consumer Choice" *Journal of Economic Behavior and Organzation*, pp. 1, 39—60, 1980.

什么用途都没有，但是一旦丢掉或者给予别人就立刻变得十分宝贵了，这在一定程度上说出了同样的意思。基于当前占有进行排污权初始分配就是承认既往或当前排污主体的既得利益，这种既得利益在命令控制制度下并不必然构成法律意义上的"利益"，而是排污主体应当遵守的强制性环境标准或法定义务，一旦纳入排污权交易制度基于当前占有进行分配，排污主体理所当然将排污权份额看做自己禀赋重要组成部分，并将其视为自己的既得利益。在排污权市场初期价格不确定和各种配套政策措施不明朗情形下，出于对各种不确定的一种本能回应，排污主体倾向于保留排污权既得利益而迟迟不愿将其出售，这就是所谓的"惜售心理"。在"惜售心理"支配下，排污权主体等待和观望势必导致排污权交易最终会出现"有买无卖"、"有价无市"之境况。我国当前排污权交易市场（二级市场）所以未能真正有效开展，恐怕与排污权初始分配更多实施当前占有分配规则引发的禀赋效应有关，在排污权价格不确定情况下尤甚。

2. 当前占有和人与自然和谐理念存在冲突

排污权交易制度除了利用市场机制进行污染防治之外，更深远的意义在于希望探索一种污染防治或环境保护的长效机制。当前污染物排放和温室气体排放状况是怎样一种情形呢？尽管我们从官方数据中看到更多的是一系列减排战绩：全国化学需氧量排放总量下降了多少吨，二氧化硫排放总量下降了多少个百分点，温室气体排放总量又下降了多少，等等。但这些眼花缭乱的数据却难以掩盖一个真实的事实：各类各种污染物（包括温室气体）排放量在数量或质量上持续加大，环境状况在整体上逐渐趋于恶化，因污染物排放行为造成的环境事故频频发生，人与自然的关系处于高度状态。表面上看，基于当前占有进行污染物或温室气体排放最大限度地照顾和考虑了当前占有主体的各种利益需求，且摆脱了既往占有的历史包袱和道德枷锁，实现皆大欢喜之效果，但它仅仅是各个排污主体或各国保障或维护既得利益的权宜之计，是人们在追求经济利益持续增长同时而持续透支环境资源，这最终导致的却是环境状况的持续恶化。从更深层次上看，当前占有反映了人类独立于自然之外的观念，这种观念将人类凌驾于自然之上，专注人对自然的征服和占有。无怪乎曾经有专家指出，普通法中占有制度最深刻的层面存在于对人和自然关系的态度的层面上，反映了人凌驾于自然之上的事实。在倡导生态文明和人与自然和谐发展背景之下，当前占有规则也正遭受着越来越严峻的挑战。若无持续减排的强制性或约束性要求及其他辅助配套政策，当前占有的生存空间也在不断遭受来自社会或传统的挤压，甚至有逐渐成为排污权初始分配补充性规则之风险。

第三节　公平分配

对于一个民族国家，尤其是那些希求为其公民提供一些自由权的国家，一个至关重要的前提就是，大多数人感觉到利益与负担的分配具有合理的正当性。此条件的重要性，就像许多必需品的重要性一样，在其得不到满足时就显得更为清楚了。

一　公平分配的基本内涵

与基于劳动理论的既往占有分配和基于功利效率追求的当前占有分配不同，基于公平理念的分配是若干具体分配规则的统称。公平是人类社会具有永恒意义的基本价值追求和行为准则，构成一个社会制度及社会中的个人行为正当性和合理性的理论依据和衡量标准。[①] 从哲学层面上讲，公平是指人类群体活动的一

---

① 周天楠：《分配公平的科学内涵及长效机制探析》，《理论月刊》2010 年第 10 期，第 64 页。

种"合理的关系"，是对人的生存方式及社会关系是否具有合理性的追问。[①] 排污权初始分配对公平的价值追求过程就是寻求财富或利益分配的正当性和合理性，以便形成政府与排污者之间的一种"合理的关系"，以便在随后的市场交易中达至资源的有效配置。

（一）公平是一个历史和主观范畴体系

公平概念是与"平等"、"均等"、"正义"等概念既有联系又有区别。[②] 简而言之，"平等"概念与权利相关，指在政治、经济、教育等方面具有均等的权利。《布莱克维尔政治学百科全书》对平等进行了一般意义上的解释："在政治思想中，平等的概念有两种基本的用法：第一是指本质上的平等，即人是平等的动物；第二是指分配上的平等，即人与人之间应在财产分配、社会机会和（或）政治权力的分配上较为平等。分配意义上的平等概念与公平存在较为密切的关系，两者甚至在一定意义上可以互用。但与平等对应权利不同，公平则更多与利益相关，是人们对现实的利益分配关系的价值评价。"[③] "均等"概念既与权利无关，也与利益无关，它只是表示一个无差别的数量关系。正义也是一个与此相关的概念，正义常常被用来指交换正义和分配正义，在内涵方面往往包括公平概念，在一定意义上，公平和正义也可以相互替代。

纵观人类社会发展历史，关于公平的观点不乏真知灼见，但从来不存在也不可能存在一个每个人都向往的最终的、绝对的和永恒的公平。公平是不断发展变化的，作为一个历史范畴，公平在不同社会制度下具有不同内容，资本主义制度下的公平与封建

---

① 何建华、马思农：《分配公平：是否可能及何以可能》，《伦理学研究》2010年第2期，第21页。

② 同上。

③ 何建华、马思农：《分配公平：是否可能及何以可能》，《伦理学研究》2010年第2期，第21页。

社会的公平可能大相径庭。即便处于同一社会制度不同历史阶段，公平也呈现不同内容和特点，早期社会主义的公平解读很难继续在今天发挥作用。公平的历史特性让它散无穷的魅力，从而成为人们研究和为之奋斗的理想对象，我们也可以看出，不断发展变化的公平是相对的和有条件的，作为一个思想或政治上层建筑，它势必受到一定历史时期的经济基础的制约。另外，公平问题产生于现实的人与人之间的交互作用之中，是以人际交往与利害互动关系为前提的。

公平问题的提出与解答不仅取决于人们相互交往的性质，而且受制于主体的地位以及与此相关的认识立场和方法。人总是站在自己立场上，运用主体性的尺度认识、评价、取舍、变革人际关系，提出公平与否的问题。[①] 与可以通过客观数字量化的效率标准（包括成本效益理论和帕累托效率标准等）相比，公平可能更多体现为一种主观或理想色彩的范畴体系。

（二）分配公平是公平的重要内容

自人类社会以来，人类追寻公平的脚步从未间断，涉及公平的诸种理论举不胜举，学说纷呈。归纳这些形形色色的学说，古今中外有关公平的理论和思想可以分为：制度正义论、行为正义论和分配正义论三大理论体系。其中，制度正义论以格劳秀斯的制度伦理论和卢梭的制度正义论为代表，行为正义论则以柏拉图和霍布斯的理论为代表，而分配正义论以柏拉图的"各得其分"和亚里士多德的分配正义理论为代表。可见，分配正义（公平）一直是公平的重要内容。亚里士多德首次把公平与分配联结起来，认为"分配的正义"是指社会财富、权力及其他可以在个人之间进行分配的东西的分配原则；"分配公正"在于"按照所说的比例

---

① 何建华、马思农：《分配公平：是否可能及何以可能》，《伦理学研究》2010年第2期，第21页。

关系对公物进行分配"。"正义就在于给每个人以其应得"这一经典的定义使分配正义成为与社会正义可以相互替代的词汇。可见"得所应得"成为分配公平乃至社会正义的基本标尺。

哈耶克认为"分配公平"的诉求并不是一个现代话语,而是一个古老的话题。[1] 一般意义的分配公平主要是指对一定社会结构、社会关系和社会现象的一种伦理认定和道德评价,具体表现为对一定社会的性质、制度以及相应的法律、法规、章程、惯例等的合理性和合理程度的要求和判断。[2] 环境资源领域内的分配公平所关心的主要是那些在利益与负担存在稀缺与过重时应如何进行分配的方式问题。当至少有一部分人必须放弃他们更想拥有的利益,至少有一部分人必须承担他们更希望逃避的责任时,人们需要一种方式以决定哪些人该承担哪些责任,哪些人该享有哪些权利。

分配公平是在某些东西相对需要而供应不足或者被意识到供应不足的情况下出现。在这种状态下,人们所关心的是要得到他们公正的份额,协议由此而达成,或者制度由此而产生,以在需求它们的人们中间对稀缺进行分配。任何稀缺的公平分配必须依赖两个条件而定:第一个条件是分享稀缺的人必须非常关注自己所获得的,以至于会要求自己的公平份额。第二个条件是用于分配稀缺的措施规则和制度只对那些人们能够分配的稀缺才有意义。有些事物是稀缺的,人们也希望得到它们的公平份额,但是没有任何措施和制度用于分配这些事物,因为目前人们尚不具备分配的能力。

---

① 危玉妹:《警惕"分配公平"的陷阱——析哈耶克法律公平观》,《中共福建省委党校学报》2007 年第 12 期,第 67 页。

② 何建华:《环境伦理视阈中的分配正义原则》,《道德与文明》2010 年第 2 期,第 111 页。

（三）机会公平和结果公平是分配公平主要内容

分配公平是一个由机会公平、起点公平、结果公平以及社会调剂等组成的基本分配规则体系的总和。排污权（或排放权）初始分配中，涉及机会公平和结果公平等问题较多，故将机会公平和结果公平作为主要探讨内容。

1. 机会公平一般含义

一般而言，机会公平是指所有具有工作能力的人，其就业、投资、职务升迁、赚钱赢利的机会都是均等的，作为竞争主体的他们都处在同一条起跑线上。在机会有限的情况下，机会公平是主体参与某种活动和拥有相应条件方面的平等。我们认为，机会公平是指通过分配规则的建立，体现出来的公平的竞争环境和良好秩序，这里没有权力的优势，没有人为制造的障碍，每个人可以依靠自己努力和自己实力来决定是否能够获得机会。机会公平意味着一切能使个人自主活动能力得到充分发挥并由此取得成就的机会。[①] 人和人先天存在智力上的差异，出生的家庭背景的差异，出生地区的自然资源的差异，这些个人是没有办法选择的。[②] 机会公平较之结果公平的效用更具激励性，因为它提供了人们能力施展的机会。而对结果公平而言，机会公平构成其重要前提。正如世界银行《2006 年世界发展报告》以"公平与发展"为主题，指出：公平不等于收入的平等，不等于健康状况的平等，也不等于任何其他具体结果的平等，而是一种机会平等的状况。在这种状况下，个人的努力、偏好和主动性，而不是家庭背景、种姓、种族或性别，成为导致人与人之间经济成就不同的主要原因。

---

① 杨杨、陈思：《起点公平、过程公平和结果公平辨析》，《辽宁师范大学学报》2010 年第 3 期，第 31 页。

② 闾丘露薇：《我们需要的是公平机会》，《中国社会保障》2007 年第 4 期，第 71 页。

社会对于机会平等的关注应该胜于对收入平等的关注。[①] 对机会公平的关注和不懈追求，给每个人以生存和发展的机会构成分配公平的重要内容

2. 结果公平一般含义

结果公平是与机会和起点公平相对而言的，主要是指财富分配的结果是公平的。随着财富的过度集中和贫富的加剧分化，造成产品需求远远滞后于生产供给，久之则造成生产萎缩和衰退，这使得西方学者将注意力集中到对结果公平的关注，提出国家要对完全自由的市场经济进行宏观调控，对社会财富实现再分配，实行一系列诸如教育改革、最低工资法、限制工时法、建立社会保障体系等措施。在一定程度上起到缩小贫富差距、促进经济恢复和保证社会稳定的作用。[②] 上述手段可以看做是通过分配规则的重新调整来实现结果的相对公平。但什么是结果的相对公平？其标准是什么？首先必须明确，不同群体相对公平和公平标准肯定是不同的。

结果公平主要包括以下几层意思：一是结果公平内在包含着社会财富的相对均等分配，这种均等分配保障群体里的每一个人都有一定的权利份额，这个权利份额保证群体的每一个人都有平等的生存和公平的发展机会。二是结果公平性原则要兼顾"社会最低限度"基本要求，稀缺资源应当考虑用来建立"社会最低限度"的基本权利，具体包括足够生存权利、适当的健康权利以及基本医疗卫生服务等，保障每个人能够过上自尊生活，成为群体的一部分。三是结果公平要以"差别原则"作补充，要求社会有责任更多注意到那些天赋较低和出身较不利的特定人群，应该给

[①] 李爽：《起点公平和机会公平是实现公平分配的前提和基础》，《中国金融半月刊》2007 年第 16 期，第 28 页。

[②] 杨杨、陈思：《起点公平、过程公平和结果公平辨析》，《辽宁师范大学学报》2010 年第 3 期，第 35 页。

予他们足够的分配倾斜，这种分配上倾斜性配置必须通过一定的结果展现出来。

3. 多元公平理论

分配公平（Equity）理论不仅是抽象的，也必须要展现其具体的一面。由于公平不是一个纯粹的客观概念，不同理论或利益主体总是倾向于采纳不同标准。随着实践和理论的协力推进，各方都想致力于构建一个普遍一体的公平理论，多元公平理论开始渐渐露出痕迹，罗尔斯的正义论就是一个典型代表。"无知之幕"下人们所选择的标准就已经不再是某种纯粹的单一尺度了，而是一个原则体系的选择。第一个原则："每个人对于其他人所拥有的最广泛的基本自由体系相容的类似自由体系都应有一种平等的权利"；第二个原则："社会的和经济的不平等应这样安排，使他们（1）被合理地期望适合于每一个人的利益；并且（2）依系于地位和职务向所有人开放。"① 尽管人们对其理论存在诸多争议，但大体看来，第一个原则可以被称为自由原则，这种自由是一种平等的自由；第二个原则是差异原则，它又包括两个组成部分，第一部分可称为"差别原则"，它要求社会和经济的不平等应安排得对所有人都有利，特别是使处于最不利地位的人得到最大可能的利益。第二部分可称为"公平的机会均等原则"，它要求社会和经济的不平等与职位相连，而职位在公平的机会均等条件下对所有人开放。对于政治领域的基本自由的分配，如参与政治程序的自由等，适用的是第一个原则；而在社会经济领域则适用的是第二个原则。

综合来看，大致可以认为，罗尔斯所主张的平等主要指政治权利平等和机会平等，而差别原则的实质是在机会平等前提之上，

---

① ［美］约翰·罗尔斯：《正义论》，何怀宏等译，中国社会科学出版社 1988 年版，第 60 页。

通过"最小化痛苦"的方式，辅之以对分配结果公平的兼顾。可见，罗尔斯自由主义的分配原则体系中已经有了分配公平的多元化趋势。罗尔斯的正义原则对排污权初始分配规则的建构具有重要指导意义，它表明依靠单一分配规则进行排污权初始分配已经不能完全符合正义原则的最高要求，在承认不同排污主体（新旧有别）差别基础上，给予每个主体一定的机会平等且适当照顾一定的结果不平等问题。每一种分配规则都有其使用的范围和限制，都可能存在一定弊端和不足。因此任何分配规则体系的建构都必须在多元理论指导下，将看似不可调和和不可通约的各种分配规则进行相互协调。

二 机会公平理论与排污权初始分配

机会公平理论在排污权初始分配中占据重要地位，其中尤以德沃金的资源平等理论和初始分配的拍卖假设最为瞩目。

（一）德沃金的资源平等理论

对分配正义有几种各有侧重的观点，有的侧重于"福利机遇的平等（Equal Opportunity for Welfare）"，还有的侧重于"利益的平等可获得性（Equal Access to Advantage）"。德沃金在综合上述观点基础上建构了一种名为"资源平等"的平等理论。[①] 德沃金的资源平等理论强调分配问题的重要性，又坚持在开端确立机会平等原则，要求人们在最初时候对资源进行公平分配。

德沃金的资源平等理论在保障机会公平问题上，提出著名的拍卖假设。这个假设产生出一种"开端公平"，论证了市场机制所创造的机会和选择公平在分配正义中的合法性。[②] 假设是这样的：

---

① 高景柱：《西方学界关于德沃金平等理论研究述评》，《上海行政学院学报》2008 年第 4 期，第 102—107 页。

② 姚大志：《评德沃金的平等主义》，《吉林大学社会科学学报》2010 年第 5 期，第 106 页。

一条船在海上遇难后，幸存者漂到一座无人居住的荒岛上，荒岛资源丰富。幸存者都接受了一条资源分配基本原则：对于这里的资源，任何人都不拥有优先权，要在他们之间进行平等分配。如何分配才算是平等呢？德沃金提出了一个分配平等的检验标准——妒忌检验（Envy Test），即"一旦分配完成，如果有任何居民宁愿选择别人分到的那份资源而不是自己那份，则资源的分配就是不平等的"。① 如何通过妒忌检验，德沃金借用了市场经济中的拍卖机制。具体做法是，首先将岛上贝壳平均分配，通过保障每个人有相同购买力来实现参与拍卖起点是公平的。其次将岛上资源标价拍卖，拍卖完成之时，每个人都得到了自己想要资源，符合"妒忌检验"标准，岛上资源得到了平等分配。德沃金的拍卖假设再一次强调了起点公平的重要，但在最后检验仍以机会公平作为初始分配的最终归宿。通过拍卖模式，分配结果将能够通过平等分配的嫉妒检验，达到资源分配的初始平等。②

（二）德沃金资源"拍卖"理论与排污权初始分配

德沃金的"拍卖"理论不仅仅限于抽象的理论阐述和一种假设，它能回到现实社会，并可以形成一个来检验劳动、投资和交易组成的动态经济社会的资源平等的方案，从而作出一个具有普适性的解释，为其正义理论建立起一个"阿基米得点"。③

1. 拍卖可以带来初始分配的机会公平

尽管稀缺资源的拍卖方式早在德沃金资源平等理论之前就广泛存在，但基于起点公平和机会公平的拍卖假设在西方环境资源权利初始分配包括排污权初始分配的法律实践中仍然起着理论支

---

① 姚大志：《评德沃金的平等主义》，《吉林大学社会科学学报》2010 年第 5 期，第 106—107 页。

② ［美］罗纳德·德沃金：《认真对待权利》，信春鹰、吴玉章译，中国大百科全书出版社 1998 年版，第 355—358 页。

③ 姚大志：《评德沃金的平等主义》，《吉林大学社会科学学报》2010 年第 5 期，第 107 页。

撑作用。依照德沃金拍卖设想，排污权分配主体在进行拍卖之前应该进行广泛深入调查，尽可能找寻需求资讯，然后按照需求信息，尽可能地对分配共同体排污权总量进行份额划分，然后让具体份额进入拍卖市场，直至每一份额资源在拍卖市场上都可以在某一价位上只有单一主体购买，而且每一份都能卖出去，不然拍卖者就调整价格直至达到可以清场的价格。一方面，每一主体依靠主体自己目前和未来发展观念来设计自己的份额需求，并能理性对所需份额进行成本—收益计算，然后作出购买与否的慎重选择，并为之负责和承担后果。拍卖过程中，每个主体的排污权份额需求不仅反映自己对份额获得的成本—收益计算，而且也在一定程度上反映其他主体对排污权份额的成本收益估算。双方通过自愿选择来承担作决定的风险，这种相互制约的关系，用经济学的术语可以表述为机会成本。另一方面，涉及排污权总量分配拍卖方式中，无人享有排污权份额的优先权，尽管存在主体属性、资金规模和信息不对称等客观差异，但每个主体起点是公平的。排污权拍卖过程中，每个主体参与机会相同，决定权相等，这避免了可能因任意配置资源将更有利于某些人的偏好的不公平。因此，拍卖模式能确保每个人的总体机会成本平等。通过拍卖模式，达到了排污权分配的初始平等。

2. 排污权初始分配应用拍卖之局限性

德沃金的拍卖模式实际上是描述了一个理想的完全竞争市场。德沃金相信，完全竞争的自由市场可以确保人们的选择机会是自由且平等的。可见在德沃金的视野里，市场机制占据核心地位，贯穿主题就是市场与公平问题，市场通过拍卖方式可以满足一切人的个人偏好。应该说，德沃金对市场的理解具有很大的局限性，从现代经济学的眼光来看，他假设了完全的信息状态，忽略了市场本身失灵的诸多情况。在现实生活中，由于不完全的市场竞争、公共产品的特殊性、垄断和信息的不均衡状态的客观存在，市场分配的结果可能会最终导致不平等。排污权市场本身就是一个不完全的市场。在这个市场中，待分配总量的设定、分配都是行政起着主导性作用，即使在二次交易中，行政主体的影子也随处可见。垄断和信息的不对称状况更是比比皆是。在这样一个不完全竞争的市场机制中，希冀通过拍卖模式的建构来实现机会公平和选择自由恐怕是一相情愿，搞不好会使拍卖成为一种阻碍机会公平的异化模式。

其次，德沃金拍卖模式未能有效解决外部偏好问题。[1] 德沃金早期是反对外部偏好问题，但在拍卖机制设计中他却回避了拍卖过程中许多人组成一个集团进行购买的问题。比如有 A、B、C、D 四个人，其中 A、B、C 三个人最为看重的价值就是伤害 D。经过详细调查之后，他们发现 D 急需椰子果，而他们目前并不需要。如果 D 愿意用 100 个贝壳中的 98 个去购买椰子果，他们三人每个人用 33 个贝壳联合购买椰子果，那么根据拍卖规则，那么他们用 99 个贝壳就可以剥夺 D 的急需。这就是所谓的拍卖中的外部偏好问题。德沃金之所以没有考虑拍卖中存在的集团购买问题，主要是德沃金认为拍卖仅仅是个人的问题。排污权初始分配中，排污权指标的拍卖分配可能更多的存在集团购买问题，因为在历经大规模的其他方面竞争之后，将排污权指标有无、多少状况纳入竞争基本要素之后，会加剧集团之间分化组合、竞争合作，集团购买问题不可避免地出现在排污权初始分配的拍卖模式方面。总之，主要通过拍卖方式实现排污权初始分配必须解决外部偏好问题。

基于机会公平考量的抽奖、彩票模式同样可以使用在排污权初始分配机制之中，本书因篇幅所限，不予赘述。

（三）拍卖规则与排污权初始分配

作为一种古老的通过价格分配商品的机制，拍卖（Auction）

---

[1] 高景柱：《西方学界关于德沃金平等理论研究述评》，《上海行政学院学报》2008 年第 4 期，第 104 页。

历史可以追溯到数千年前。拍卖规则正式应用到排污权初始分配可以追溯至美国的"酸雨计划"。今天，越来越多的排放权交易计划都关注拍卖在初始分配以及交易中的重要作用，欧盟在温室气体排放权交易计划第三阶段准备大规模采用拍卖模式进行初始分配，2007 年启动的美国 RGGI 温室气体排放权初始分配全部采用拍卖规则[①]，中国各地的排污权交易实践也将拍卖规则定位主导规则。

1. 拍卖规则简介

从拍卖视角看，排污权属于同质可分物品，其拍卖可以存在多种方式。依拍卖定价程序不同，排污权拍卖模式可以分为密封拍卖（Sealed-bid Auction）和公开加价拍卖（Ascending auction）两类。[②] 下面结合美国和欧盟排污权初始分配拍卖实践就这两类方式做一简单介绍：

第一，密封式拍卖。这种拍卖模式下，每个投标人同时且独立地向拍卖人提交投标书，标明自己的投标函数。拍卖商根据这些数据构筑总需求线，总需求线与总供给的交点所对应的价格即为出清价格。在此价格之上的所有投标者都会成交，所有在出清价格点上的需求按比例进行分配，而低于出清价格的投标将会遭到拒绝。密封式拍卖包括单价拍卖、歧视性拍卖和维克里拍卖。（1）歧视性拍卖，亦称投标支付拍卖（Pay-as-Bid Auction）。投标价格在市场出清价格以上的投标人将获得他们想购买的拍卖品数量，并支付其投标价格。在一级密封价格拍卖方式下投标人越多，卖者能得到的价格就越高，当投标人趋于无穷时卖者几乎得到商品价值的全部。歧视性拍卖是应用比较广的一种多物品拍卖方式，

---

① Charles Holt, "tion Design For Selling CO_2 Emission Allowances Under The Regional Greenhouse Gas Initiative", *LI-ABA Course of Study*, pp. 3—4, April, 2008.

② 邝山：《排污权拍卖的机制研究》，上海交通大学 2008 年硕士学位论文，第 5—8 页。

是第一价格密封拍卖在多物品拍卖中的推广，美国"酸雨计划"排污权拍卖便采用这种拍卖方式。（2）单一价格拍卖（Uniform-price Auction）。根据市场竞争特点，Fridman（1960）提出针对多物品拍卖的单一价格拍卖方式。与歧视性拍卖相似，在单一价格拍卖中，每个投标人同时、独立地向拍卖人提交投标书，标明自己的投标函数。但在出现均衡时，每个排污权份额均按照出清价格进行支付；（3）维克里拍卖（Vickrey Auction）。[①] 经济学家维克里（Vickrey）提出著名维克里拍卖方式，并把这一方式应用到多物品拍卖中。在这拍卖方式下，每个投标人同时、独立地向拍卖人提交投标书，表明自己的需求曲线。投标价格在市场出清价格以上的投标人将获得他们想购买的排污权数量，并支付其投标的机会成本（其他投标人的最高拒绝价）。将这一定价机制应用到多物品拍卖（比如排污权拍卖）中，投标人为购买的第一个拍卖品支付最高拒绝价，购买第二个拍卖品支付次高拒绝价，如此下去，直到拒绝价超过了投标人的投标价。这种拍卖方式在私人价值模型下确实是最有效的。但由于无法确定排污权拍卖是属于私人价值模型还是共同价值模型，因为二者的属性兼而有之。

第二，公开加价式拍卖。[②] 除密封式拍卖外，排污权拍卖还可以采用公开加价式拍卖（Ascending Auction），这种拍卖的最大特点是具有较好的价格发现机制。因为在公开加价的过程中，价格发现和数量分配都是由一个公开竞争的过程决定的，每个投标者都有机会改善自己的投标价和数量，在这个价格揭示过程中，投标人只要考虑自己的投标数量是多少，最后那些真正想得到排污权的厂家将中标。在公开加价式拍卖中，有两种具体的拍卖方式，

---

① Vichrey，"Counter Speculation, Auctions, and Competitive Sealed Tenders"，*Journal of Finance*，16，8—37，1961.

② Ausubel，"An Efficient Ascending-bid Auction for Multiple Objects"，*Working Paper*，University of Maryland，1998.

需求计划式拍卖（Demanded Schedules Auction）和上行时针式拍卖（Ascending Clock Auction）：（1）需求计划式拍卖。在这种模式中，投标者每一轮中提交需求表，并按照这些需求表绘制需求曲线，产生出清价格，然后成交，再进入下一轮。在以后的每一轮中，投标人的投标数量必须是减少的。拍卖人会宣布最小的提价，也就是超过上一轮出清价格的最小增加价格。而提价在拍卖初期可能会很高，在拍卖进行期间会减少。（2）上行时针式拍卖。上行时针式拍卖（Ascending-clock Auction）中，操作方法要更为简单，标示盘上标明现时价格，然后由投标者报出在这一价格下所需求的数量，如果总的需求数量超过了供给量，就提高价格，进入下一轮，直到需求量小于供给量为止，排污权就在这一价格下进行分配。

2. 对拍卖规则的积极评价

在拍卖规则下，每个符合条件的排污主体都站在同一条起跑线上，享有同等竞价的机会，这充分体现了排污权初始分配中的机会公平。与当前占有或平均主义相比，拍卖模式已经形成了一整套成熟的技术规则。在拍卖过程中，无论是现场或通过网络技术，整个过程透明度高，体现公开、公平、公正原则。此外，拍卖模式可以防止出现过失漏报或故意谎报既往排放量，从而出现分配不公的局面。拍卖模式使得新兴企业在进入市场时不存在获取排污权的特殊障碍，使其能够有机会参与排污权交易市场。将拍卖放置于机会公平原则下进行分析实际上就是强调排污权初始分配的拍卖模式与其他环境资源权初始分配拍卖模式的不同价值诉求，特别是与中国国有土地使用权初始分配的拍卖制度所追求的单纯经济利益是不同的。

其次，拍卖过程是市场机制运用过程，可以提高初始分配的效率。首先体现在拍卖可以为排污主体提供价格信号，这个价格信号为进行二级市场交易提供可以参考的信息。拍卖方式与其他类型的取得方式相比程序简单，能够有效提高效率并降低成本。遵循价高者得的基本原则，通过拍卖的形式有利于促使排放权由效益高的企业取得，从而促使有限的排放权由能够支付更高价格的排污主体获得。可以在排放等量温室气体的情况下创造更多的利润。这对于污染治理计划的进一步完善与管理有着很好的指导作用。尽管增加了排污主体成本，但拍卖模式可以对其提高治污水平形成良好激励机制。多数情况下，排污主体掌握着很多排放信息，他们非常清楚用什么治污技术可以减少排污量，但关键在于缺乏治污的内在动力。因为追求成本最小化和利益最大化才是其根本目的所在，与支付可以讨价还价的排污费相比，排污主体当然不愿更大成本治污或者减排，除非可以得到更大的利益回报。相比之下，有偿的拍卖分配方式会使排污主体重新考虑成本的大小，显然更能提高企业治理污染和节能减排的积极性。

最后，拍卖可以增加国家收入，给治理污染提供有力的资金支持。这在很多情境下被理解为地方政府大力推广拍卖的主要原动力。

3. 拍卖模式的困境

按照拍卖规则规定，因依拍卖价格决定主体排污权分配具体数量，致使排污主体难以事先知悉可取得多少份额排污权，妨碍排污主体正常生产计划和污染防治计划。我们知道，排污主体的正常生产经营活动意味着国家财政税收和社会产品的稳定和持续供给，甚至意味着就业人口及一般民众的正常生活。拍卖规则所追求的"价高者得"可能会造成多数排污主体无法通过正常途径获得其预期排放权份额，在持证排污和依权排污情况下势必影响排污主体正常生产经营活动和就业，这种情况所导致的连锁反应无疑是地方政府和当地民众所不愿意看到的。由于无法通过正当途径获取排放权份额，也迫使排污主体另想它途，这样通过非法或违法途径获取排污权或进行偷排漏排就成为不可避免问题。排污权初始分配拍卖规则的上述困境使其在排污权市场初期难以形成主导分配规则。

其次，可能产生具有雄厚资金者，大量购买排污权并加以囤积，使其他竞争者因分配量太少而无法扩产或进入该市场，达到垄断的目的。[①] 由于排污主体规模技术的不对称，排污权有可能变为强势厂商手中的操纵工具，进而通过它达到打击对手或限制后来厂商的目的，甚至形成所谓的集团购买问题，这些都在一定程度上造成了社会福利的损失。[②]

最后，拍卖模式无疑加重排污主体成本负担。包括参与拍卖的程序成本以及未能获得排污权后的更改生产经营成本等。在经济危机困境时期或经济需要复苏时期，拍卖模式是否具备政治和经济可行性，存在很多问题。

三　结果公平与排放权初始分配

结果公平也是排污权初始分配价值追求之一，但基于结果公平的排污权初始分配有很多模式，论文选取追求结果公平的平均主义来探讨排放权初始分配。

（一）平均主义分配与结果公平

公平与平均常常联系在一起，是否公平就是平均，或者平均就是公平呢，其实不然。平均主义，是指要求人人均等地享有社会物质财富的心理欲求、思想主张、理论原则及其指导下的社会实践活动。平均主义的目的是保障符合资格者拥有相等的分配结果，此要求假设了只要符合这个分配结果就是好的，不符合便是不好的。可见，平均主义是一种追求结果公平的分配规则，但追

---

① 王彬辉：《基本环境法律价值——以环境法经济刺激制度为视角》，中国法制出版社 2008 年版，第 161 页。

② 于远光：《排污权拍卖价格操纵的博弈分析》，《求索》2010 年第 1 期，第 47 页。

求结果公平并不必然构成平均主义。一言以蔽之，平均分配是公平分配的一种形式，其主要追求结果意义上的公平，但公平分配并不必然就是平均分配。

1. 平均主义的历史源流

平均主义分配差不多同人类历史一样久远。在原始社会，由于生产力水平低下，人类为了避免洪水猛兽的侵袭，在森林旷野中猎取生活资料，不得不互相聚集，一起行动。这时期所有的人都共同劳作、共同享受，社会上不存在分配公平与否问题。原始部落里人们的平均主义观念是十分强烈的，"野蛮人不能允许他的民族的任何成员分东西比别人分得更好一些"。他们对这种"把一切东西都分成同样份额的平等制度感到满足"。在氏族内部，"大家都是平等、自由的，包括妇女在内"。既没有政治压迫，也没有经济剥削，平均主义被原始人当成是社会政治平等与经济分配公平原则的唯一准绳，这也是当时社会物质财富贫乏情况下的自然选择。进入阶级社会以来，暴力、强权成为获得大量财富的工具，财富分配不平等的情况日益严重，并由此产生对于分配公平的向往与追求。人类对分配公平最原始理解就是指分配结果公平，含有平等、均等意思。这是一种绝对平等观，它追求人类社会无阶级差别之分、无政治地位高下之分、无经济利益多寡之分的状态。中国春秋时期的孔子就有过"有国有家者，不患寡而患不均，不患贫而患不安，盖均无贫，和无寡，安无倾"的忧患意识。古希腊斯巴达盛行平均主义，柏拉图的《理想国》中，平均主义也得到了很多论述，即便在普鲁东空想社会主义理论里面，平均主义仍然闪烁着智慧火花。可见平均分配社会财富的社会理想一直得到人们的关注，是人们的奋斗目标。人类之所以追求分配结果的绝对公平，可能是基于人类天赋的、自然意义上的平等的最直接反映，体现了人们对上古社会人人平等的部族生活的眷恋和对结果平等"乌托邦"的向往。

2. 中国社会资源财富分配的平均主义诉求

中国几千年的封建社会里，资源财富分配的基本原则是等级制：级别越高，分到资源总量就越多，而等级越低则收入越低乃至贫穷。在面对贫富差距过大情形下，人们就会更强烈地表现出一种平均主义倾向，平均主义自然就成为革命或起义的正当借口。以"等贵贱、均贫富"为诉求的平均主义理想，始终是中国两千多年来农民起义的主要旗帜。东汉末年黄巾起义打着"天补均平"旗号；北宋王小波起义提出"吾疾贫富不均，今为汝辈均之"；南宋钟相起义主张"等贵贱，均贫富"；明代李自成起义以"均田免粮"号召民众；太平天国起义倡导"有田同耕，有饭同食，有衣同穿，有钱同使，无处不均匀，无人不饱暖"。平均主义成为组织和发动农民起义的有效手段以及改造社会的基本目标。由于农民阶级自身局限性以及平均主义固有缺陷，在农民起义队伍中不能贯彻到底，最终只能流于空想。因为起义领袖在取得一定权力后，就逐渐把平均主义忘在脑后。平均主义只能是农民阶级反抗封建剥削与压迫的思想武器，不可能成为农民起义的最终目标而成了改朝换代的工具。

从孙中山"平均地权"到新生人民共和国豪情满怀地进行着"一大二公"的平均主义大锅饭实验，再到中国改革开放以来推行的最终实现共同富裕的社会目标。追求财富分配的结果公平理念或平均主义思想在中国社会虽历经多次变革，仍历久弥新，深刻影响着人们生活的方方面面。

（二）基于平均主义的排放权初始分配成因浅析

《京都议定书》涉及温室气体排放权分配谈判过程中，尽管当前占有或既往占有占据主流，但平均主义呼声也不绝于耳。温室气体排放权初始分配实践之所以出现平均主义的身影，主要是由于以下原因：

1. 气候变化不确定性是平均主义理念产生的根本原因

与个人人生经历相似，国家在其发展过程中也经常面对两种局面：一种是确定性；一种是不确定性。对于确定性，会有一部分人倾向于平均主义。但对于不确定性，则有更多人会倾向于平均主义。① 不确定性大概是人类与生俱来的一种状态，怎样应对不确定性则可能是人类所面临的最古老的社会问题之一。这是由于不确定性是每个人都要必须面对的情况，对平均主义会有一种必然和本能的需求，因为这是在不确定背景下追求自身效用最大化的一条最为有效途径。以生产力水平落后的原始社会为例，当时人们处于对自然不确定性的认知，在众多需求不能得到有效满足情形下，为了维持人类的基本生存，生产成果的分配上必然会更加倾向于平均主义。②

尽管人类对科学知识的获得从未像今天这样丰富，但没有人能够预测各种人类干预行为及人类活动的所有的后果和因果关系。环境风险的不确定性已经成为现代社会风险景象的一个主要方面和重要促成因素之一。③ 科学技术日新月异背景下的气候变化时代，尽管人类征服一个又一个不确定性，但对温室气体在未来可能造成难以逆转的全球性长期影响问题上，存在多方面不确定性。也正是诸多不确定的客观存在，故而受到全球高度关注与期盼。2009 年通过的《哥本哈根协议》（Copenhagen Accord）显示，发达国家通过把对气候变化的科学认识转变为政治共识，但作为政治共识的气候变化科学结论仍存在不确定性。由于气候变化数据不完备和对气候变化机制认识局限，气候变化的不确定主要体现在以下几个方面：④ 第一，与 20 世纪全球变暖相关的气候变化事实存在不确定，这直接影响到了关于人类活动对 20 世纪变暖的贡献

① 宋圭武：《平均主义问题之我见》，《甘肃理论学刊》2005 年第 4 期，第 54 页。
② 同上书，第 55 页。
③ 吉登斯：《现代性的后果》，译林出版社 2000 年版，第 17—18 页。
④ 葛全胜、方修琦、程邦波：《气候变化政治共识的确定性与科学认识的不确定性》，《气候变化研究进展》2010 年第 3 期，第 152—153 页。

判断。第二，对温室效应机理的认识存在不确定。包括温室效应机理，即大气中 CO_2 等温室气体浓度增加对增温贡献的显著程度；温室气体排放与气温变化的关系；水汽对温室效应及增温的贡献。第三，2℃阈值设定存在不确定性，与2℃阈值对应的容许温室气体浓度将决定人类未来减排的上限目标。

综上所述，气候变化存在原因的不确定性、预测的不确定性以及影响不确定性等三种主要类型。由于气候变化科学认识的不确定性，当前人类社会关于气候变化的决策都只能是有限理性决策，存在着较大风险。从行为经济学角度看，因各自所处经济发展阶段不同，这种不确定性对不同国家和群体在决策时所具有的参照意义是不同的。对于发达国家而言，减缓气候变化意味着"获得"，因此它们更倾向于忽视气候变化科学认识的不确定性而做出所谓"无悔选择"，在排放权初始分配上采用当前占有或既往占有。而对于包括中国在内的发展中国家而言，在面对气候变化所展现的种种不确定性面前，为追求自身效用的最大化，具体表现为经济增长和发展机会最大化，在排放权初始分配方面坚持平均主义可能是应对不确定性的最好做法。

2. 现行国际财富分配体制是产生平均主义的政治土壤

一部人类历史，既是财富创造历史，更是一部财富转移和分配历史。从奴隶社会一直到当今国际社会，财富分配历史实质上就是一部血淋淋"财富搬运史"。从公开地、直接地掠夺有形的、物质化的财富转向隐蔽地、间接地但是有系统地、更有效率地"转移"财富。不仅包括有形的、物质化的财富，还有无形的、虚拟化财富，而且还创造出更具有依赖性、破坏性的体系与结构，从一个有形的、公开的国家往往通过暴力实施财富的"搬运"转向无形的、网络化的利益集团借助其构架的国际政治体系设计出财富"搬运"的途径与路线图。在这种分配体制下，财富分配的基本原则仍然是等级制。一方面，级别越高，其分到的资源总量就越多；另一方面，级别越高，其掌握的权力包括话语权也就越大，从而为其利用权力谋取更多的资源分配提供了更大可能性。在这种体制下，财富分配结果是：越往上越富，越往下越贫。由于处在不同级别的人其财富的占有量不同，从而处在不同级别的人其平均主义倾向的程度也就不同。一般而言，级别越高，其平均主义的倾向程度越轻；反之，级别越低，其平均主义倾向的程度就越重，即级别与平均主义的倾向程度是成反比例的。于整个国际社会而言，任何一个国家，要么处于等级较高的所谓发达国家，要么处于等价较低的所谓发展中国家，但不管怎样，等级较高的国家数量要比等级较低的国家数量要少得多。温室气体排放权的分配方面，等级较高的发达国家希望忘掉历史、要求承认现状、认可既得利益。而等级较低的发展中国家则要求回顾历史基础上有条件承认现状，但更加积极地面向未来，而平均主义就成了面向未来分配排放权的主要诉求。①

3. 平均主义倾向文化加剧平均主义意识

平均主义一旦产生，就会又渗透到人类的文化基因中，从而使平均主义具有一种遗传的特征。② 就全球气候变化而言，气候变化所引发的不确定性是人类面临的共同难题，在这种情况下，各国或民众从自身生存、发展及利益本能考虑，追求平均主义实质上反映了人类长期潜伏在心理深层的一种普遍意识。一些学者将这种平均主义称之为本能平均主义。另外，由于特定的客观条件如生产力水平落后以及科学技术的长期停滞等原因，又促使本能平均主义进一步再生长，这种再生长部分的平均主义我们可称之为再生的或派生的平均主义。平均主义的总量等于原生的平均主义加派生的平均主义。在人类的文化基因中，原生的平均主义是

---

① Posner, "Should Greenhouse Gas Permits Be Allocation On a Per Capita Basis?" *California Law Review*, 51—83, February, 2009.

② 宋圭武：《平均主义问题之我见》，《甘肃理论学刊》2005 年第 4 期，第 56 页。

较为顽固的,它对人行为的影响是持久的和不易消除的;而派生的平均主义则对人类行为的影响是随着客观条件变化而变化的,其影响是不持久和可以消除的。

申言之,平均主义作为人类社会的一种客观现象和理想奋斗目标,有其存在的合理性,其合理性表现为:第一,它是人类面对不确定的一种本能反应,这种反应可以加强人类对自身利益的保护;第二,有利于保护社会发展过程的弱者群体,保护因气候变化而形成的气候难民和尚未摆脱生存危机的穷人等。

(三)温室气体排放权初始分配的若干平均主义构想

从 1995 年《联合国气候变化框架公约》第一次缔约方会议开始,到 1997 年达成的《京都议定书》的整个国际气候谈判,从后京都时代的哥本哈根气候峰会再到新近的气候变化坎昆会议,各国单独或者联合提出了十几种不同的排放权指标分配规则,其中建构平均主义分配规则的呼声一直不绝于耳,尤以中国为甚,并在国际上产生了广泛影响。

1. 基于人均排放的"紧缩与趋同"分配规则

"紧缩与趋同"(Contraction and Convergence)是一种基于人均碳排放的减排思路,具有一定影响,国内外学者有多种不同思路。该规则首先由总部设在英国的全球公共资源研究所(Global Common Institute,以下简称为 GCI)在 1990 年提出;2005 年,中国学者陈文颖等提出"一个标准,两个趋同"方案;2006 年,霍恩等提出"共同而有区别的紧缩方案";2008 年,斯特恩新报告《打破气候变化僵局:低碳未来的全球协议》中的减排方案也是在此规则基础上进一步拓展。

GCI 方案核心思想是依据地球远期大气所需的工业二氧化碳的稳定浓度,按照人均原则确定目标年的全球人均排放目标。各国从现在的实际排放水平出发,发展中国家逐步提高人均排放量,发达国家则逐步降低人均排放量,从而使全球的人均排放量在目标年达到趋同，最终在未来某个时点实现全球人均排放量相等。为实现上述目标，GCI 提出两条具体建议：第一，到 2030 年或 2040 年，或在 100 年期预算前 1/3 时间内实现全球人均排放的趋同；第二，各国应就"紧缩与趋同"框架实施时间表的人口基数年达成一致意见。趋同方法要求是：发达国家逐渐减少其人均碳排放，而发展中国家慢慢增加其人均碳排放，到某一目标年两者趋同，最终实现全球稳定的浓度目标。

在"紧缩与趋同"规则基础上，中国学者提出了"一个标准，两个趋同"分配方案。[①] 其基本内容主要有：人均原则是一种基本的公平原则，反映了每个人应享有相同的大气资源的权利。[②] 温室气体排放权分配公平原则，应当是以各国"人均排放量相等"作为具体规则。"人均"规则体现了人类生存、发展和利用环境资源的平等和公平。

上述两个人均主义规则存在若干共同特征：第一，坚持平均主义的公平分配理念，在国际层面上，强调国家的发展机会公平，在个人层面上，专注于结果公平，希望以个人结果公平来达致国家层面的发展公平；第二，两种分配规则是以未来（Forward-looking）为基础，而不是以历史或既往（Backward-looking）为基础。因为既往历史已经成为过去，已经无法改变，过于强调历史可能减缓控制温室气体进程。若用未来排放需求类决定未来排放权，则保持了实践尺度的合理性，在逻辑上亦有存在的合理性。较之于"紧缩与趋同"规则，"一个标准，两个趋同"规则则更为关注发展中国家的权益。按照这个方案：过渡期内，发展中国家的人均碳排放量可能会出现先升后降，而发达国家则被要求单线下降。这样可能出现的如下情况，一些发展中国家的人均排放量在过渡

---

① 陈文颖等：《全球未来碳排放权"两个趋同"的分配方法》，载《清华大学学报》（自然科学版）2005 年第 6 期，第 850—853、857 页。

② 同上。

期内可能会短暂地超过发达国家，然后到目标年再趋同。这样发展中国家的人均碳排放有个"先升后降"的过程，允许发展中国家的人均碳排放在某些时间段高于发达国家，以使其能够基本实现工业化和现代化。发展中国家具备了可持续发展的经济实力和技术水平之后，再使碳排放逐渐降低，到目标年时与发达国家趋同。可见，"一个标准，两个趋同"规则除了坚持未来排放权，是有未来排放需求决定之外，仍须考虑关注气候变化以来的累积排放情况。

　2. 人均累积排放规则

　"紧缩与趋同"方法虽然体现了人际公平，但是没有反映发达国家在气候变化中的历史责任，这样，"人均累积排放"概念得以出炉。人均累积排放是累积排放与人均排放概念的延伸，最早由中国气候科学领域学者在"巴西方案"基础上提出，以体现人均尺度上的历史累积排放对气候变化"贡献"。2008年12月，中国政府代表团在波兰参加《气候变化框架公约》缔约方第十四次会议时，正式提出应从"人均累积二氧化碳排放"来看待全球温室气体减排问题，这也是中国政府第一次在气候变化谈判中明确提出使用这一概念。自此以后，"人均累积排放"逐渐成为我国学者的主流观点。[1]

　　人均累积排放规则主要观点包括以下几个方面：第一，国家排放量是逐步累积和逐步提高的。发达国家在完成工业化和城市化之后的高排放量与它们奢侈型、享乐型生活方式存在紧密联系。第二，需要完全掌握一国或一地区历年人口数和历年通过化石燃料使用及水泥生产温室气体排放总量，然后以当前或以后的逐年预测人口计算排放权。"人均累积排放"分配规则需要摆脱过去将

---

　　① 潘家华、陈迎：《碳预算方案：一个公平、可持续的国际气候制度框架》，《中国社会科学》2009年第5期，第82—86页。

国家界定为发达国家和发展中国家的简单思路，需在更为符合当今实际的基础上科学进行国家分类，以便在"人均累积排放"规则指导下进行具体规则的建构。

3. 对人均累积排放规则的评价

整体上而言，"人均累积排放"能够同时兼顾历史排放责任、现实发展阶段差异、未来人文发展需求等因素，将过去、现在和将来联结起来，相对固守于某一时点排放规则（既往、当前或人均主义）而言，更具分配公平的本来含义。其理论意义在于反映了一国人文发展对碳排放需求的变动规律，体现了社会经济发展过程中的资本存量累积效应，因而深化了人均排放的概念，描述了人均排放量的动态特征，有助于国际社会针对不同发展阶段的国家，准确分类、定位各国排放需求并细化各国排放责任。从这个意义上讲，人均累计排放规则已突破传统平均主义的理论困局，以更精细和量化可能性的基础上实现公平的价值理念。

"人均累积排放"在实践中也存在一定可行性。我们知道，历史责任规则要求从工业革命作为起算点，因为大规模的温室气体排放就是从这个时代开始的。毫无疑问，这势必引起发达国家的集体反对和抵制。按"用人均累积排放做指标来分配未来排放配额"所选择的思路中，基准年的确定可能是一个棘手问题。但就目前情况来看，1990 年可能成为一个重要的关键时点。因为从1990 年，各国开始关注气候变化和温室效应问题，开始进行《联合国气候变化框架公约》的艰苦谈判工作。若将起点年从1990 年前移得太多，发达国家势必强烈反对。但如果不前移的话，发展中国家也会不满，因为可能违背"共同但有区别的责任"环境法基本原则。即便面临如此困难，基准年问题仍然是一个可以"讨价还价"的议题，更是一个可以达成妥协的议题，其复杂性要比确定各国减排比例小得多。

第三章

排污权初始分配的比较法研究

第一节 美国"酸雨计划"排污权
初始分配机制

一 美国《清洁空气法》修正案背景简介

《清洁空气法》修正案附件中"酸雨计划"展现了大气污染控制中两种不同理念政策（命令控制和市场机制）走向之间的相互牵制和相互影响。这种影响包含着两个担心：一是若简单放弃传统的命令控制手段，借助市场机制控制污染是否存在有效性；二是对1980年以来尤其是美国西北部（主要是加州地区）降低二氧化硫排放量的控制计划能否减缓酸雨污染。基于对两个担心的高度关注，美国"酸雨计划"在制订和实施过程中坚持公众参与原则，让更多利益相关主体相互公开博弈，围绕新机制各个细节包括总量上限、排污权初始分配展开广泛讨论，立法规定是不同利益主体利益的相互妥协和合作。因此，为了更好地理解"酸雨计划"尤其是可允许排放排放量初始分配，需要更为详细了解法律通过之前的历史背景。

我们知道，美国1970年《清洁空气法》采用的是命令控制手段，主要针对对象是城市大气污染，其中机动车生产厂家是主要目标，当然也包括其他工业污染者和各类火力发电厂。为此法律要求美国环境署（以下简称 EPA）颁布国家空气质量标准（National Ambient Quality Standards，以下简称 NAAQS）和污染物排放标准来控制大气污染物的浓度，通过降低主要污染源污染物浓度排放量来改善城市区域环境质量就成为法律的主要目标。为了促使目标有效实现，所有州都被要求颁布州执行计划（State Implement Plan，以下简称 SIP），各州 SIP 须报 EPA 审查和批准。按照法律要求，对于所有排放源在任何时间的所有排放标准是固定的和刚性的，一些标准甚至超过了当时的污染控制技术。比如说对机动车生产厂家来说，必须在 1970—1975 年期间采取技术措施，使机动车污染物排放量降低至 90%——一个在当时技术条件下难以达到的目标。刚性的法律规定反映了美国当时迫切要求改善环境状况的强烈愿望，但这种脱离技术要求且缺乏激励措施的命令控制措施最终成为一纸空文。这就并不奇怪法律确定的环境质量标准和执行时间要求被一再延长最终无法贯彻执行。在对执行法律绩效情况综合评估之后，1977 年，国会不得不对 1970 年颁布的《清洁空气法》重新进行修订。1977 年的修订除了再次表明改善环境质量是美利坚合众国神圣国家意志外，不得不延长了生产厂家遵守环境标准的时限要求。重申命令控制手段治理大气污染，但也做出若干具体规定：在行政区域层面将全美划分为达标地区、未达标地区，其中对未达标地区进行重点控制；将污染源分为现存污染源和新设污染源，采用分类控制措施：未达标地区所有污染源都必须采用新的污染控制措施；未达标地区中选出污染严重地区，其新设污染源实施最严格控制措施，这种最严格措施必须保障最大可能减少污染物排放量；未达标地区现存污染源需要采用最低可得技术控制污染物排放；达标地区新污染源必须采用最佳可得技术。按照最佳可得技术要求，所有排放源都必须安装昂贵的脱硫设施，以便在排放污染物时清除污染物。《清洁空气法》1977 年修正案所采取的命令控制手段使所有排放源都背上了沉重的经济负担，这与当时美国风起云涌的法经济分析学说所追求的效率形成鲜明对比，促使研究者逐渐开始转向对基于市场手段控制污染的研究，以促进效率。

（一）排放率概念的提出

1977 年《清洁空气法》修正案一个创新之举在于，于先前提出的 NAAQS 法律概念体系外，结合不同行业和排放源特点，又提出了排放率概念。由于这个概念在 1990 年《清洁空气法》修正案讨论过程中，成为初始分配环节利益相关主体争论的中心问题，故对这个概念和相应计算方法进行简单介绍就显得特别重要。排放率这个概念来源于一类特殊的排污主体，这类主体就是火力发电厂。与其他排污主体不同，火电厂这类排污主体在消耗能源热量同时也在生产能源热量。它们生产的电力可以用兆瓦特（MW）表示。它们消耗煤炭、石油和天然气等能源，消耗能源量用英国热量单位（Btus）表示。假定一个电厂燃烧 1 千万煤（石油或天然气可以按照一定比例折合成统一用煤热量计算）热量单位（Btus）可以产生 1 兆瓦特电力，这样这个电厂能源消耗量与能源生产量就可以联系在一起，当然这并不说明两者之间有固定比例关系。相对于上述电厂而言，一个更有效率的比例关系应当是燃烧 1 千万煤热量单位（Btus）产生 1.1 兆瓦特甚至更多电力能源。另外一点也必须说明的是，美国"酸雨计划"之所以将排污分配交易主体选择在电厂之间进行，恐怕与排放率这个概念不无关系。

在引进排放率这个概念基础上，EPA 得出二氧化硫排放量计算公式：

能源消耗量（FC）×排放率（ER）＝总排放量（TEW）

在这里，能源消耗量（Fuel Consumed）用百万吨热量单位（Million of Buts）为基本单位；排放率（Emission Rate）用每百万吨能源消耗量之排放量（Pounds Emitted Per Million Btus of Fuel Consumed）表示；总排放量（Total Emission）用排放磅或吨

（Pounds or Tons Emitted）表示。比如一个火力发电厂某年消耗了 1 千 FC，其 ER 为 2.5，那么其总排放量（TEW）就是 1 千乘以 2.5 等于 2500 磅（1.25 吨）二氧化硫。依《清洁空气法》1977 年修正案规定，所有地区新污染源二氧化硫排放率（ER）必须保障不超过 1.2。在既定期限内，按照最佳可得技术要求，ER 应应逐步降低至 0.5 甚至更低。相比起来，旧污染源之厂家即使被严格控制，但由于缺乏脱硫设施等设备，其 ER 甚至高达 5.0，新旧污染源排放率差距高达 10 倍左右。新旧污染源之间不同排放率促使排污主体开始探索其他方法保障经济效益同时，完成自己的法律义务。

（二）有限市场机制的采用

为了落实法律关于排放率等方面的具体控制性目标，修正案在延续命令与控制手段为主同时，开始探索有限市场机制作为法律组成部分，以期所有污染源能以最低成本投入来遵守法律规定。这里市场机制包括以下几个方面的政策探索：第一就是抵消政策。所谓抵消政策（Offsets）仅在《清洁空气法》所规定的未达标地区之间使用。它是指以未达标地区某处污染源污染物排放削减量来抵消另一处污染源的污染物排放增加量或新污染源的污染物排放量，或者指允许新建、改建的污染源单位通过购买足够的"排放削减信用"，以抵消其增加的排污量。该政策将未达标地区视为一个整体，允许有资格的新建或扩建污染源在未达标地区投入运营，条件是它们从现有的污染源购买足够的"排放削减信用"；其实质是通过新污染源单位购买"排放削减信用"为现有污染源单位治理污染提供资金；第二是净得政策（Netting Policies）。净得政策可以在未达标地区之间和未达标地区与达标地区之间使用，后者交易不能互换。具体来讲，所谓净得政策是指，只要污染源单位在本厂区内的排污净增量（"排放削减信用"也计算在内）并无明显增加，则允许其在进行扩建或改建时免于承担满足新污染源审查要求的负担。该政策允许污染源厂区可以将其现有污染严重设施停用，从而将得到的"排放削减信用"用来抵消扩建或改建部分无论任何地方所预计的排污增加量。如果净增量超过了预计的增加量，该污染源就要受到审查。净得政策曾受到自然资源保护委员会的反对，该委员会在向法院提起的一宗诉讼案中认为，对未达标地区的污染源免于审查，与尽快达标的立法目的相矛盾。上诉法院曾判决净得计划无效，但美国最高法院却否决了上诉法院的判决；于是，无论在未达标地区还是在防止明显恶化地区（PSD 地区），都对净得计划大开绿灯。第三是气泡政策（又译为泡泡政策，Bubbles Policos），是指允许现有污染源单位利用"排放减少信用"来履行州实施计划规定的污染源治理义务。所谓气泡，是指将众多排污源想象为位于一个理想的气泡内，或将由多个排污源排放的污染物总量比作一个气泡，着眼于控制整个气泡的污染物总排放量，而不是气泡内每个排污源的排放量。美国气泡政策的最初设想是：就排污管理而言，可以把含有多个排污源的工厂看作是一个大的污染源即气泡，可以把从该厂所有的排污源排出的污染物看作一个整体；实质是允许工厂的经营者对那些所需治理污染费用最少的排污源最大限度地减少污染物，对那些所需治理污染费用最多的排污源放松治理或少减少污染物，以达到用最少的费用实现最大限度地减少排污总量的目的。目前在美国，气泡既可以视为包括多个排污源的某一工厂，工厂可以在此气泡内调节各排污源的排放量，即允许一个工厂内各排污源之间的交易；也可以视为包括多个工厂的某个公司，该公司的一个工厂的某种污染物的排放减少量可用于抵消该公司的另一个工厂的同类污染物的相应的排放增加量；还可以视为包含多个排污源的某一区域，即允许多个排污源之间进行排放交易。例如，位于未达标地区的排污源必须通过减少排污量来达到"合理可行的治理技术"标准，该排污源可以采取污染物排放率高的技术，而用已经获得的"排放减少信用"来弥补高出的排放量，但"排放削减信用"加实际减少的排污量必须等于规定的减少量。适用气泡政策的主要条件是：气泡及气泡的大小只能由联邦环保局或经联邦环保局授权的州政府依法确定，污染源单位不能自行确立；申请适用气泡政策的单位必须向环保局证明，它已经达到环保局规定的将其排放总量削减至一定水平的先决条件。

（三）排污权初始分配的早期探索

应当这样说，美国 1977 年《清洁空气法》修正案诸如抵消、净得和气泡这些市场机制的政策早在 20 世纪 80 年代美国加州大气污染控制方面得到了部分应用且也取得了一定成效。[①] 但将这样一个在地方实践颇有成效的机制放置在命令控制为主导的法律体系进行探索使用，其在实践中遭受掣肘可想而至。一言以蔽之，修正案所体现的"命令控制"理念显然阻碍了市场机制的发挥。比如，按照 1977 年《清洁空气法》（修正案）规定，一个新设工厂都必须"一刀切"采用最佳可得技术，同步配套安装脱硫设备。许多采用陈旧设备的高污染电厂没有安装脱硫要求，使用低硫煤的新排放源却被强制安排价格昂贵的脱硫设施，一方面给新设厂家造成巨大的经济成本，另一方面造成排放控制效果不显著。最为关键的是这种"一刀切"方式也忽视了不同厂家的不同污染治理成本，不可能给市场机制所包含的交易措施留下空间。

在探索利用市场机制控制酸雨污染同时，美国环境署（EPA）也在利用市场机制控制铅污染，并制订了"铅权交易计划"。1923年，美国开始探索使用四乙基铅作为汽油的抗爆性能剂（"含铅石油"）。20 世纪 70 年代末期，世界各国大都采用含铅汽油作为机动车基本燃料。在当时技术水平下，汽油加铅对改造汽油性能起到

---

① 蔡守秋等：《论排污权交易的法律问题》，载《河南大学学报》（社会科学版）2003 年第 9 期，第 100—102 页。

了重要作用。但四乙基铅是一种无色油状、易溶于汽油的剧毒物质。使用含铅汽油的车辆，所排放的废气中铅主要是以氧化铅形式存在，这种污染物损害人的造血机能，使肠胃中毒，严重时可使神经中枢中毒，还会损害心脏和肾脏功能，对孕妇和婴儿的影响尤为深远。短短几年内，美国城市中绝大多数空气污染物来源都指向含铅汽油，环境团体和环境运动要求废除含铅汽油的呼声越来越高涨。于此背景之下，EPA 临危受命，授权承担铅污染防治之重任。经多次酝酿，EPA 开始实施"铅权交易计划"，希望借助市场而非传统机制将有毒铅物质从石油生产中除掉。从 1982 年开始，炼油厂被许可利用"铅权"进行交易。在计划的前 5 年中，"铅权"交易非常活跃，几乎一半以上炼油厂都参与了这个项目，短短 7 年就将铅物质从石油生产里面清除，且节省了巨大行政成本。作为一个利用市场机制的环境政策，"铅权交易计划"为可交易二氧化硫排放权制度获得立法支持提供重要实践支撑。

　　比较早期控制污染的两种不同策略，我们可以发现基于市场机制的二氧化硫控制政策诸如"净得"、"补偿"、"泡泡"都是通过先前的使用者获得排放递减信用或是依照先前使用的排污数量作为交易前提，可见它们是通过既往占有规则（根据历史排放量）进行排污权初始配置。"铅权交易计划"却采用了不同的分配规则：按照"铅权交易计划"分配方案规定，所有炼油厂（不管他们过去的生产排放水平如何）根据生产每加仑车用汽油的相同比率（An Identical Rate Per Gallon of Gasline Produced）进行"铅权"的初始配置。很显然，这种分配模式并没有根据炼油厂规模或既往排放历史，而是根据每个设施相同比例进行铅权的初始配置。通过对所有炼油厂提供相同比例铅权份额，EPA 提供了一套与先前截然不同的权利初始分配规则。"铅权交易计划"中的比例平等分配规则对"酸雨计划"中二氧化硫可允许排放量初始分配所坚持的既往占有（历史分配）产生了一定冲击作用。

二　"酸雨计划"排污权分配规则演变

美国1970《清洁空气法》及1977修正案主要目标是控制酸雨污染严重的城市二氧化硫等空气污染物排放量。但随着情势不断发展，这部法律逐渐偏离立法目标，演变成为加剧酸雨污染的主要推手。主要表现在两个方面：一是这部法律强调提高城市区域环境质量标准和强化主要污染源排放标准。此种措施导致诸多排污主体规避法律强制性要求，大量建造更高烟囱等排污设施设施。这样虽满足了城市本地环境质量改善的需要却造成其他区域污染事件发生。因为高架排污设施将污染物运送到较远地方，加剧了美国下风向地区环境污染，尤其是原本环境品质良好的美国东北部和加拿大东部地区频频遭受酸雨污染，相关环境污染纠纷甚至跨国环境污染纠纷频频发生。另外一个方面是法律对新污染源和旧污染源采用不同排放标准要求，并把关注点放在对新污染源控制上。对旧污染源采用的相对宽松标准致使旧污染源或厂家基于经济效益考虑，有意延长陈旧排放设施使用寿命。截至1990年，大多设施陈旧且污染严重的排污主体仍然在继续制造大量二氧化硫等污染物。据不完全统计，上述排污主体主要空气污染物排放量贡献率保持在60%以上。

20世纪80年代初，国会围绕酸雨问题提出了很多法案但收效甚微。主要原因在于：设施陈旧且污染严重的火力发电厂主要集中在中西部和南部，这些发电厂主要是以原煤作为燃料。燃煤产生的二氧化硫等污染物伴随季风经常光临美国东北部和加拿大部分地区。此外，上述发电厂所需煤炭多由中西部产煤区供应。这些煤矿煤层较浅，开采成本较低，煤炭品质差，多为高硫份煤炭。相反，经济快速发展、煤炭储量丰富且品质较高的美国西部诸州一方面需要大量新设电厂以满足经济发展对电力的迫切需求，另一方面希望煤炭在供应本地之外，供应中西部发电厂以寻求开发市场，同时降低二氧化硫排放。上述情形表明：经济利益与环境利益冲突以及伴随的地方保护主义在一定程度上阻碍了酸雨立法进程。

几年停滞期后，80年代末情况发生了一些变化，时任美国参议院环境委员会召集人、西弗吉尼亚州参议员罗伯特·伯德和缅因州参议员乔治·米切尔在选民及环境团体强大压力下，逐渐改变原来的反对态度，转而支持控制酸雨的立法活动。为此，他们领衔提出了《伯德米切尔法案》（Byrd-Mitchell Proposal），法案希望借助传统命令控制手段控制污染，同时也包含了高排放者倡导的成本共享原则下的税收策略。之所以强调成本共享原则，这是因为他们认为为全美经济发展作出了巨大贡献（当然也包括污染方面的贡献——笔者注），但现在让他们独自承担减排责任显然是不公平的，每一个州都应承担一些成本支出，这就是所谓的成本共享原则。《伯德米切尔法案》虽然没有被环境团体接受，但它预示着酸雨问题走到国家议事日程已为期不远。1988年大选后，布什取代里根成为总统，他公开宣称自己将成为"环境总统"，并把酸雨问题列为优先处理事项，这样酸雨立法进入了一个快车道。这里面除了声势高涨的环境运动和环境非政府组织强大压力之外，还在于时机选择具有一定可行性：美国最富声望的环境保护非政府组织——美国环境协会（Environmental Defense Fund，以下简称为EDF）早在1987年就开始与其他机构合作，四处推销利用可交易排放许可处理酸雨问题。大选期间注重民意走向的布什总统被EDF宣传的可交易排放许可计划所吸引，这样借助可交易排放许可这种市场机制来应对日益严重的酸雨问题就成为一个重大的制度选择登上国家舞台。这些为《清洁空气法》1990修正案附件中"酸雨计划"出台提供了可能的实现条件。

（一）EDF排污权（可交易排放许可）初始分配方案

尽管布什总统承诺修改《清洁空气法》，希望用市场机制来处理酸雨问题，但政策的具体细节仍处于不确定状态。这里主要包括如何应对两个关键性问题：一个是如何分配可允许排放量（包括待分配的排污权性质以及初始分配的基本规则）；另外一个就是修正案是否设定一个排放总量上限（与我国的总量控制制度类似）作为交易计划的重要组成部分。对后一个问题讨论中，EDF 表现了其作为环境非政府组织的强烈属性。在给布什总统的建议信中，EDF 强调排放总量上限目标确定的极端重要性，"酸雨计划"要想在机制上有所创新，必须依靠市场经济的基本原理，那就是必须存在或创造稀缺资源。早期的命令控制手段作为政府配置环境资源的一个基本手段，在实施过程中常常被扭曲。当政策执行者与作用对象之间就规制实施的含义、规范与程度等内容进行扯皮和讨价还价时，政策的实施效果就会大打折扣，政策目标往往落空，因此，以市场机制作用为基础的经济手段在环境管理中应用必要性日益突出。排放总量设定基于两个理由：一方面是通过设定排放总量来保障主要污染物数量和浓度在一定水平之上，不至于对人类健康等方面造成一定危害，因此总量控制设定有基于环境保护的正当理由；另一方面是市场机制须有稀缺资源的存在方可有效运行，因此通过人为设置排放总量上限，可以制造稀缺资源，为市场交易提供前提性条件。1971 年《清洁空气法》及 1977 年修正案仅仅关注控制排放率，只要求每个工厂排放率符合法律要求，排放总量不受任何限制。换言之，工厂可以按照他们意愿消耗更多能源和增加排放总量，假如它们实际排放率一直保持在一定法律规定的排放率之下。以排放率为基础的排放控制政策在不断增长的能源消耗和需求下而最终受到挑战。基于以上理由，EDF 建议转换思路，把对能源消耗和排放率控制为主的法律导向转向控制实际二氧化硫排放数量，这样可以"通过控制今天的排放数量以达到减缓明天更多的能源消耗"。有人曾经这样评价，"没有他们（EDF）的努力，排放总量上限出现在修正案中的机会就不可能发生"。① 总量上限控制方法制造了排放交易计划中的一种货币——可允许排放量（Allowance），一种排放交易的基本计算单位。②

鉴于 EDF 关注经济发展和环境保护的有机协调，这就不难理解他们坚持以功利和效率指导下的"当前占有"作为分配规则。总结 EDF 排污权初始分配方案（以下简称 EDF 方案），有以下几个要点需要把握：

1. 总量控制规定

必须设置排放总量上限（Cap），以便保护环境和创造市场稀缺资源，为市场交易提供前提。③ 理由已在上面予以介绍。

2. 权利属性界定

必须设计一个强大的、排放上的准财产权作为政策的核心内容，这个权利名称叫做排放削减信用（Emission Reduction Credits，以下简称 ERC）而不是可允许排放量（Allowance），法律必须保障这个权利的安全性和可交易性。但他们忽略了一个重要问题，未来政府对这个权利进行调整时是否存在补偿的问题。ERC 是一类新的财产权利，只有通过技术或工程等手段进行减排，从而形成的许可排放量和实际排放量差额才能进行交易。

3. 分配接受主体类化

排污权接受主体仅限于达到一定装机容量的电厂，具体可以划分为三类：高排放者、低排放者以及新进入者。高排放者是装机容量在 75 兆瓦特且排放率在 2.5 以上，依法强制参与排污权交易计划；余者为低排放者，低排放者可自愿决定是否参与排污权交易计划；其中，符合最佳可得技术标准和排放率低于 0.5 的电厂

---

① Leigh Raymond, *Private Rights in Public Resources-Equity and Property Allocation in Market-Based Environmental Policy*, US：RFF Press, 2005, p. 135.

② Jennifer Yelin-Kefer, "Warming up to an international greenhouse gas market：lesson from the U. S. acid rain experience", *Standford Environmental Law Journal*, 221, January, 2001.

③ Ibid.

排放源不参与排放交易计划。不参与排污权交易计划的低排放者必须遵守当前的排放率标准，但在能源标准方面无须进行限制。新进入者是指计划实施当年经审批可以进入酸雨计划的排污主体。

4. 具体分配规则明确

具体分配规则如下：所有现存污染源均被授予为期 10 年的排放份额，然后逐渐分配时依比例递减，每年份额都是以当年（1985 年是计划的第一年）年工厂实际占有二氧化硫排放率为基础，乘以同样按比例递减的能源消耗量，得出它们实际的排放量。即使 10 年期结束后，不管他们 1985 年的排放份额是高是低，所有没有满足最佳可得技术的排放主体都可以分配相当他们 1985 年排放量的 40% 的排放量。可见，不断按照比例削减排放总量的具体规则主要目的就是希望借助不断减少的稀缺资源来激活交易市场和更好地进行环境保护。

5. "零拍卖"制度确立

新进入者不能参与排污权初始分配，其所需要的排放份额必须以市场价格从现有排放主体手中购买。为了防止现有交易主体"惜售"和新进入者能够通过市场购买，法律建构零收入拍卖制度，要求排污权拥有者每一年必须提供 3% 的可允许排放量通过公共拍卖的方式出售，拍卖获得的收入返还给出售者而非被政府保留，因此被称为"零拍卖方式"。①

6. 一般结论

秉持经济和环境双赢的一般策略，EDF 认为排污权初始分配规则体系建构应以"当前占有"为基础，通过当前占有能源消耗量和排放率两个不同基准以及它们之间的不同组合进行排污权初始分配。EDF 的可交易排放许可分配方案是美国"酸雨计划"立

---

① Tietenberg, "Tradable Permits in Principle and Practice", *Penn. State Environmental Law Review*, 25, Winter, 2006.

法进程中第一次被正式提出，它通过能源消耗量和排放率这两个法律概念的引进和它们之间的组合情况，为后面各种分配方案提供了批评或可资借鉴的蓝本，在美国排污权初始分配历史上占据了重要地位。直到今天仍然具有一定借鉴意义。

EDF 分配规则表：

源类型	能源标准	排放率
高排放者	以当前占有为基础进行比例递减	以当前占有为基础进行比例递减
低排放者	无	保持现状
新进入者	无分配	无分配

（二）总统及行政机构（EPA）排污权初始分配方案

毫无疑问，美国总统及行政机构（主要是 EPA）在美国"酸雨计划"立法中起着主导作用。"环境总统"布什上任伊始，就在 1989 年 6 月举办的一个记者招待会上介绍了《清洁空气法》修正案主要内容，对颇受争议的排污权初始分配方案（以下统称布什方案）也做了具体说明。依照美国立法一般程序和惯例，布什方案在经过多次公开听证会后，由美国国会参众两院分别进行讨论，最后进入国会表决和总统签署程序。不出意料，布什方案一经公布，便受到了来自利益相关主体各方强烈关注。

与 EDF 方案相比，布什方案有以下几个方面特点：

1. 将管制对象锁定为高排放者

布什方案在全面分析排放源排放量数据后，认为造成酸雨污染的罪魁祸首就是高排放者。据统计，截至 1972 年，高排放者二氧化硫排放量占据总量 60% 左右，且随着能源需求的增加有持续上升之势。除此之外，布什方案将 1972 年《清洁空气法》及 1977 年修正案法律目标落空归咎为对高排放者管制手段的宽松，因此需要对高污染者采用更为严格的措施。这些措施的一个重要思路就是通过重新调整可允许排放量分配规则以降低高排放者获得的排污权总量，而不是倚重传统的直接命令控制手段进行高排放者的关停并转。

2. 以污染者付费原则对抗成本共享原则

EDF 分配方案中提出了成本共享及选择原则，希望通过对未参加排放权交易体系的火电厂征收电力税，以便通过税收筹集资金为高排放者陈旧环境保护设施进行技术改造筹措巨额资金。布什方案认为成本共享原则的分配规则违反基本的"污染者付费"原则，与"污染者付费"原则相比，成本共享原则可能引发环境污染的泛滥，因此是不正确的。这样征收电力税建议就没有出现在布什方案中，尽管期间遭受高排放者的不断抗议，这些抗议在声势浩大的环境保护运动强大压力下，没有出现在布什方案中。

3. 在排污权法律属性方面预留弹性，以便行政权适度介入

由于担心政府新设此种财产权会引起宪法第五修正案关于征收补偿问题以及相关的诉讼问题，布什方案一个主要思想就是不断弱化排污权财产权属性，甚至一度明确否认排污权就是一种财产权，认为政府可以征收可允许排放量而不存在补偿问题。布什方案将 EDF 方案中已经确定好且在先前广泛使用的排污权名称由排放削减信用（Emission Reduction Credits）改为可允许排放量（Allowance），法定排放量和实际排放量之差构成的可允许排放量才能进行转让或交易，政府可以征收而不予以任何补偿。同时为了打消利益相关主体疑虑，又强调其可交易等一些财产权属性。①

4. 根据循序推进思路，方案分两个阶段推进

布什方案对排污权初始分配规则进行了较大规模调整，希望通过两个阶段来控制二氧化硫排放。兹简单介绍如下：

第一阶段（1996—2000 年）。这个阶段只允许高排放者（装

---

① Leigh Raymond, *Private Rights in Public Resources-Equity and Property Allocation in Market-Based Environmental Policy*, US: RFF Press, 2005, p. 135.

机容量超过 75MV 且排放比例大于 2.5）参与交易体系，故分配主要在他们之间进行。EPA 对高排放者进行了全面调查分析，并结合市场规模效应要求，确定 110 个火电厂的 445 个排放源参与分配及交易体系。依 EDF 方案规定，这类主体排放权初始分配是以它们当年（1985 年）实际占有能源消耗量和能源排放率为基础进行，然后以 10 年为期进行比例递减，最终在 1995 年减至 1985 年的 40% 排放量。基于对高排放者严格控制的思路，布什方案对 EDF 方案进行了变更：（1）鉴于一些高排放者实际排放率高于 5.0 的客观事实，要求他们在第一阶段必须有 50% 的递减。这种递减的要求显然带有命令控制手段的特征；（2）在计算高排放者可分配的可允许排放量方面，在能源消耗和排放率两个因素采用了不同的标准：能源消耗是以既往（历史）数据为基础；排放率这个因素则抛弃了历史上的排放数据，采用了一刀切措施，所有高排放者都必须采用相同的排放率，这个排放率就是统一规定为 1.2。可见，在排放率既定情况下，可允许排放量最终取决于既往或历史的能源消耗量。

第二阶段（2001—2010 年）。第一阶段将分配接受主体限定为高排放者，故能源消耗低于 75 兆瓦特和排放率低于 1.2 的所谓清洁工厂（以下简称低排放者）不参与排放权交易制度体系，仍然接受排放率控制的传统管制手段。在第二阶段中为了扩大市场规模，在充分论证的基础上要求上述企业均需参与排污权交易体系。低排放者无能源消耗限制的任何法律强制规定，因此在可允许排放量分配上主要参照排放率。排放率则是以 1985 年不同主体所持有数量为准。可见，低排放者可允许排放量分配规则是既往占有规则（以 1985 年各主体的排放率为基准）。

5. 对新进入者的规定

新设工厂不能得到初始分配份额，他们需从现存许可量中购买。为防止排污主体惜售和新进入者不能购买排放许可量问题，方案继续引进"零拍卖"制度，要求排污主体每年需拍卖一定许可份额，所获收入由排污主体享有。"零拍卖"制度构成"酸雨计划"一个亮点，被后来一些排污（放）权交易计划广泛借鉴和运用。

6. 初始分配及交易之技术数据等要求

从一定意义上讲，排污权交易制度能否成功，主要取决于各种数据能否真实可信，因此所有参与排污主体都须安装排放监控系统并保障系统之良好运行。EPA 规定：所有法律上有明确要求的设备的拥有者和运营者，除有特殊情况外都要安装和运行烟气排放连续监测装置（CEMS）。排放源依据 CEMS 提交的排污报告作为其守法证明，执法监察部门也不惜投入巨资进行执法监督检查。这样，通过许可的方式加强指标分配管理，并将 CEMS 作为许可的条件及守法排污的证明。对任何违反规定的排污主体，EPA 也随着物价等因素波动，进行动态调整罚款数额等处罚措施：任何主体若无充足可允许排放量以供使用，除了每吨缴纳 2000 美元罚款（根据物价水平状况确定罚款数额，2008 年涨到每吨 3327 美元）之外，仍必须在未来待分配年中按照其超过量扣除其可分配的排放量。

综上所述，布什方案保持了 EDF 排污权交易制度的基本框架，但对排污权初始分配规则进行了调整。布什方案的调整进一步表明，排污权初始分配规则非常重要，规则的设立过程就是利益的不断博弈过程。比较布什方案和 EDF 方案，我们发现在保留基本分配框架的前提下，在具体分配规则方面进行了很多变动：第一，强化了环境保护要素内容，特别是基于高排放者是污染最大贡献者的现实情况，在排放率上仍然贯彻了传统的控制手段；第二，排污权初始分配有从效率诉求转向公平的倾向。EDF 方案坚持以当前占有作为分配基本规则，除了有照顾既得利益集团的嫌疑之外，恐怕考虑最多的就是依照当前占有进行分配可以带来成本的大量节约和政策执行成本的减少。可见以经济学家为主体的 EDF 方案专注于初始分配如何带来效率的提高，而布什方案却开始进行了公平的部分转向。其中包括对污染严重的高排放者在排放率上采用一刀切的平等原则，对所谓清洁生产的低排放者却采用了既往原则，这种限高保低的措施本身就包含着对相同主体相同待遇及不同主体差别待遇等公平的理念。一句话，布什方案在排污权初始分配方面是以既往占有为基本准则，并进行了部分工具主义的修正。

布什分配方案表：

排放源类型	能源标准	排放率
高排放者	既往占有	平等
低排放者	无规定	既往占有（1985）
新进入者	无分配	无分配

（三）高排放者排污权初始分配方案

美国中西部和南部九个州是美国能源、钢铁和重工业的重要基地，火力发电量占据美国 1/3，这些火电厂在带给美国大量能源同时，也在大量的"贡献"着二氧化硫、二氧化碳等空气污染物或温室气体。"酸雨计划"理所当然将中西部及南部的高排放者作为主要治理对象。布什方案在递交国会听证过程中，高排放者及其代理人最先抛出"成本共享原则"，最初希望通过成本共享方式降低他们在减排方面不平等的责任。他们认为酸雨问题是一个国家问题而非地区或行业问题，类似于当时全美爆发的金融危机，因此需要国家财力帮助它们清除污染。时任美国矿业工会领导人理查德·特拉姆卡认为，成本共享只是一个简单的数学公式，充分体现了环境政策法律的公平。若按照布什方案进行可允许排放量分配，对中西部和南部的九个州显然是不公平的，因为它们虽然制造了目前国家 50% 的二氧化硫排放量，但要承担大约 67% 的排放递减量。因此，任何超过它们应当担负 50% 递减量的额外递减量对这九个州都是不公平的，相对公平方法就是每个州递减量都要与目前排放量构成一定正比例关系，排放量越大，递减量相应提高，反之亦然。可见，高排放者初期方案的成本共享原则包含着一个以当前占有进行分配的观点，但这种观点遭到多方面的抵制。

高排放者认为，按照成本共享原则要求，国家应当征收电力税（与 1988 年《伯德米切尔法案》主旨思想相符），将征收的电力税款用以污染严重企业进行技术改造，以便减排二氧化硫等空气污染物。方案得到中西部国会议员和利益团体的大力支持，但遭到布什行政团队和其他各州议员强烈反对。EPA 为了减缓高排放者敌对情绪，认真分析了高排放者及其所在州在排放递减过程中的额外负担，虽否决了成本共享原则，但希望通过特别补助措施来应对高排放者所谓的额外减排负担。

高排放者排污权初始分配方案有以下几个要点：

1. 首先指出布什方案弊端

基于其它利益团体对成本共享原则之下的电力税的强烈反对，高排放者开始逐步调整成本共享原则，希望以此原则改造布什方案。按照布什方案规定，所有高排放者排放率必须达到 1.2，此乃进行排污权分配和交易的先决条件。针对这个规定，高排放者提出了不同意见，认为目前大部分高排放者排放率都保持 2.5 左右，有些甚至高达 5.0。若按照布什方案的苛刻规定，无疑会给高排放者造成极大成本负担，甚至造成部分电厂倒闭，影响能源安全供应。相反所谓的"清洁工厂"（即低排放者）排放率却是以既往占有（1985 年）为基础，这样一些低排放者 1985 年排放率可能要高于 1.2。显然，高排放者与低排放者在排放率差别方面，形成了所谓的"排放率代沟"，而"排放率代沟"不符合最低限度成本共享原则，也与布什方案宣称的公平分配不符。因为它要求为国家能源供给作出巨大贡献的高排放者要承担更多的递减责任包括成本支出，而无任何历史贡献的低排放者却无任何减排责任或成本支出，是故布什方案是不公平的，必须予以修改。

2. 提出自己排污权分配方案

以"排放率代沟"概念为突破点，以责任平等和成本共享为原则，高排放者提出了自己的可允许排放量分配方案。按照这个方案规定：第一，基于平等考量，高排放者和低排放者在能源标准和排放率分配上都应当以既往占有（1985 年）为基础，以防出现所谓的"排放率代沟"等不正常现象；第二，基于污染防治现实和公平理念要求，所有排放者包括高排放者和低排放者都必须按照比例对排放量进行递减；第三，考虑历史责任要求，高排放者与低排放者可以存在不同的递减比例要求，换言之，高排放者可以有条件同意较高水平的递减比例，至于这个比例关系及具体数量，高排放者没有给出答案，似乎授权政府进行斟酌。耐人寻味的是，很多环境非政府团体，甚至包括很多利用清洁能源州也赞同高排放者这个方案，希望这个方案能得到国会的审议或批准。高排放者没有坚持成本共享下的电力税建议而提出一个新的方案，可以被看做实力强大的高排放者的一次巨大让步的可喜信号，被酸雨问题搞得云里雾里的各环境团体和清洁工厂所在各州纷纷表示赞同应当不为奇怪。我们也可以看出，排污权初始分配过程中不同利益主体利益博弈过程实际上最终演变为不同利益的妥协和合作过程，对这一点清楚的把握对于搞好中国的排污权初始分配工作非常重要。

3. 至于新进入者，不能参与初始分配

在新进入者方面，方案继续沿袭以往方案之规定：凡新进入者，未能参与初始分配，所需份额，皆须购买。

高排放者排污权初始分配方案表：

排放源类型	能源标准	排放率
高排放者	既往占有基础上比例递减	既往占有基础上比例递减
低排放者	既往占有基础上比例递减	既往占有基础上比例递减
新进入者	无分配	无分配

（四）低排放者排污权初始分配方案

回顾美国 1970 年《清洁空气法》及 1977 年修正案各项规定，就可以看出，法律一直是把新近设立的低排放者作为主要控制对象，不管是严格的管制措施抑或市场机制的有限措施，都把管制主要对象限定在低排放者。其结果使环境污染状况未有较好改善，政策法律所希望的环境保护目标不能有效实现。这一点可以从法律到修正案间隔时间之短就可以看出一些端倪。布什方案在总结前面立法经验教训基础上，将主要目标放在对高排放者控制方面。与此同时，布什方案也没有忘记对低排放者进行一定程度的控制。如前所述，布什方案将排放主体分为高排放者和低排放者，低排放者没有能源消耗标准的限制，排放率都被限制在 1985 年水平上。换言之，即使现有低排放者的电厂增加容量，但只要将排放率保持在 1985 年的水平上即可。布什方案的上述规定自然也遭到了低排放者的强烈反对。在布什方案提交国会审议后，低排放者及其所在州也提出了自己的分配方案。

低排放者可允许排放量分配方案有以下几个要点：

1. 初始分配必须有效协调经济利益和环境利益冲突

可允许排放量分配必须有机协调经济发展和环境保护，在环境保护的一定限度内，需给一定区域的发展预留一定空间。低排放者及所在州与高排放者及所在州经济发展状况各有不同。若按照既往占有使用量进行排放量分配存在一定的争议，因为它可能忽视了低排放者所在州经济发展的内在需求。因为低排放者（清洁工厂）所在州也需要发展经济，将低排放者排放率固定在 1985

年水平上对低排放者是不公平的。因为 1985 年的实际情况是低排放者采用了当时的先进技术，与高排放者相比，排放率无疑是很低的。"政府（EPA）初始分配政策（指布什方案——译者注）将会导致低排放量者为了发展自己的经济，不得不从高污染排放者那里购买排放量，而这无疑会阻碍低排放者所在州经济的发展"，最终产生劣币驱逐良币效应。能源消耗量在既往占有的基础上需要有一定比例的增长，只有这样，才能满足经济发展对能源的客观需求。但令人遗憾的是，低排放者呼声却没有得到当时势力强大的环境非政府团体的呼应，因为诸多环境组织在排污权初始分配问题上是把清洁空气质量排在第一位，至于是否公平以及兼顾地方经济发展则可能不在他们的考虑范畴。

2. 低排放者对既往占有基准年提出不同观点

既然是按照既往占有进行排污权初始分配，那么以既往的那一年作为基准年就显得相当重要。依布什方案规定，低排放者是以 1985 年实际排放率作为分配依据，也就是说，低排放者在基数年选择方面，是实际排放率的基数年而非实际能源消耗量基数年，这理所当然遭到低排放者的强烈反对。因为高排放者在能源消耗量上是以 1985—1987 年平均数或最大量为基准线，低排放者虽在能源消耗量方面没有规定，但在排放率方面却是以 1985 年为基数年。低排放者认为，基数年的选择出现了严重不公平现象，必须予以纠正。这种不公正主要体现在：1985 年时，低排放者由于采用当时的先进技术，故绝大部分低排放者排放率非常低，甚至比法定许可排放率要低，布什方案让低排放者采用 1985 年实际排放率，显然对低排放者是不公平的。低排放者要求在排放率上问题上，高排放者和低排放者都应当实施 1985 年法定许可排放率标准而不是 1985 年实际排放率。可见，低排放者在排污权初始分配排放率的选择方面，已经逐渐抛弃既往分配规则，转而希望借助一种平等的分配模式。究其实质，就是希望为自己的进一步发展预留一定的空间，至于按照 1985 年法律许可排放率进行分配是否属于法律意义上的公平，则不在他们的考虑范围之内。

3. 对新进入者的规定

当然，低排放者在对待新进入者可允许排放量的初始分配方面，和他们的竞争对手——高排放者以及布什政府保持了高度的一致。

低排放者分配方案表：

排放源类型	能源标准	排放率
高排放者	既往占有	平等
低排放者	既往占有基础上比例递增	平等
新进入者	无分配	无分配

三　美国《清洁空气法》排污权初始分配方案

经过利益相关者主体之间的公开博弈，有关排污权初始分配的争议渐至尾声。在这个过程中，斗争、合作、妥协相互轮番上演。排污权初始分配的过程就是这样一个过程，每个团体的利益及意见需要充分表达，一个合作的平台导致多元声音有效表达。1990 年 1 月，涉及《清洁空气法》的大部分听证会包括初始分配的听证会告一段落。在时任布什总统大力支持下，参议院多数党领袖米切尔将其列为本年优先处理议案。根据预先计划：4 月参议院通过修正案，5 月众议院通过修正案，6 月就两院分歧达成共识后提交总统签署。但期间夹杂美国中期改选，参众两院直到 10 月才就分歧达成一致。1990 年 11 月 15 布什总统签署法案，《清洁空气法》正式成为法律，作为法律附件的排污权初始分配方案一并生效。整体来看，《清洁空气法》排污权交易制度目的不是为了"促进交易"，而是通过制度建构实现减排成本最低。① 因此排污权初始分配方案必须紧紧围绕这

① Jennifer Yelin-Kefer, "Warming up to an international greenhouse gas market: lesson from the U. S. acid rain experience", *Standford Environmental Law Journal*, 221, January, 2001.

个方面进行。具体来讲有以下方面的变化：

（一）立足布什方案进行局部调整

法案保留了布什方案关于高排放者的部分规定，但对低排放者规定进行了一定程度的修改。如前所述，按照布什方案的规定：低排放者不参与排放交易制度体系，故无能源消耗的限制规定，在排放率方面则保持 1985 年实际排放量。法律修改了布什方案关于低排放者的部分规定，认为政府应当创造条件让低排放者参与排放交易体系，基于渐进考虑和技术支撑体系限制，低排放者可在第二阶段参与。

方案肯定了低排放者在环境保护尤其在减轻空气质量变化方面贡献，在允许低排放者进入交易体系的同时，分别在能源消耗标准和排放率方面进行了局部的调整：第一，在能源消耗标准方面，坚持既往分配原则，但也为未来发展预留空间。国会最初准备给予低排放者既往能源消耗方面 40% 比例递增以因应未来发展之用，后来在正式立法中又将 40% 的增长比例调整为 20%。第二，对低排放者在排放率进行了调整，在坚持既往占有分配同时，保留 1985 年作为基数年，但将 1985 年既往占有的实际排放率改为 1985 年法定许可排放率，这样低排放者在排放率方面也有了较为宽松的规定。毫无疑问，这种调整显然也从一个侧面鼓励低排放者参与排放交易体系。

至于涉及低排放者的分配规则，法律对布什方案未作变动，包括防治未来"惜售"的"零拍卖"制度。

《清洁空气法》排污权初始分配规则表：

排放源类型	能源标准	排放率
高排放者	既往占有	平等
低排放者	既往占有基础上 20% 比例递增	法定许可（1985）
新进入者	无分配	无分配

（二）排污权初始分配几个问题说明

美国社会各界对排污权初始分配的高度重视说明初始分配事关排放总量能否落实以及随后交易能否顺利进行。从上述分配机制可以看出，分配主体的权力界定，分配接受主体的范围，分配过程的公开透明以及分配规则的建构都有很多问题需要说明：

1. 关于预留指标的奖励

按照《清洁空气法》规定，所有高排放者都必须在1995年前安装脱硫设施，若无脱硫设施，必须接受巨额罚款甚至关闭。为了保障高排放者遵守这个强制性规定，排污权分配方案中明确了排污权预留指标的奖励措施：任何高排放者只要安装了脱硫设施，且此设施使其排放降低至90%均可获得一定的奖励份额，当然，降低越多，所获份额也就越多。奖励措施在一定程度上补偿了高排放者并保护了西弗吉尼亚等州的煤矿采掘业。尽管奖励政策没有满足高排放者所提出的平等分配要求，但在一定程度上契合了高排放者最初提出的成本共享思路。采用奖励这种分配规则没有采用历史或既往原则，而是遵循了"向前看"的基本思路，把排放指标的分配建立在排放者未来行为的基础之上，是对环境友好行为的激励，究其实质就是发挥排污权功能性权利特质，代表了一种实用工具主义的法律走向，也在一定程度上弥补"污染者负责"原则的僵化和不足。

2. 关于定价出售和拍卖

按照《清洁空气法》第416条规定，授权环境保护署长官每年举办可允许排放量拍卖以及定价出售。任何排污主体均可申请参与拍卖与定价出售的购买活动。1992年，环境保护署长官就开始实施定价出售方式进行排污权初始分配，初步定价为每份可允许排放量1500美元。由于定价方式僵硬和不适应市场变化，1997年，美国环境保护署长官停止了定价出售方式进行排污权初始分配。1993 年，美国环境保护署长官开始进行拍卖方式进行排污权初始分配，但所占总量比例仅为 2.8%。①《清洁空气法》第 416 条对拍卖年度、拍卖种类、对象、数量等进行了详细的规定。

（三）美国排污权初始分配机制启示

美国排污权交易制度是基于市场机制的一个重要开端，其所创的排污权初始分配原则规则至今仍然具有重要指导意义。

1. 法律是确保排污权交易制度实施效果的基础

《清洁空气法》第 4 条对排污权交易制度有明确规定。虽然第 4 条只有一个条文，但是细分为 16 款具体法律规则。建立在广泛博弈基础上的具体法律规则内容细致，制度框架明晰，可操作性较强。此外，内容细致的法律规则不仅可操作性强，而且可以起到一定约束作用，避免各个地区在制定各自实施细则时区别过大，防止出现各州或各地区之间明显不公平等妨碍一体市场构建问题。从内容上看，排污权交易制度包括不可分割的三个重要组成部分：总量控制、排污权初始分配和排污权交易。其中总量控制既有环境保护的原初考量，也有制造稀缺市场的本来要求。排污权初始分配的具体规则以既往占有为主具有很强操作性。法律对违法的处罚措施做了细致明确规定。为了保证排放权交易制度正常运行，《清洁空气法》规定了相对严格的法律责任制度。对于任何排污主体的任何超量排放行为，除按照超总量指标排放每吨二氧化硫征收 2000 美元罚款之外，超标排放量必须进行记载且在排放主体违反规定的下一年度进行补偿，补偿的具体方式就是从环境署所设立的排放权跟踪系统账户中扣除排污主体相应指标额度。上述罚款措施和补偿措施并不免除排放主体受《清洁空气法》其他民事和刑事

---

① 王小龙：《排污权交易研究——一个环境法学的视角》，法律出版社 2008 年版，第 108 页。

制裁。建立健全法律制度体系包括严格的法律责任追究机制为排污权交易制度包括分配机制顺利实施奠定坚实法律基础，也是"酸雨计划"成功的可靠保障。

2. 赋予分配主体职权能够保障初始分配顺利进行

《清洁空气法》规定，EPA承担二氧化硫排放权的初始分配工作。作为一个独立的执行机构，EPA在联邦政府授权下负责排污权初始分配主要工作，并就分配中产生问题直接向美国总统负责。其法定地位和权责是初始分配顺利进行的重要保证。机构职责地位和权限的大小直接影响初始分配的法律效果。这可以从一组简单数据中看出，从1974—1992年，各州在空气质量上的支出增加了两倍多，从2.49亿美元增加到5.16亿美元。① 明确的权责、充足的经费和专业的人员无疑为排污权交易制度顺利开展提供组织基础。

涉及初始分配的行政权力配置方面也渐入佳境。横向方面，EPA除拥有自己法庭和警察外，又建立了强大的横向协调机制。由于初始分配权涉及多个行政部门，因此EPA制定了跨介质跨部门的执法方案、设置协调机构（如政策协调机构"环境质量委员会"）、共同协作提起违法诉讼（如与司法部合作）、建立具有约束性的伙伴关系（如"机构间环境正义工作组"）等，上述横向执法体制在排污权初始分配方面发挥了不可替代作用。从纵向看，美国的环境执法机构实行基本法定职能平行负责制，州一级执法机构在执法中发挥了主要作用。联邦保留了直接干预的权力，地方则主要拥有执行服务职能的权力；同时，EPA通过设立派出机构保持对低一级执法机构进行有效监督，并将监督结果视为授予地方事权和财权重要依据。凭借其垂直的管理体系以及强大的行政

---

① ［美］丹尼尔·H. 科尔：《污染与财产权——环境保护所有权制度比较研究》，严厚福等译，北京大学出版社2009年版，第88页。

执法以及监管能力，为分配机制顺利进行提供体制保障。

3. 分配接受主体有效厘定和有序扩大

对排放源及接受主体进行科学分类是美国排污权交易制度成功运行的重要因素之一。通过对分配接受主体概念重新厘定和对排放源归类，实现了加强管理的针对性，极大提高了污染控制措施的可执行性。首先，进行固定源与移动源的区分与界定，只有固定源才能纳入排污权分配与交易体系；其次，根据排放量的大小和管制的紧要程度，将污染源分为主要排放源与小排放源。主要排放源主要通过下面两种方式予以认定：第一，原则性规定方式。通过法定排放率限值来界定某一排放源是否构成主要排放源，当然这个法定限值是通过环境影响评价具体实施中最大排污潜力界定的，与实际排放量没有多大关联。第二，灵活性方式。EPA可能会基于保证另外污染物控制计划的实施效果而将所有排放源（无论大小）作为主要排放源纳入一个专门的排污权交易计划中。最后，考虑接受主体正常生产活动对民众生活的紧要程度，如提供医疗照明的发电厂可能得到照顾。

经过公开博弈，EPA 将排放接受主体明确为具有固定源、同质性等特征的火电厂，这是因为火电厂是酸雨污染最大贡献者、电厂之间减排成本存在巨大差异、各个电厂排污口等排放设施规范、二氧化硫等主要污染物属性有均质性特点。接受主体的科学选择不仅是形成交易市场的有效前提，而且便于 EPA 根据执法情况进行适时调整；接受主体数量选择经过翔实的市场调研和科学论证，参与主体数量能有效形成规模市场效应，但试行初期参与主体数量不宜太多太杂，在经过一段时期运行结合污染物控制技术和手段具体情形渐次有序扩大。在全国范围内实施排污权交易，对分配接受主体和交易主体进行明确详细的规定是非常必要的，这也是建立完善的交易市场前提条件之一。

4. 建立一种分配规则为主导，多种分配规则并存分配结构

每一种分配规则都有坚实的财产权理论支撑，也从一个方面体现了背后的价值取向。不同的价值取向反映着不同利益主体的不同诉求。分配规则的建构过程实质就是不同利益主体相互斗争并相互妥协合作过程。如同不同利益主体都客观存在一样，不同分配规则都有自己存在的合理性及不足点、局限性。在不同的生态、制度、技术以及政治条件下，这些优势或缺陷可能会最大化或者最小化。没有一种分配规则可以被证实为在所有情况下，考虑到政策层面时都优于其他分配规则。排污权初始分配中采用何种分配规则或几种规则的有机组合，取决于起支配作用的经济、政治、技术与环境条件以及规则的有机整合程度。美国"酸雨计划"排污权初始分配正是基于以上考量，试图建立一个以一种分配规则为主，多种分配规则并存、互补之分配规则结构体系。

5. 排污权初始分配机制需要科学技术支撑

对于1990年修正案而言，比制度发展更加重要的因素是技术变化。国会颁布1977年《清洁空气法》（修正案）两年之前才出现的持续性排污监测系统，取得了巨大的进步，同时也获得了进一步改善的取样技术、分析仪器等。各种与初始分配和交易有关的数据处理系统也被整合起来，以应对新制度提出的各种挑战。"酸雨计划"中所有参与发电厂都必须安装持续性排污监测系统，尽管这个系统尚不足以监测所有的空气污染物或者所有种类的排放源，但它已经可以使初始分配所需要的法定排放量和实际排放量两套系统初步建立，使其在经济上更加可行和富有效率。

此外包括初始分配立法过程透明，各个利益团体均可参与并表达自己诉求。最终通过的法律制度（包括初始分配的原则规则）都是多方主体共同参与的结果。上述因素的组合保障了"酸雨计

划"的顺利实施。

（四）美国排污权初始分配机制存在问题

1. 初始分配费用较大

严格意义上讲，排污权市场始终是存在着环境行政部门严格管制的"市场"，因此无法完全达到市场化的预期效率，严格管制势必导致交易费用较大问题，这种情况也可以从初始分配这个阶段看出。从美国具体实施情况来看，初始分配在运作过程中，存在信息不够充分和逐案谈判现象。总体上看，初始分配费用主要有由三部分组成：一是基础信息寻求的直接费用，包括确定分配对象、分类分配接受主体等；二是讨价与决策费用，包括各利益相关者之间的公开博弈所耗时间和机会成本；三是监测与执行费用。这几部分费用都是相当大的。初始分配过程费用过大可能产生两个异化现象：一是对分配接受主体而言，因耗费较多成本获得排污权份额，故可能发生"惜售"问题；二是对分配主体而言，较大的行政成本开支也可能造成监测手段难以更新。因此，初始分配费用问题构成制度成本效益首要考虑的问题。

2. 初始分配存在技术难题

排放源一般被要求安装持续性监测系统（CEMS），多个机组使用一个烟囱时不要求每个机组都安装 CEMS，但每个机组必须有充分的信息证明自身的排放量。准确的排放连续监测可以保证污染物排放的达标，从而实现排污权交易的顺利进行。即便如此，初始分配仍然存在一些技术性问题，需要借助科技发展才能得到逐步解决。具体地讲，包括主要污染物数量的类别和日控折算问题，对移动污染源和面源的总量限制问题等。除此之外，可靠的、经济合算的持续性排放监测系统目前为止还没有应用到所有受管制的污染物和污染源的组合。可能正如新制度经济学家预测的那样："国会的政策从纯粹的命令控制性转向可交易许可，是深思熟虑的、逐步变化和不稳定的。"①

"酸雨计划"初始分配规则变化路线表：

问题	初始规则	规则之变化	法定规则
高排放者提出的成本共享问题	高低排放者比率差合理 高排放者之间平等	采用奖励措施实现成本共享 高排放者采用平等排放率	采用奖励措施比差保留 平等分配保留
基线或基准年问题	能源标准和排放率既往 1985 年或 1985—1987 年平均为基线	能源标准坚持既往占有 排放率应不同对待	能源标准：既往占有 排放率：高低不同
低排放者可允许排放量增长问题	不能分配	能源标准：既往占有基础上增长 40% 或 20%	既往占有基础上增长 20%
工业排污者是否参与问题	不参与交易制度体系	按照污染者负责原则应该参与	不参与
新进入者	不参与，但给予补偿	不参与，不补偿	不参与，不补偿，需购买

第二节　《京都议定书》温室气体排放权初始分配机制

一　《京都议定书》分配方案谈判概况

地球大气主要是由氮气、氧气、氩气和水汽四种气体组成，除此之外，大气中其余的气体成分称为微量气体，它们的总和不到整个大气的 1%。这些微量气体中，有一部分气体吸收地面和大气散射的长波红外辐射，对大气系统所起作用类似一种玻璃或塑料薄膜搭盖的"温室"。这些气体被统称为"温室气体"（Green-

——————
① ［美］丹尼尔·H. 科尔：《污染与财产权——环境保护所有权制度比较研究》，严厚福等译，北京大学出版社 2009 年版，第 89—90 页。

house Gases，以下简称 GHGs），主要包括二氧化碳、甲烷、氧化亚氮、氢氟碳化物、全氟化碳、六氟化硫及其他。《联合国气候变化框架公约》将温室气体界定为："大气中那些吸收和重新释放出红外辐射的自然的和人为的气态成分。"温室气体所产生的作用称为"温室效应"（Greenhouse Effect，GE）。正常的大气系统中适量温室气体的存在，所产生的温室效应使地球形成了一种适合人类生存的气候环境，但随着人类生产方式和生活方式不断变化，人为温室气体排放量急剧增加。大气中温室气体浓度和数量的过量增加会引发全球变暖，进而引起的一系列环境问题已经或正在对人类健康、福利和生态环境造成有害影响。

　　基于此种情况，世界各国纷纷开展各种集体合作或单独行动以控制温室气体排放。1979 年，在瑞士日内瓦召开世界第一次气候大会上，气候变化首次作为一个受到国际社会关注的问题提上议事日程。1992 年《联合国气候变化框架公约》（以下简称 UNF-CCC）为主的各种国际规范性法律文件，通过各种机制和手段，控制温室气体排放，减缓气候变化所致影响。其中，基于市场机制的"温室气体排放权交易"机制被作为主要手段再次被介绍在世界各国面前。同美国"酸雨计划"排污权交易一样，温室气体排放权交易尚未有权威和明确的定义，故在实践中也常被成为"总量＋交易"（Cap＋trade）、"排放交易"（Emission Trading）、"可允许排放量或配额交易"（Allowance Trading）、"许可交易"（Permit Trading）。这些称谓都从某一个侧面抓住了市场机制的显著特征：交易。但温室气体排放权交易是"通过创造数量有限的可交易排放份额并且要求每一个义务主体提交与其排放量相当的配额数量来达到限制排放总量的目的"。首先所谓的"创造数量有限的可交易排放份额"实际上就是在交易之前由政府或类似主体确定排放的区域温室气体总量并创造出数量有限的排放份额；其次政府或类似主体赋予排放主体（法定或协议参与）一定数量的配额或可允许排放量；最后排放主体可就配额或递减信用进行交易。因此，政府制造稀缺资源并在相关主体之间就稀缺资源进行分配就构成交易的前提和必要条件。同"酸雨计划"排污权交易一样，温室气体排放权交易也面临着三个主要的前置性问题："谁来分配"、"分配给谁"和"如何分配"其中，"如何分配"构成问题的关键，它在一定程度上决定了前面两个问题如何解决。因此，论文紧紧围绕温室气体温室气体排放权"如何分配"这个核心问题，全面梳理和挖掘温室气体排放权初始分配的基本规则及其发展过程。

UNFCCC 明确了共同但有区别的责任原则、充分考虑发展中国家具体需要和特殊情况原则、风险预防原则和成本效益原则。并在此基础上通过了三种灵活机制来控制温室气体：包括发达国家与前苏联东欧等经济转型国家之间的"联合履约机制"（Joint Implementation，JI），发达国家之间的"排放交易机制"（Emission Trading，ET）以及发达国家与发展中国家之间的"清洁生产机制"（Clean Development Mechanism，CDM）。三个机制中居于核心地位的就是 ET 机制。为了达成 ET 机制中温室气体的减排目标，发达国家与发展中国家之间以及发达国家之间围绕温室气体排放权的分配进行了非常艰苦的气候外交谈判。不同的利益主体以不同国家财产权理论为主导，以初始分配所遵循的价值本位（包括效率公平何者优先）或劳动应得本位的基本分配理念，围绕当前占有、既往占有、平均主义和工具主义的财产权初始分配规则进行了充分和公开的博弈，并最终形成了各具特色且相互妥协的排放权初始分配具体规则。正是在这些具体规则指导下形成的各国法定减排义务才让《京都议定书》形成了自己的历史地位。

从 UNFCCC 到《京都议定书》的谈判历程中，各国最棘手的问题就是如何分配各国应当获得的排放权份额，当然，从另外一个角度上说就是如何分配各国的法定减排义务。为此，自 1995 年到 1997 年两年多时间内，UNFCCC 所设法定机构——政府间气候变化专门委员会就按照"柏林授权"（Berlin Mandate）规定，先后召开 8 次正式会议专门商讨排放权初始分配的具体规则。在历经冗长的一般程序议题讨论之后，1995 年 8 月政府间气候变化专门委员会在日内瓦召开排放权分配的首次会议，在 UNFCCC 签字的 85 个国家政府代表就排放权分配问题进行广泛的讨论，期间 20 多个政府或非政府组织作为观察员列席了会议。会议伊始，会议主席、阿根廷人劳尔（Raul）就宣布排放权初始分配中"平等原则"、"共同但有区别原则"的重要性，希冀为整个分配过程的谈判定好基调，更有代表断言"平等是通往京都（指签署《京都议定书》事宜——笔者注）的唯一通行证"。由于排放权交易机制首先在附件 1 所列发达国家之间展开，因此如何理解平等和如何将平等贯彻在排放权初始分配中主要反映在发达国家之间的讨价还价中。首次会议提出两种可选择方法来控制或减缓温室气体，一种方法就是要求采取"政策或措施"（Polices and Measures），这里包括主要采取大家都熟知的市场或行政管制等各种机制措施；另一种就是"可量化"的排放限制。前一种方法要求附件 1 的发达国家采取各种行动来控制温室气体排放，这种方法主要从宏观层面关注如何减少排放而没有涉及具体排放量问题。第二种方法则直接提出要求明确附件 1 国家的"限制或减少排放的量化目标"（Quantified Emission Limitation and Reduction Objectives，以下简称为 QELROs），这种方法开始从微观层面关注温室气体减排方面。温室气体减排所要求的"三化（可测量、可报告和可核实）"原则恐怕最早就出自这里。这样温室气体排放权初始分配实际上转化为附件 1 发达国家之间如何分配 QELROs 方面。1996 年 3 月，附件 1 国家之间围绕"有区别"和"相同"的 QELROs（基于共同但有区别的责任原则）的争论逐渐成为谈判桌核心议题。

会谈一开始就陷入了僵局，各种分配方案层出不穷且互不相让。在第二次缔约方会议上，会谈取得了突破，美国在巨大压力下作出让步，接受了具有约束力的减排承诺，但同时又提出附带要求：必须采取市场机制的排放交易措施以及其他更为灵活措施方法控制温室气体排放，强化对可交易的权利进行管理和有效应对在此基础上提出的各种层次的财产权利体制安排。1997 年 3 月在波恩举行了"柏林授权"第六次会议，讨论焦点又集中在到欧盟提出的在 1990 年排放水平上递减 15% 的建议。1997 年在日本京都召开的《气候框架公约》第三次缔约方大会上通过了《京都议定书》，为各国二氧化碳排放量规定了法定目标总量，即在 2008—2012 年间，全球主要工业国家的工业二氧化碳排放量比 1990 年的排放量平均要低 5.2%。

从"柏林授权"涉及排放权初始分配的谈判的整个历程，我们可以发现，一旦采用市场机制进行温室气体的排放控制，美国"酸雨计划"中排污权如何配置的各种观点已从国内延伸至国外，并逐渐成为会谈的核心议题。

二 《京都议定书》排放权初始分配规则演变

一般认为，温室气体排放权初始分配问题大体可以归纳为发展中国家与发达国家之间就"谁应当承担排放递减义务及承担多大份额"展开讨论。这个观点无疑是正确的。实际情况大体上也是这样，"柏林授权"整个谈判进程中，美国政府念念不忘的就是要求一些有"重要意义的发展中国家"应当参与到"有拘束力"的递减目标的谈判过程中，并以此作为美国是否签署有约束力议定书的前置条件。发展中国家则认为发达国家有义务根据它们历史责任和温室气体人均贡献率率先作出递减行为。但我们也应当看到，冲突并不完全局限于发达国家与发展中国家之间。鉴于"柏林授权"明确指出排放递减国仅限于附件 1 的发达国家之间，因此温室气体排放权初始分配利益冲突就首先在发达国家之间展开。作为会议议程的重要组成部分,公约秘书处就排放权如何配置问题上,要求各国提出建议,并依照法定程序将"有意义的建议"发给其他国家,以便征求意见。如果我们把确定不同义务的方法分为两类:一是基于承诺(Pledge-based)的"自上而下"(Top-down)方法,另一种是基于原则(Principle-based)的"自下而上"(Bottom-up)的方法。那么,《京都议定书》的谈判过程中,各国首先分别提出自己的减排目标,然后以此作为谈判的基础,最终达成一个各方都可以接受的方案,就是一种基于承诺的"自上而下"的方法。这样,各国结合国内经济社会发展、法律环境状况,提出了诸多分配规则。现就各国提出的排放权初始分配规则简述如下:

(一)"当前占有"和"既往占有"之间取舍

当前占有和既往占有虽然如影随形,但在《京都议定书》谈判过程中却出现了分野。

1. 既往占有影响逐渐式微

前面我们已经讨论,既往占有和当前占有虽都是以占有为依据进行分配,在分配过程及结果方面可能存在相同之处。但当前占有是以价值(效率价值)为本位,秉持的是实用主义理念,评价依据是根据所谓的效率标准和成本原则。既往占有源于洛克的劳动财产理论和诺齐克持有正义理论,它是以历史上劳动应得的劳动成果数量作为依据进行分配。因此,即使两种占有存在诸多相同之处,但仍然存在很多不同。尽管美国"酸雨计划"排污权初始分配遵循的"既往占有"规则已经偏离"历史排放量越大,所获得排放权份额就越多"的简单理解,将能源消耗量、产品生产量和排放量结合起来进行排污权初始分配,但并不妨碍人们对这种分配规则道德上正当性的责难,这种责难也同样被温室气体排污权初始分配的法律实践所证实。从发达国家递交的排放权分配建议来看,几乎没有一个发达国家坚持以他们既往排放量作为获得排放权的基本依据。分析个中缘由，笔者认为至少存在以下几个方面的考虑：

首先，同二氧化硫等大气污染物一样，温室气体与其他环境资源诸如水资源、渔业资源是不一样的。故它们的初始分配与其他环境资源权分配存在不同性质。依洛克的劳动学说原初理论，财产权分配源于先前的劳动量，但这种依靠历史劳动量进行分配必须具备两个基本特征：一是对有形的环境资源的分配；二是这种分配须有益于人类生产和生活。美国西部、澳大利亚等缺水地区水资源权利的初始分配，美国、英国以及加拿大捕捞权利的初始分配等大都是按照历史占有量进行分配，这些分配法律实践符合洛克"劳动学说"中对有形资源分配和对这种资源的分配有益于人类生活生产两个基本特征。因此分配历史上存在的水资源权的初始分配、渔业权的初始分配均坚持既往占有原则就有了道德正当性的基础。与二氧化硫等空气污染物相同，温室气体主要来源于提供能源使燃烧化石燃料的伴生物，呈现无形的、有害于或至少无益于人类生活，存在诸多不符合洛克学说的内在属性特征。与二氧化硫等大气污染物排放所造成的损失后果也有不同，温室气体排放所造成的环境影响及损失更具有难以测量性和长久潜伏性，其对人类影响存在诸多科学上的不确定性和风险性。因此，借助"既往占有"进行温室气体排放权分配缺乏道德上正当性。发达国家虽然竭力宣称自己经济发展过程中大规模能源消耗给整个世界经济发展也带来了"实质意义"上的好处，比如绿色技术、先进医疗设施以及全球经济的增长，但发达国家也清醒认识到，他们（发达国家）高历史排放量同样可以对全球资源环境造成累积性破坏，所谓冰冻三尺，非一日之寒。且与二氧化硫污染相比，温室气体对环境的影响可能更加长远——一些温室气体在大气中停留时间达 20 年之久，它们使自然灾害向纵深处和下一代扩展。

其次，排放权分配从一个侧面也可以理解为是对财富进行国际性的重新配置和发展机会的重新洗牌，重新配置和发展机会的激烈竞争也使既往占有分配规则面临重重困难。因为分配的排放权越多，也就意味着更多的财富和发展机会，反之，就意味着财富的减少和发展机会的丧失，对有些发展中国家甚至可能意味着生存等基本权利的灭失。我们也可以以现实来回顾历史，一般来讲，温室气体排放量多少与各国财富多少存在一定的正比对应关系。历史上排放量大的国家积累的财富就多，反之就少。同时，历史排放量也与能源消耗量存在联系，排放量大的国家能源的消耗量也越大。当一个国家未来的发展机会和财富的获得却由它的历史排放量来决定的时候，此类建议已经远远偏离了公约所确定的公平和共同但有区别的责任原则，不可避免造成国家之间难以调和的冲突。作为人类共同努力需要解决的一个国际性议题，气候变化政策（包括温室气体排放权初始分配政策）必须有效协调世界各国之间历史和现实中客观存在的在能源消耗、贫富差距、全球财富配置、各国 GDP 等经济数据的不同，也要考虑各国历史文化法律状况尤其是发展中国家的国民情感。上述因素都决定按照既往原则进行温室气体排放权分配很难得到各国普遍认同。

2. 当前占有颇受关注

与此相反，在功利和效率复合原则指导下的"当前占有"规则却大行其道。有关以当前或最近占有的排放量进行初始分配的国家建议比比皆是，有些更是一些政府官方文件的首要选择。当前占有回避历史上的排放量，强调以当前或最近的排放量为依据。尽管这种分配规则也缺乏道德正当性的支持，但它以"维持现状"为基本要素，强调方便、效率和政治上的可行性。建立在当前占有为基础的排放权分配有美国实用工具主义法学的影子，正如霍姆斯倡导的"一个合理法律体的首要条件是，它应当契合共同体的实际情感和需求，而无论其正确与否"。① 当前占有分配规则能够满足当时各国控制温室气体需求，并兼顾了各国现存利益，能够做到当前利益的最大化满足，且这种分配方式包括了一个更低的管制成本，故遵循了功利主义的基本要旨：以最小的成本满足最多的需求；当前占有原则同样也有"对具体情况的强调"的关注。换而言之，当前占有这种规则强调了待解决问题当前情况，而不强调一般性或意识形态。② 我们可以从当时的具体情境看出，温室气体所引发的一系列环境变化后果正在不断出现，各国迫切需要在此问题上达成共识。既往分配规则显然难以进入讨论视野，其他分配规则也存在难以克服瑕疵，基于具体的时间、地点、环境以及各国目前的需求和利益以及国际政治的现实，以当前占有分配除了效率上可行外，符合"对具体情况的强调"。当前占有除了方便、效率和政治上可行性之外，还有一个显著特征，那就是能够对各国减排行为进行有效预期。预期是预测特定实践会伴随信赖其出现的愿望和情感的心态而发生的一种禀性。当前占有使各国对目前状况以及与此有关的未来行为预期成为可能，各国均可在此预期下进行减排行动，故各国能够对有利的事项抱有预期，同时预料会出现不利状况的一些情况，也可据此规则预期和筹划该国的温室气体减排行为。

正是由于"当前占有"诸多优势，很多国家排放权分配建议都包含着"当前占有"分配的影子。美国首当其冲，其代表成员直言不讳指出："不管目前各国有多大差别，以占有为基础的财产权理论要求以当前或最近的温室气体排放量作为对所有国家分配

---

① ［美］罗伯特·S. 萨默斯：《美国实用工具主义法学》，柯华庆译，中国法制出版社2010年版，代译序。

② Albert Mumma，"Designing a Global Post-kyoto Climate Change Protocol That Advances Human Development"，*Georgetown International Environmental Law Review*，619—653，Summer，2008.

的基本标准。""以当前占有为基础进行分配要求一个强大的财产权的产生，各国须保障权利的可交易特征。"甚至公开宣称"他们所有的工作都可以称作为以目前占有为基础的观点"，"寻求一种真实的，可以实现的结果"，"所有国家都必须参加温室气体排放递减"。① 基于以上论调，美国反对在附件 1 国家之间设置不同的排放递减义务，因为这个不同意味着会出现不同分配规则，而且显然脱离了美国坚持的以"'当前占有'为基础，然后再按一定比例递减"的基本思路。当然除了要求所有国家（包括发达国家和发展中国家中"减排有意义国家"）以当前占有为基础分配排放量之外，美国仍然呼吁待分配的这种权利的可交易性、安全性。美国的分配建议已经抛弃了既往占有所带来的沉重历史负担，其所坚持的当前占有原则反映了美国一再强调的成本效益原则和实用主义哲学观念。当然不是美国一家注意到当前占有的优势及可行性。受气候变化影响最为深远的一些海岛国家也不希望在历史责任问题上一味纠缠，相比而言，他们更为关注对目前问题的长远解决，因此，实用、简单且可行的当前占有规则便成为他们的不二选择。当然，基于自身生存利益客观需要，他们同时也提出了各国须以现状为基础进行较大幅度的排放量递减。具体讲来，岛国的建议就是"截至 2005 年，附件 1 所有国家应从 1990 年排放量基础上下降 20%"。海岛国家建议自然得到发展中国家代表中国和 77 国集团的大力支持，77 国集团在建议中甚至要求附加一条减排保障条款："任何由于行动迟缓而未能完成递减目标的国家将面临一定数量的罚款。"可见，中国及 77 国集团虽未参加《京都议定书》的法定减排义务，但他们在分配建议中提到的分配规则同样有以"当前占有"进行分配的基本原理。

---

① Stavins, "Transaction Costs and Tradeable Permits", *Journal of Environmental Economics and Management*, 29: 133—148, 1995.

德国最初反对排放交易，认为排放许可乃国家公权力之行使，不存在交易之说。① 但在如何进行排放份额的初始分配上却与美国殊途同归。德国建议提出："截至 2010 年，以 1990 年排放量为基础进行 15% 的递减。"这个意见最终被作为欧盟建议提交缔约国会议讨论。显然，这种分配规则强调的是尊重当前占有实际而不是先前劳动成果。德国代表直言不讳说出，"尽管有其他的方法可能更能显示公平，但这种分配方法本质特点就是'简便和实用'"，"在涉及其他方法时可能会遇到难以计数的困难和障碍"。欧盟的一个成员总结道："从公平视角来看，以当前占有分配作为起点可能显得有点粗略，但它却是一个非常实用的方法。"② 令人感到奇怪的是，在分配诸多环节存在截然不同观点和深刻分歧的国家之间（发达国家与发展中国家之间以及发达国家之间），却在排放权初始分配规则上保持了惊人一致：以当前排放量为基础进行"有约束"法定排放量的分配。

当前占有方案表：

建议来源	分配建议	分配规则
美国	1. 所有国家均需参与 2. 以各国当前排放量为基础 3. 可交易、安全性强的排放权	遵循酸雨计划基本思路，但将既往占有改为当前占有
德国	1. 以 1990 年占有量为基础到 2005 年或 2010 年进行 15% 递减 2. 排放不能交易	当前占有（进行调整）
岛国、77 国集团和中国	1. 以 1990 年占有量为基础进行 20% 的递减（2005 年） 2. 对行动落后国进行罚款惩罚 3. 排放不能交易	当前占有（进行调整）

---

① 陈慈阳：《环境法总论》（修订版），中国政法大学出版社 2003 年版。

② Leigh Raymond, *Private Rights in Public Resources-Equity and Property Allocation in Market-Based Environmental Policy*, US：RFF Press，2005，pp. 130—160.

（二）工具主义与平均主义相互交锋

既往占有与当前占有不断交锋之际，另外两种分配规则正在滋生暗长。

1. 工具主义分配的出现

工具主义认为，财产仅仅是人类创造出来促进社会发展和达到社会平等最终目的的手段，因此财产使用和分配要根据社会目标不断变化。这个观点反对财产权利天然属性和目前占有，主张通过调整所有权内容来不断适应公共之优先事项，甚至不排除重新分配私人获得财产权利。工具主义另外一个观点就是认为财产权关系要承担一个对他人和社会的责任，而不仅仅是一个权利。作为一种责任，财产可以更多理解为"特殊权利"———一种必须不断满足社会需要的权利，为了满足社会需要，要求对财产进行必要的限制。初始分配是在有政府主导下进行，因此，这次分配应以公平为基本考量，且以公共利益和社会利益优先。按照工具主义的理解，政府主导下排放权分配应该有多种分配规则，各个规则之间并无必然的逻辑联系，凡事以平等理念为基本考虑，把社会利益放在优先地位的都可以理解为工具主义的分配方式。全球范围内财富和能源消耗的不平等也使一些国家反对在现状基础上进行排放权的分配，谈判各方希望能有一个更公平的方法来补充当前占有的弊端。朝此方向努力的专家也提出了一些工具主义的观点：能力支付标准就把分配建立在人均 GDP 上；也有的国家建议分配应当建立在平均计算温室气体减排的边际成本方面，这样可以获得一种较低的管制压力。挪威则提出了分配应当奖励那些单位 GDP 排放量较低的国家，因为这些国家在温室气体减排方面已经做了很多，因此与其他国家相比，应获得更低的减排责任。这个观点似乎使人回想起美国"酸雨计划"那些"清洁州"提出的可允许排放量的分配措施。

工具主义分配方案表：

建议来源	分配建议	分配规则
新西兰	边际成本递减的均等化	工具主义
挪威、波兰、韩国	每单位 GDP 的温室气体排放量	工具主义
法国（部分）、西班牙、冰岛	人均 GDP（支付能力）	工具主义

2. 平均主义分配观点层出不穷

尽管出现了形形色色的工具主义观点来冲击"当前占有"规则，但真正对当前占有具有震撼冲击的当属于平均主义分配。平均主义已经远远偏离了"酸雨计划"分配的范围，希望在一个更为广阔的领域内来讨论分配的正当性问题。平均主义的讨论引起了广泛的回应，许多国家支持这种分配方法，IPCC 甚至把平均主义的分配作为基于当前占有的一种备选方案。

按照平均主义观点，温室气体的排放份额应当是一种公共财产，对此公共财产，地球上所有的居民都应当平等地享有排放权。既然所有人一律平等，每个人对于大气层这种人类公共财产享有平等权利。每个人，不管国籍、性别、年龄和能力如何，都有权利获得同等数量排放份额。可见人均排放权强调单个人的自然权利而没有其它的考虑，这与工具主义所要追求的社会集体目标已相去甚远。

严格说来，平均排放思路包括了很多排放方法。最常见的形式就是拟定一个全球的总排放量，然后根据每个国家目前或最近的人口数量把排放权直接分配给每个国家。这样需要经过很长的阶段来进行转换，在这个转换过程中，把温室气体从目前的排放水平变为最终平等目标。很显然，既往占有或当前占有作为对未来权利获得的议论似乎在平均的热潮中显示了他们落寞的一面。瑞典在平均基础上提出了更进一步的分配规则，依靠平均排放水平安排不同的排放递减。这个建议把国家分为不同群体，不同群体设置不同的可量化的排放递减目标，在这里，不同群体的选择必须依靠他们目前的人均二氧化碳排放量。这样，较高的人均排放群体就可能承担较高的排放递减量，这可以视作走向全球平等的人均排放的第一步。

也有很多国家把人均排放作为一个长期目标。法国按照人均排放将国家分为四类，这样人均排放量较高的国家就要承担较高的递减量，这与瑞典的方案类似，但法国建议没有停留在这一步，而是认为这是一个长远目标，实现这一目标需要很长的过程。在这个过程中，第一类国家逐步降低人均排放量，第四类国家逐步提高人均排放量，从而使全球的人均排放量在一定的目标年内达到趋同。然后所有四类国家一起继续共同减排，最终实现全球稳定的浓度目标。代表欧盟发声的荷兰提出的三要素分配方案中，希望考虑各个成员国在人口、经济发展水平、经济结构、燃料结构、能源效率和减排成本密切相关的众多因素的差异基础上，将排放主体分为三个大类：电力产业、出口导向的能源密集型工业和民用工业三大产业部门。其中在民用部门则是以人均排放量为基础，设置了减排的长期趋同目标。[①] 历史人均排放量的观点也出现在讨论中，但由于话语权缺失等原因，这个观点没有出现在一些正式的讨论文件中。

平均主义方案表：

建议来源	分配建议	分配规则
荷兰	不同人均排放量	平均主义
法国、挪威、冰岛	相同人均排放量	平均主义
巴西、伊朗	历史人均排放量	平均主义

---

① 韩良：《国际温室气体排放权交易法律问题研究》，中国法制出版社 2009 年版，第 80 页。

（三）不同分配规则有机协调

"柏林授权"虽把关注点放在一些简单的分配规则，比如以现状为基础的比例递减和人均排放。但同样一些国家也提出了相对复杂的分配规则，这些分配规则融合了一些财产权分配原则，把占有原则与工具主义进行结合或将工具主义与平均主义有机协调，从而提出一些新的分配建议。

日本就是一个典型的例子。按照日本的建议，以 1990 年为基线进行 5% 的递减，后进行平均主义的调整。附件 1 的国家里面，低排放的国家可以根据人均排放量按比例分配 QELROs。比如一个国家的人均排放量仅仅是附件 1 国家平均量的 50%，那么它就可以分配到 2.5% 的递减量而不是 5% 的递减量。日本同时建议，按照单位 GDP 排放量进行调整，若一些国家单位 GDP 排放量低于附件 1 国家的平均水平，也要按照比例对这些国家进行调整，用以奖励在能源方面的效率提高。可见在排放权的初始分配方面，日本建议以 1990 年排放量为依据进行递减，遵循的是占有原则，期间在进行调整的时候，考虑了平均主义和工具主义的相互协调及有效运用。日本方案出台后，受到各国的高度重视。

有些国家甚至走得更远，挪威提出了"多标准方法"进行排放权的分配。按照这种方法，三个要素必须予以考虑：单位 GDP 的排放强度；人均排放量；人均 GDP。挪威认为，这三个要素都是相互关联的，单个要素很难有效决定分配规则。在该国提交的建议中明确指出，人均排放量和人均 GDP 作为分配要素充分反映基于公平的考量。但各国在这两个方面情况的千差万别要求这两个要素之间组合的顺序可能有所不同。假如人均排放量单独作为一个权重因素，这显然对经济正在转型的国家不利，因为这些国家都有非常高的人均排放量。如果在使用的时候加上人均 GDP，那么这些国家的具体情况就考虑进去了。

澳大利亚建议也许是坚持综合分配原则的一个例子。它强调

"确保一个公平和平等的初始分配在很大程度上取决于排放具体义务的初始分配","初始分配必须认真对待平等"。澳大利亚虽然赞成需要有一个强大的可交易的财产权,但他拒绝按照比例递减的方法分配 QELROs。因为这样一个方法"忽视了不同国家的巨大差别,从而导致每一个国家之间不公平的出现和平等的财富减少"。[①]但人均原则也不是澳大利亚所理解的公平要求,所谓公平就是要把经济发展状况、人口状况等更多分配要素考虑进去。澳大利亚首先计算出由于温室气体减排导致的在"经济福利"中各个国家人均损失,这种损失是以现在的经济数据为依据,显然有"当前占有"的影子。在此基础上,澳大利亚提出递减排放量对各国人均国民经济损失也有平均主义的考量。

虽然发展中国家没有参与到分配实践中来,但这并不妨碍他们提出一些分配方法。中国提出了将排放分为生存性排放和奢侈性排放。生存性排放着重于个人的基本需求,考虑公平首先是人的公平而非参与谈判的政治实体,公平问题应当还是回到以社会成员为基本单位的层面上进行讨论。因此生存性排放是以个人的基本生存所需要进行排放分配规则的设计,既然人是平等的,那么,生存性排放就应当以人均为基点进行分配。

多元综合主义方案表:

建议来源	分配建议	分配规则
日本	以 1990 年量为限进行 5% 递减 人均排放量低的国家获得较多排放量	当前占有为主,人均为补充的综合主义
澳大利亚	以现状为基础 建构一个可交易的排放权 考虑递减排放量造成的各国人均损失	当前占有为主,人均为补充的综合主义

---

① Leigh Raymond, *Private Rights in Public Resources-Equity and Property Allocation in Market-Based Environmental Policy*, US: RFF Press, 2005, p. 135.

续表

建议来源	分配建议	分配规则
冰岛、挪威	人均排放量作为主要因素 人均单位 GDP 排放量的有机协调 人均 GDP 要素也要考虑 可再生能源所占份额	人均主义为主,当前占有为补充的综合主义
77 国集团、中国	生存性排放和奢侈性排放不同分配规则 生存性分配应以人均为主要规则 奢侈性分配以 1990 年排放量进行比例递减	人均主义和当前占有适当区隔的综合主义

(四)《京都议定书》分配模式(以下简称"京都模式")

京都模式就是由《京都议定书》确立的温室气体排放权分配方案,其核心就是以 1990 年实际排放量为基础,通过政治和外交谈判确定的各缔约方的具体减排目标。京都模式为所有发达国家分别规定了具体量化的温室气体减排目标和相应的减排时间表。它体现了国际社会对气候变化问题的重视,促进了温室气体减排工作的国际合作。这种分配方式的主要依据就是"当前占有",即以当前或最近的实际温室气体排放量作为分配的主要考虑要素,未来的排放要求要根据当前或最近状况进行调整。依据《京都议定书》第三条第一款规定,到 2010 年,所有附件 1 国家排放的温室气体的数量,要比 1990 年减少 5.2%。具体讲来,就是以 1990 年排放量为基准,欧盟消减最多,一些国家诸如俄罗斯等可维持不变,另一些国家则存在增加的问题。具体详情请看下表:

国 家	QELROs 分配(基于当前占有)(%)①
爱尔兰	+10
澳大利亚	+8
挪威	+1
新西兰	不变

① 增加或递减百分比率是从 1990 年实际排放量算起。

国　　家	QELROs 分配（基于当前占有）（%）①
俄罗斯联邦和乌克兰	不变
日本	－6
波兰	－6
加拿大	－6
美国	－7
欧盟和其他附件 1 国家	－8
克罗地亚	－5

三　京都模式问题分析

世界各国都担心气候变化给本国带来的巨大危害，迫切要求各国采取积极行动来减少温室气体的排放量。但是，各国又都要考虑维持或扩大本国的国际竞争力，力图通过争取更多的排放权数量扩大温室气体的排放空间来发展自己。在这种发展本国经济和保护全球环境的两难心态中达成的分配模式势必存在诸多问题。

（一）碳汇计算问题

《京都议定书》第 3 条第 3 款规定，发达国家缔约方可以从造林、重新造林和砍伐森林活动中产生的温室气体的排放和清除，用来达到其限制或减少排放的目标 QELROs。第 4 款规定可以通过谈判额外的汇的活动，除包括第 3 款的活动之外，还包括其他额外的汇的活动，但这些活动必须从 1990 年开始进行了。

当然，这一规定无疑也有美国的影子，规定的主要目的就是帮助附件 1 国家实现其减排目标。《波恩协议》允许发达国家可将自 1990 年开始因植树造林、重新造林而吸收大气中二氧化碳的数量列入所承诺减排指标的计算之内。当然，1990 年后因土地利用

---

① 增加或递减百分比率是从 1990 年实际排放量算起。

与土地利用变化所吸收的二氧化碳也可列入减排量的计算。当然由于计算与测量吸收量非常困难，最后各国经过协商后提出了一个所谓的"折扣公式"去计算上限，因农作物、田地与草地良好管理而吸收的二氧化碳无上限的规定，但通过清洁发展机制（以下简称CDM）取得碳汇排放信用的比率被限定在不超过1990年排放限量的1%。在会议行将结束之际，俄罗斯在森林碳吸收问题上提出额外建议，要求将该国森林每年抵消温室气体由原来的17.3百万吨提高到50百万吨，并广泛游说森林覆盖率非常高的国家如加拿大、日本等国，寻求他们共同认识各国高森林覆盖率在吸收温室气体上所作的贡献。俄罗斯建议得到日本、加拿大等国支持。相反，大会主席却对这种额外要求未能给予高度重视，只是将其作为一个矛盾问题放在一个单独的补充文件中进行讨论。

客观上讲，俄罗斯等国提出的分配方案是有利于环境保护的，森林覆盖率高、土地利用和管理良好当然可以保持生物多样性、改善空气质量、防止水土流失以及储存大量温室气体。但从应对全球变暖的实际效果来看，建议存在较大争议，甚至已经偏离制度初衷。因为参会的环境保护组织——世界自然基金会对此进行了估算，汇的使用使全球消减的温室气体的排放总量仅有1.8%，仅相当于预计数字的1/3。而且增强汇的活动也无法消除温室气体产生的真正根源。因此，以此来作为应对气候变化的长期解决方法受到越来越多质疑。但为了促进《京都议定书》生效，绝大多数国家最后仍然以大局为重，同意俄罗斯、加拿大、日本等国提出的要求，承认这些国家森林碳汇获得减排信用，从而降低了这些国家温室气体减排份额或法律责任，这在一定程度上降低了预期的减排效果和实际减排量。

（二）基准年选择问题

京都模式将1990年作为排放基准年，以1990年各个缔约国的实际排放量作为基准量来确定附件1各缔约方的排放权的指标分配。根据"当前占有"的分配规则，当前或最近几年都可以作为基准年，因此议定书第 3 条第 5 款、第 7 款和第 8 款作出规定，在基准年确定上，由于一些经济转型国家（主要是俄罗斯和东欧诸国）在 1990 年经济状况存在倒退问题，因此允许这些国家可以采用 1990 年之外的最近排放量年份作为基准年（保加利亚是以 1988 年作为基准年；罗马尼亚是以 1989 年作为基准年）；1990 年当年土地利用变化和林业为净得排放源的国家可以将 1990 年毁林排放量加入基准排放量，再一次表明这是以当前占有的实际排放量作为基准量；任何附件 1 的国家都可以采用 1995 年作为非二氧化碳的基准年。这些在基准年上的变通规定充分地反映了"当前占有"这种基本分配规则具有极强的实用主义，依靠的是包括政治和经济实力在内的禀赋效应。在基准年上的变通规定导致包括美国在内的附件 1 的国家的整体减排目标由 5.2% 下降到 3.6%，其他一些国家的变化更大，如澳大利亚由增排 8% 变化为增排 25.9%；波兰由减排 6% 变化为增排 15.5%；罗马尼亚由减排 8% 变化为增排 6.4%。

以 1990 年为基准年反映的就是追求一种实用主义，是基于效率的考虑；在 1990 年基准上增加或递减似乎考虑了各个国家的特殊经济状况。兼顾了效率和公平的排放权分配的京都模式并无环境保护方面考虑，致使存在许多方面的瑕疵：一是在减排方面作出重要贡献的国家难以从中获得有效激励。以日本为例，日本早在 1990 年之前就致力于节能减排，截至 1990 年，日本的节能减排取得了相当大的效果，亦即日本在 1990 年温室气体排放量是非常低的。按照京都模式规定，以 1990 年作为基准年，日本又要在此基础上进行递减，势必造成很大的经济负担；对于一些从未作出减排努力的高能耗国家来说，经济负担就非常轻。二是对即将参加减排承诺的其他国家传递不好信息，即前期的减排行为或努力并没有带来效益，并不符合成本效益原则，包括中国在内的其他发展中国家没有必要在其参与强制性减排目标之前采取早期的行动措施来减少温室气体排放。

1. 欧盟坚持 1990 为基准年

众所周知，1997 年通过的《京都议定书》中，明确以 1990 年为发达国家承担未来减排责任的参照点，因此，1990 年也被国际社会公认为排放权或减排责任"基准年"。1997—2005 年中，国际社会围绕后京都时代的所有关于温室气体控制的谈判和协议，也多以 1990 年为当然的参照点。① 2007 年 3 月，欧盟宣布了中期减排目标：无论其他国家如何减、减多少，欧盟都打算到 2020 年在1990 年排放量的基础上减排 20％；如果其他发达国家和发展中大国能做出"可比拟的"（comparable）承诺，它愿意把这个目标提高到 30％。以 1990 年为减排基准年是欧盟要求其他国家作出减排承诺时不言而喻的预设前提。②

2. 美国希望 2005 年为基准年

2009 年年初，奥巴马政府上台后，基于与前任布什政府在气候问题上不同的主观认知，大幅度对气候变化问题的相关政策进行调整，希望迅速改变美国在气候变化问题上的被动局面。他声称美国将与国际社会，特别是温室气体排放大国进行全面合作，在应对气候变化的斗争中重新发挥领导作用。哥本哈根大会召开前夕，美国正式发表减排承诺：2020 年温室气体排放量将在 2005 年排放量的基础上减少 17％，到 2050 年减少 83％。

可以看出，美国并没有采用多数国家认可的 1990 年作为基准年，而是选择了 2005 年。稍加分析一些简单数据即可看出端倪：根据气候公约秘书处发布的权威数据，美国 1990 年温

---

① 王伟男：《1990 Vs. 2005：减排基准年背后的较量》，载《国际 outlook》2010 年第 1 期，第 50—52 页。

② 同上。

室气体排放量约为 60.8 亿吨，2005 年已经上升到约 70.8 亿吨，15 年左右时间内上升了将近 10 亿吨。美国目的很明确，希望确立一个新基准年，并期待其他国家陆续跟进，重新夺回国际气候博弈中的话语权，减轻自己面对的各种国家和国内压力。

3. 日本要求不同国家不同基准年

日本政府日前公布了温室气体减排新框架提案，建议为不同的国家设立不同的温室气体减排基准年。《京都议定书》虽将计算发达国家减排比例的基准年统一设定为 1990 年。日本政府认为，日本在 1990 年节能技术已经比较先进，相比当时能效较低的其他发达国家来说，以 1990 年为统一的基准年对日本非常不公平。日本有关机构计算，以 1990 年为基准年，日本 2005 年温室气体排放量增加了 7.7%，而假设以 1995 年为基准年，日本 2005 年的排放量仅增长 1.1%，如果以 2000 年为基准年，排放量增长率可进一步控制在 0.8%。相反，欧洲现在的排放量若以 1990 年为基准年，排放量下降 11%，以 1995 年为基准年计算，只下降 1.4%，若以 2000 年为基准年，排放量反而增加了 1.5%。因此，在设定基准年时应适当考虑已经为节能减排作出实质贡献的国家。

四　后京都时代平均主义展望

因为涉及温室气体法定减排责任的承诺和承担，才构成了美国气候条约谈判和签署的最大障碍。在 2007 年巴厘岛气候会议上，美国终于承诺进行有法律约束力的温室气体控制方案的谈判工作，尽管在哥本哈根气候峰会上尚未达成有实质意义的条约，但可以肯定的是，任何最终具有约束力的条约都可能包括一个完整的温室气体排放权交易制度体系。如同《京都议定书》排放交易制度和欧盟排放交易系统一样，如何建构初始分配规则进行权利抑或责任分配无疑成为最为棘手问题。[1]

　　许多学者、官方团体和非政府组织都提出了温室气体排放权应该参照一国人口数量而不是既往或当前占有排放量来进行分配。这样各种形形色色的人均主义开始登上了舞台，"紧缩与趋同"原则，"一个标准，两个趋同"方案，"人均累积排放"等都不乏新意。这些理论和观点都具有非常重要意义，都反映了一种内在愿望和诉求，这种愿望和诉求既体现了对未来气候变化不确定性的一种内在隐隐不安，也有对公平理念的长期不懈追求。

　　直观上看来确实这样：无论人们发现自己所在国家现有排放量是高或低，但地球上的每个人都应该享有同等的温室气体排放权利。那些关心发展中国家生存或者福利的学者、官方团体和非政府组织对人均排放量权利的分配模式尤感兴趣。这个论点可能是与一般平等的发展权利有关。如果说基于当前或现状占有是排放权分配底线的话，贫穷国家可能就永远很难达到发达国家已经达到的发展水平。[2] 基于当前占有排放量进行分配，即便它存在一定的客观效果也满足效率需求，但以这个规则进行分配的气候变化协议仍然会对"平等发展权利和平等机会"造成困扰。长期以来，人均手段被描述为"政治上注重细节、长期分配的全球准则方面最突出的竞争者，它在发达国家和发展中国家有越来越多的追随者"。[3] 包括印度、中国等发展中国家以及欧盟一些发达国家都对平均主义分配表达了浓厚的兴趣。然而，美国却转弯抹角地表明了它对人均分配规则的惴惴不安。潜在的真实理由在于，包括中国、印度和巴西在内的发展中国家很快会成为工业大国，将

---

① Posner, "Should Greenhouse Gas Permits Be Allocation On a Per Capita Basis?" *California Law Review*, 51—83, February 2009.

② Ibid.

③ Leigh Raymond, *Private Rights in Public Resources-Equity and Property Allocation in Market-Based Environmental Policy*, US: RFF Press, 2005, pp. 170—171.

不得不接受气候条约中减排约束义务。人均分配规则要满足美国这个世界上人均排放量最大国家的需求是不可能的。

　　人均分配支持者应该认识到这一点：很少有人公开说基于当前占有进行排放权初始分配是合乎道德要求的，尽管很多国家口口声声说它违背了"历史责任"原则，但最终也希望通过这种方式进行排放权分配，根本原因就在于它具有可行性，且能满足当前人们的利益。如果某个国家在分配方面成为明显的利益受损者，那么就不可能签署一项国际协议。而且，发达国家不希望也从来不会从任何一个分配规则中失去很多利益或发展机会。我们也应该清醒地看到，人均方法遇到了强有力的反对。一些学者认为，人均分配将帮助一些富国却伤害了穷国。究其原因在于一些发达国家人口高度密集，而一些贫穷国家却不是这样。事实上人口规模和人均财富关联不大。如果以全球再分配或国际正义为目标，人均收入的方法是一种有瑕疵的手段。站在那些支持援助贫穷国家穷人的立场上，人均排放量分配远没有他们认为的具有吸引力。在某些情况下，人均方法实际上创立了不正当的诱因。任何减排协议将造成截然不同的成本和收益的一系列数据，并且极大地改变很多国家。在这些情况下，人均方法经过再三考虑比第一眼看上去少了很多吸引力。

　　很多人支持人均方法是基于对公平的一种单纯的、貌似合理的吸引力的观点。大气中的碳资源被自然而然地想到作为一种普通的自然资源，也许这种普通资源应该分给世界上所有地面上的人们，因为世界上所有的人都享有平等机会和平等人格尊严的权利。由于没有特定的国家"拥有"这些资源，就应该按照人均进行分割。而且考虑到国家主权的限制，资源应该按照国家所占全球人口的份额分配给国家政府而不是直接分配给个人。实际上，将其他自然资源等公共财产的分配理论类推应用到温室气体控制是不完整的，而且使相关的道德关注点更加难以理解。如果我们把气候条约与开发海底矿藏条约进行对比，就会发现在两个制度之间有一个关键的区别点。一个是减少全球变暖的气候条约，对全世界的人们将会产生不同的收益和成本支出，在一些人或一些国家收益很大的同时，另一些人或国家可能收益很少甚至没有收益。相比之下，海底矿藏开采具有极小的效果上的不同。

原则上，温室气体排放权分配规则是以根据一定理念下制定的气候条约所形成的全部影响为基础，例如强调初始分配的效率、福利或公平价值诉求。从福利或者结果公平的角度，人均方法比基于现存排放量方法有更大优势，因为它可能提供给穷人更有意义、更大的益处或发展机会。但人均方法在实行中会遇到很多问题，人口调查主体、内容和程序方面的复杂化造成了其在可行性方面存在很多问题。即便把效率诉求放在一边，人均方法也远不如其他方法更为实用。一个涉及人均主义可行性的普遍问题是，尽管这是排放权初始分配，但绝不仅仅是初始分配那么简单，因为它可能涉及巨大经济利益和财富的再分配，首先就是在美国、中国和印度等之间进行利益重新分配，而这显然会遇到难以想象困难，基于这个原因，坚持人均分配将会毁灭任何气候变化协定。

基于福利主义和公平的理由，人均方法只是简单和理想的方法，而且它面临着可行性以及不同立场的坚决反对。坚持这种方法可能会使减少气候变化有关的国际努力功亏一篑。[①] 在人均分配问题上，应秉持一种理性主义和务实主义态度，采取步骤朝着回答关于气候变化、福利、公正之间关系这一系列最困难的问题前进。

申言之，温室气体排放权分配中，当前占有模式占据了主导地位，尽管人均主义也有讨论和存在空间，但它迄今为止没有出现在任何国际环境条约或各种软法文件中。

[①] Posner, "Should Greenhouse Gas Permits Be Allocation On a Per Capita Basis?" *California Law Review*, 51—83, February, 2009.

第三节　欧盟温室气体排放权
初始分配机制

一　欧盟温室气体排放交易制度简介

　　欧盟一直致力于运用各种措施减少人为温室气体的排放，从而降低人类活动对全球气候变化造成的威胁。1986 年公布的《单一欧洲法令》（*The Single European Act*）和 1997 年通过的《京都议定书》为利用市场机制应对气候变化提供了法律支持。1986 年法令正式提出建立欧洲各国的政治合作和单一的欧洲市场，强调气候变化是一个跨国界的、全世界共有的问题，需要寻找一种成本有效的应对办法。1997 年，在日本京都召开的第三次缔约方大会上，通过了《京都议定书》。根据《京都议定书》规定，作为附件 1 主要代表的欧盟提出了具有约束力的 8% 的减排承诺目标。1998 年 6 月，欧盟部分成员国签署了一个费用分摊协议。同月，欧盟委员会发布题为《气候变化：后京都议定书的欧盟策略》（Climate Change：Towards an EU Post-Kyoto Strategy）的报告，提出应该在 2005 年前建立欧盟内部的碳交易体系。2001 年，欧盟排放交易意见稿提交并正式讨论；2002 年 10 月，欧盟议会通过了该意见稿；2003 年 7 月，经修改的意见稿在欧盟议会和部长理事会上通过；同年 10 月 13 日，欧洲议会和理事会通过了欧盟第 87 号法令（Directive2003/87EC），欧盟建立了排放交易体系（以下简称 EU-ETS），为欧盟制定了一个自 2005 年 1 月 1 日开始实施的温室气体排放配额交易制度。[①] 整个 EUETS 包括三个阶段，到阶段末期的

---

　　① A. Denny Ellerman, Barbara K. Buchner, "The European Union Emis-sionsTrading Scheme：Origins, Allocation, and Early Results", *Review of Environmental Economics and Policy*, 1, 266—279, 2007.

2020 年，实现所谓的"欧盟的三个"20%"的气候和能源目标"：到 2020 年，温室气体排放量在 1990 年水平上削减 20%（如果在 12 月份哥本哈根气候峰会上达成新的全球协议，那么削减百分比会上升到 30%）；到 2020 年，欧盟的能源消耗 20% 来自可再生能源；到 2020 年，欧盟主要能源使用量削减 20%。各欧盟成员国必须保障这些目标的实现。

EUETS 进程表：

阶段	第一阶段（2005—2007 年）	第二阶段（2008—2012 年）	第三阶段（2013—2020 年）
性质	试验阶段	执行《京都议定书》	后京都时代，引领世界碳市场
总量目标	无法定总量目标上限，各国自行确定	各国自行设定总量，但须符合《京都议定书》规定	三个 20% 的减排目标： 1. 到 2020 年减少温室气体排放 20% 2. 减少能源使用 20% 3. 可再生能源使用占能源使用总量的 20%

二　EUETS 分配接受主体和分配对象规定

（一）EUETS 分配接受主体规定

前已提及，分配接受主体就是具有排放许可，依法或协议参与排放权初始分配的排放主体，分配接受主体不同于交易主体。分配接受主体可以按照不同标准分为上游接受主体和下游接受主体（以下简称上游主体和下游主体），其中，上游主体主要是化石能源或其他温室气体排放物质的生产部门，主要包括制造、贩卖、输入化石燃料的供应者，下游主体主要是直接向大气排放温室气体的行业或部门。

EUETS 第一阶段（2005—2007 年）中，由于尚处于所谓的"干中学"阶段，分配接受主体只涉及少数对排放有重大影响的经济部门。这些部门包括：　　（1）有色金属的生产和加工部门；（2）建材业（如水泥、玻璃、陶瓷生产部门）；（3）纸浆、造纸、纸板生产等部门；（4）能源活动部门。EUETS 在附件 1 中以列举的方式详细指出了接受调控范围和具体对象，主要是指具体行业类别及具体行业最低生产能力或者产出限值范围。这些排污主体的具体二氧化碳排放量占到欧盟二氧化碳排放总量的 50% 和欧盟温室气体排放总量的 40%。

　　2008 年开始的 EUETS 第二阶段中，逐步扩大了部分行业，故分配接受主体也随之相应增多。为了增强排放权交易机制环境保护客观效果，降低温室气体减排成本和创新温室气体减排机会，第二阶段将更多的温室气体和行业纳入分配对象和分配接受主体。调控范围扩大到很多行业：铝行业排放的全氟化碳，硝酸、乙二酸和乙醛酸生产过程中排放的氧化亚氮，氨和铝行业排放的二氧化碳。与此同时，基于成本效益考量，第二阶段就控制主体行业和具体接受主体进行了相应调整，约 4200 个小型燃烧装置将退出交易体系，不再参与初始分配和交易。这样相应地减少了分配接受主体数量。

　　关于新进入者。截至 2004 年 3 月 31 日没有被列入国家分配名单的设施将被视为该计划阶段的新进入者。当一个排放主体在同一排放源设施和同一地点进行多项生产活动时，其温室气体排放量要加在一起计算，超过法定许可量者视为新进入者。

　　分配接受主体变化表[①]：

————————

　　① 杨志、陈军：《应对气候变化：欧盟的实现机制温室气体排放权交易体系》，载《内蒙古大学学报》（哲学社会科学版）2010 年第 3 期，第 7—11 页。

阶段	第一阶段 （2005—2007 年）	第二阶段 （2008—2012 年）	第三阶段 （2013—2020 年）
分配接受主体	1. 能源活动部门 2. 有色金属生产和加工部门 3. 建材业、纸浆、造纸、纸板生产等部门	1. 第一阶段行业继续参与 2. 硝酸、乙二酸和乙醛酸（氧化亚氮） 3. 氨和铝行业（二氧化碳）、铝行业（全氟化碳） 4. 第一阶段排放低于一定值主体退出交易体系 5. 航空业（2012 年进入）	1. 第一、第二阶段行业继续参与 2. 石油化工（二氧化碳） 3. 碳捕捉行业（二氧化碳）、制铝行业（全氟化碳）①

（二）分配接受主体法律规定之评析

从 EUETS 关于分配接受主体的规定我们可以看出，欧盟排放权交易第一阶段接受主体仅限于下游主体（见上表），第二阶段虽扩大了主体范围，但仍然限于下游主体，在第三阶段，不仅有原来的下游主体，且有上游主体参与进来，实现了下游主体与上游主体相互参与的互补式参与分配。所谓下游分配是针对直接向大气排放温室气体的部门（电厂、各工业部门）实施的分配。为什么在计划之初仅将排放接受主体限于下游部门，可能有以下几个方面的原因：第一，下游排放权交易体系有源于"美国酸雨计划"排污权交易体系的良好实践经验。前面我们提到，美国酸雨计划排污权交易体系也是采用了分阶段逐步推进的思路，第一阶段中，参与的分配接受主体仅限于高排放的发电厂，第二阶段才扩大到小发电厂，最后才谨慎推进到一般工业部门。不管是电厂抑或其他工业部门，它们都直接排放二氧化硫，因此被称为下游分配。"酸雨计划"的这种分配模式构成了酸雨成功控制的一个重要经验，它直接导致美国在随后《京都议定书》谈判过程中话语权上的领袖地位。作为全球最大排放交易体系，EUETS 事关欧盟在气

---

① 张焕波：《中国、美国和欧盟气候政策分析》，社会科学文献出版社 2010 年版，第 73 页。

候变化控制领域的领导作用，若有类似的成功案例可资借鉴，能够有效保障实施效果。第二，下游分配可以实现环境利益和经济效益的有机协调。下游分配针对的是直接排放温室气体的企业，这样通过配额的限制可以促使企业选择技术革新或其他方式减少排放量，有关碳捕捉或封存、有关清洁生产或循环的技术才会在利益的刺激下不断出现，从而达到一定的环境目的。另一方面，下游分配所涵盖的部门或行业众多，行政部门可以基于诸多要素选择有效主体进行控制，有效减少行政成本。且下游分配接受主体众多，所建构的市场当然更大，这样提高效率收益或者降低减排成本的机会就越多，受管制的温室气体排放企业就越具有自由和灵活选择的机会。这无疑契合了效率的价值追求。第三，下游分配同样也遵循了"污染者负担"的法律原则。1972年联合国经合组织提出"污染者负担"原则并得到国际上广泛认同，被许多国家确定为环境法律的一项基本原则。按照"污染者负担"原则要求，环境污染或气候变化造成的后果及相关责任都应当由污染者自己承担，而不应转嫁给社会其他主体。依此基本原理，直接排放温室气体的主体应当为全球气候变化埋单，而不应有其他主体承担责任。因此，下游主体接受规制，参与交易体系符合"污染者负担"原则。第四，计划伊始便针对上游主体进行管制，在政党政治和任期制背景下缺乏可行性，在经济上也无效率的考量。这是因为上游主体主要生产化石燃料，如果将其纳入交易体系，也就是将温室气体减排成本都内化为化石燃料的价格，势必引起能源价格的大幅上涨。因实施某一制度引发能源价格上涨对世界各国是难以接受的，EUETS实施之初尚需要来自各个方面的大力支持，因此在第一阶段甚至第二阶段排除上游主体无疑是一个明智的选择。另外，我们也应当看到，上游分配仅仅是对化石燃料中的碳含量加以管制，而不是对温室气体排放主体进行管制，那么交易体系所具有的能源效率提高和利用清洁技术减排温室气体等减排行为提供有效激励的特点优势也无从谈起。

虽然上游分配有诸多不足，但应当看到上游分配在环境或效益方面也有很多优势：第一，它有利于从源头控制污染或温室气体产生。上游分配覆盖化石能源及其他温室气体排放物质的生产部门和供给部门，这些部门是碳含量主要部门，若在时机成熟（主要是政治情势方面）情况下将上游主体有计划纳入分配交易体系，实际上就是对化石能源温室气体排放的源头控制。第二，符合成本效益原则。[①]上游主体仅是少数的化石燃料生产者和供应者，数量上要比下游主体少。数量不多或多或少地限制了市场的繁荣，但以化石燃料的含碳量进行配额分配就相当容易，且容易监测和监管，换而言之就是较低的成本投入换来较大产出。

总之，上游排放主体数量不多虽可大幅降低行政成本，但因其数量较少，或多或少抑制了市场繁荣，甚至可能存在被某些实力雄厚的大资本垄断的风险；下游分配主体数量众多虽可有助市场兴旺，但过高行政成本投入也会偏离制度本意。故理想的排放接受主体确定和选择应当是采用混合式分配模式，尽可能扩大至所有具有节能减排可能性的排放主体。混合分配模式利用了上下游分配各自优势，在控制较低的行政成本基础上，一方面因为主体的众多，可以建立有效率的排放权交易市场，另一方面将一定数量的温室气体排放源纳入控制范畴，又可达到一定程度的环境保护效果。通过下游分配，为下游主体设置温室气体法定减排义务，为其积极从事温室气体减排活动提供经济利益激励，从而弥补了在市场不充分或不完善条件下上游排放权交易体系不足的问题；另一方面，通过上游分配可以有效对下游分配不能涵盖的部

---

① Regina, " Designing national Allocation Plan For EU Emission Trading ", *Energy&environment*, 2004, pp. 375—428.

门进行规制，弥补下游体系不能涵盖所有温室气体排放的问题。
两者结合形成的混合式主要有以下几个方面路径：第一，以下游
分配为主，对于适合下游分配的部门实施下游分配模式，尽可能
将众多直接排放源纳入其中；第二，条件成熟时再开展上游分配
交易体系，并将其与下游交易体系进行对接；第三，对于难以纳
入下游分配交易体系的或纳入成本过高的部门可以考虑将其纳入
上游分配体系，参与上游排放权交易体系。EUETS 计划在第三阶
段将上游分配和下游分配结合起来，形成一种混合式的分配接受
主体模式。这种模式综合分析了上游分配和下游分配的优势劣势，
综合环境、社会和经济的全方面利益，应当说是一个非常不错的
模式选择。这种模式对于我国开展温室气体排放权交易制度具有
一定的启示和借鉴。

（三）EUETS 分配对象规定

分配主体依法或协议向分配接受主体分配一种或多种温室气
体具体种类，谓之分配对象。分配对象在不同阶段可以有不同称
呼，但依照一般逻辑顺序，应当首先是被列为控制对象，其次是
分配对象和交易对象。由于不同的温室气体具有不同的特性，因
此不同的排放交易体系可以选择一种或几种作为控制、分配或交
易对象。如何选择分配对象主要基于以下几个方面的考虑：不同
的增温潜能、潜伏期、排放源、减排技术的可行性、可替代性、
监测难易程度以及某一类别气体在温室气体排放中所占的比重，
其中最为重要的是作为分配对象的目标温室气体的排放源是否容
易被监测和统计。准确可靠的排放数据才能合理计算出温室气体
排放总量，才能向排放主体分配排放权配额，并跟踪监测排放主
体排放行为和管理排放权的交易行为。难以监测或者监测条件不
具备的温室气体不宜纳入排放权分配交易体系。

已经实施的或即将实施的排放权交易制度中，国际、国家或
地区联合体对于控制对象范围有不同规定。《京都议定书》明确了

6 种温室气体（包括 CO_2、CH_4、N_2O、SF_6、PFC_5、HFC_5）都可以用来分配和交易。新西兰《气候变化应对法》（修正案）和美国东北部区域温室气体行动（RGGI）也将 6 种温室气体全部纳入交易制度体系进行排放权份额分配。日本排放权交易分为强制性交易和自愿性交易，强制性交易只是针对二氧化碳，但自愿性交易则包括其他温室气体。EUETS 则充分体现了原则与灵活相结合手段。EUETS 第一阶段，指令调控的温室气体是二氧化碳。主要原因在于，截至 1999 年，欧盟所有温室气体排放量中，二氧化碳排放量高达 80% 以上。若要完成《京都议定书》规定减排义务和减排目标，欧盟就必须采取各种措施控制二氧化碳排放量。此外，欧盟当时认为有足够的技术能力监测二氧化碳的排放。自 2008 年后的第二阶段，各成员国在经欧盟委员会同意后单方决定将其他温室气体纳入排放交易体系进行初始分配。

分析 EUETS 在温室气体排放权分配对象方面的法律规定，有以下几个方面特点可资借鉴：第一，紧紧围绕总量目标确定主要控制对象，分阶段逐步扩大控制对象范围。第二，选择控制和分配对象要坚持成本效益作为主要原则，控制成本尤其是监测成本更是重中之重，一些不符合成本效益的接受主体和分配对象陆续推出交易系统而重新进入直接管制系统。第三，将排放源与温室气体控制紧密结合。针对铝行业全氟化碳排放量较大的客观事实，在第二阶段中，单独将这个行业全氟化碳作为控制和分配交易对象。第四，预先明确分配接受主体的何种控制对象，以便给予接受主体一定准备时间，有利于保障制度预期效果。

三 EUETS 分配原则规则简介

（一）EUETS 核心：国家分配计划

实施欧盟温室气体排放配额交易机制的核心任务之一是成员

国详细制订国家分配计划（National Allocation Plan，以下简称NAP）。① 成员国制订的国家分配计划，不仅要确定每个成员国总量控制目标，而且要明确列出参与分配的排放主体目录或清单，以及排放主体法定排放量（排放权份额）。

1. NAP 程序性规定

按照欧盟法律规定，EUETS 不能直接适用于成员国，因此各成员国须将 NAP 指令主要内容作为本国进行具体立法的蓝本，也就是通过成员国国内立法程序将 NAP 转化为各国国内法后方能生效和实施。EUETS 要求，每个成员国应按照 EUETS 附件 3 规定的具体要求，提交各国 NAP 实施计划，实施计划确定每个成员国总量控制目标，而且要明确列出参与分配的排放主体目录或清单，以及排放主体法定排放量（排放权份额）。按照公众参与原则，各国在制定 NAP 前，都必须通过民意调查、抽样座谈等方式征求公众意见，并及时反馈给欧盟和其他成员单位。EUETS 对时限问题也作了明确规定：2005 年第一阶段，NAP 须在 2004 年 3 月 31 日前送交欧盟委员会，欧盟委员会按照议程审查并通过，成员国方可将 NAP 以国内立法形式予以公开颁布。在第二阶段，各成员国须在 18 个月之前向欧盟委员会提交 NAP，欧盟委员会评审时间限定为六个月，逾期视为同意。当然，欧盟委员会也可做出拒绝批准的决定，时限为三个月。尽管受 2009 年哥本哈根气候大会影响，欧盟仍然要求各国准备规划第三阶段 NAP 实施计划。

2. NAP 实体性规定

除了在程序方面作了详尽规定之外，NAP 在实体方面主要包括三个内容：第一，各国应当设置具体减排目标（包括总量控制目标）和透明排放标准，这个透明的体系应当能够检验和核查，

① 庄贵阳：《欧盟温室气体排放贸易机制及其对中国的启示》，《欧洲研究》2006年第 3 期，第 75 页。

且满足《京都议定书》关于欧盟的目标要求。[①] 第二，成员国在制定国别 NAP 时，须考虑三个基本原则：一是反映成员国目标以及现行达到此目标的具体行动。二是须考虑到各级各类排放主体不同减排潜力，不能高于分配接受主体实际所需排放量份额。三是利用 CDM 和 JI 帮助实现减排目标时，须有资金等方面的保障机制和伴随在国内的减排行动。第三，NAP 转化为国内立法的分配原则主要有：既往占有、当前占有都可以作为分配基本规则；不能对任何排放主体有歧视行为；新进入者应有资质条件规定；必须考虑排污主体"提前行动"的客观效果以及奖励规则；必须按照最佳可行技术制定"排放基准"；应当列出所有分配接受主体详细名单以及按照分配规则可以分到的排放权具体份额等；应当考虑到来自欧盟外国家或企业的竞争的存在，并对竞争力变化进行分析。一些欧盟成员国做出了更加详细规定。瑞典 NAP 中规定了以下几个方面的原则：与温室气体减排目标相一致；利益相关者可接受；公开透明；非官僚化；具有合理预期；符合欧盟竞争规则等。

（二）分配原则规则简述

1. 占有原则和拍卖方式的论争

EUETS 在 NAP 中就分配基本原则规则做了明确具体规定，这些规定的中心思想，无非就是体现效率、环境和公平的基本价值要求。UNFCCC 曾明确规定，各缔约方在考虑应对气候变化的政策和措施时，应当讲求成本效益，以确保以尽可能低的费用获得全球效益。而效率原则首要考虑就是成本最小化原则。分析各国 NAP 所体现的效率原则，主要包括经济效率和行政效率。经济效率要求在排放权初始分配中要实现温室气体排放权的最初优化配

---

① Kurkowski, "Distributing The Right to Pollute in the EU: Efficiency, Equity, and the Environment", *New York University Environmental Law Journal*, 705, 2006.

置。应着眼于将温室气体排放权分至最珍视它并最能有效率利用它的各类主体手中，从而将温室气体减排成本降到最低。行政效率原则要求选择行政成本最小的初始分配方式，包括分配成本、监测成本和统计成本等。公平原则也是温室气体排放权初始分配的重要指导原则。UNFCCC 明确规定，各缔约方应当在公平基础上，根据它们共同但有区别的责任和各自能力，为人类当代和后代利益保护气候系统。初始分配要促进温室气体排放主体之间进行公平竞争，这里也包括保障原有排污主体和新进排污主体之间的平等竞争，各个行业以及不同主体是否采用了最佳可得技术，是否有早期的减排行动等。最后，初始分配要保障温室气体减排目标有效实现，这些目标主要体现在具体的减排数量。因此一个成功的排放权初始分配策略必须在效率、公平和环境保护方面找到合理的平衡点，尽管这个平衡点可能是动态的和不断变化的。

与公平追求不同，效率要求和环境要求都有可以量化的具体指标。如同"酸雨计划"排污权初始分配一样，基于效率标准的占有原则首先便进入了立法者的视野。第一，基于占有原则进行排放权分配符合经济效率要求，因为不管是基于既往占有或是当前占有，都有对既得利益团体前期投资的肯定，既得利益排污者（不论是否有减排技术）都在生产或其他设施方面进行了投资，它们是正在排放的主体，掌握温室气体排放的第一手资料和信息。因此按照他们既往或当前排放量、生产量进行分配能够获得这些排放主体的支持。从社会整体经济效率角度，占有原则是对社会资本前期投资的支持和肯定。第二，基于占有进行分配也符合行政成本效率原则，因为既有排放主体已经按照前期直接管制的具体要求，保有温室气体排放量的历史或当前原始记录，当然也有能源消耗量和产品生产量的历史和当前记录。按照帕累托最优原则，既往或当前占有无前期监测等成本支出，采取这种规则进行分配，给排放主体带来利益同时也对其他主体没有利益损失，无疑降低了主体参与的对抗因素，相应减少了行政成本的支出。第三，基于占有分配的另外一个显著特征就是能够形成合理预期。形成合理预期是欧盟各国分配方案的基本要求，按照占有原则进行分配能够形成接受主体的合理预期。在这种分配规则下，每个排放主体都可以有效预测自己可以得到多少排放份额、需要递减多少份额，可以交易多少份额。这样能够促使排放主体早早规划生产经营或排放计划，未雨绸缪，及时适应市场变化状况。基于以上三个方面的思考，基于既往或当前占有的分配规则便成为 EU-ETS 的主要分配规则。依 EUETS 规定，2005—2007 年第一阶段内，至少 95% 的排放量配额都要按照既往排放量或生产量进行无偿分配，如果无法查找或查找历史排放量或生产量存在困难，那么就按照当前排放量或生产量进行分配，至于选择既往占有或者当前占有、选择既往（当前）排放量或者既往（当前）生产量，则由各国基于本国国情自行决定。2008—2012 年第二个周期内，至少 90% 排放量配额按照既往或当前占有进行初始分配。

随着分配接受主体范围和数量的渐次扩展，排污权初始分配规则相应也发生了变化。以实用和效率著称的占有分配受到越来越严重的挑战。特别是在第一阶段实践过程中，基于占有原则获得排放权份额的电力部门出现了大量赢利（Windfall Profits）现象，这种不合理现象受到来自欧盟各界的一致批评。[1] 于此情况之下，关注机会公平，兼具经济效益考量的拍卖规则和综合考虑环境保护与经济发展的工具主义分配规则越来越受到青睐。突出的表现就是在第二阶段的排放权分配中，EUETS 计划就开始提高了拍卖在总分配量中所占比重。计划要求从 2013 年开始，发电及收集、运输和储存温室气体的行业中所有分配接受主体的排放权份额都

---

① Kurkowski, "Distributing The Right to Pollute in the EU: Efficiency, Equity, and the Environment", *New York University Environmental Law Journal*, 707, 2006.

必须通过拍卖方式获得，拍卖得以正式成为一种主导规则登上初始分配的主要舞台。与此同时，各种实用的工具主义分配方式层出不穷，由于难以对这些规则进行一一甄别和分类，我将其称为"组合拳模式"。如为了鼓励提高发电效率和节约能源，为地区和工业装置供热的发电厂可以享受无偿配额；针对不同行业状况，NAP 提供出多样过渡期计划。按照这个计划规定，一些行业从2013 年开始，其具体排放主体 80% 排放权份额基于当前占有方式免费发放，而后逐年等额递减，到 2020 年后，整个行业都必须实现以拍卖方式分配全部配额。各成员国独立实施拍卖模式，但对拍卖所得收益进行控制，要求各成员国至少拿出拍卖的 20% 收益专门用于减缓和适应气候变化。每个成员国拍卖的配额总量由以下几个部分组成：拍卖的配额总量中，88% 应当在成员国之间进行分配。为了共同体的团结和增长，拍卖的配额总量中，10% 应当在特定的成员国（主要是指经济转型国家）之间分配。拍卖的配额总量中，2% 应当在 2005 年温室气体排放降至《京都议定书》规定的基线排放量 20% 以下的成员国之间进行分配。各成员国具体配额分配规则将基于一份对欧盟能源密集型产业潜在碳泄漏的审查报告，此审查报告将于 2011 年 6 月提交。

新加入者配额获得方式：在市场上购买；通过定期拍卖获得；欧盟按照规定将保留配额在一定情况下向其免费提供。

EUETS 分配规则表：

阶段	基本分配规则	替代规则	补充方案	配套措施	备注
第一阶段（2005—2007 年）	既往占有	当前占有	拍卖		
第二阶段（2008—2012 年）	既往占有	当前占有	拍卖		
第三阶段（2013—2020 年）	电力部门从 2013 年开始全部进行拍卖；所有其他部门2013 年开始 80% 基于占有的免费方式，逐渐过渡到 2020 年实现完全拍卖				

2. 具体分配细则

第一，基于既往占有排放量的分配。该规则选择排放主体既往一定时间或一段时间平均值或一段时间最大值的实际排放量，作为未来分配排放权具体份额的标准。由于一定时间既往排放量可能会随经济状况循环而上下波动，理想做法就是以既往一段时间内连续数年平均值或最大值作为基准值，再经过"平衡因子"与"修正因子"进行不断调整，调整公式如下：

待分配排放权份额＝基准年排放量×修正因子×平衡因子

基准年排放量是以既往某年或几年之平均量，若历史数据难以查询、查询成本过高或难以就历史数据达成一致意见，则以当前或最近排放量为基准年排放量。修正因子则是各行业部门或各排污主体结合产业发展以及国际国内竞争等特别情况，需加以考虑并调整；平衡因子是指为配合法定减排目标，各排污主体所分配减排百分比指标。

第二，基于既往生产量的分配（也称标杆分配法）。是指在同一产业内部，各排放主体按照既往一定时间或一段时间平均值或一段时间最大值的实际生产量所分配到的排放份额总量，可以按照以下公式来分配：

待分配排放权份额＝基准年生产量×排放因子×平衡因子

基准年生产量是既往某年或几年之平均量为参照，若历史数据难以查询、查询成本过高或难以就历史数据达成一致意见，则以当前或最近生产量为基准年生产量。排放因子则是各行业部门或各排污主体结合不同行业或主体具体污染物排放等特别情况，需加以考虑并调整；平衡因子是指为配合法定减排目标，各排污主体所分配减排百分比指标。

3. 国家分配举例——丹麦排放权初始分配计划

（1）基本规则：以1998—2002年度为参与分配接受主体的排放基准年，各主体可接受其中任何一年最大值或几年平均排放值作为基准年排放量，若 2002 年排放量要比平均值高，则以 2002 年排放量为准进行分配。

（2）替代方案：基于既往占有进行排放权初始分配受到了一些行业的不满。他们认为，既往占有分配规则未能彰显公平价值理念。因为在加入排放权交易体系之前，这些产业作为整体或某个具体排放主体已经在努力实施减排活动并取得了可验证的成效。若单纯按照"既往占有"进行排放权初始分配，可能使得排放量大的产业或者主体获得越多的排放权份额。基于此种情况，丹麦在以"既往占有"排放量的分配基本规则之外，又提出替代方案——基于"既往占有"生产量为基准的替代分配规则，从而引进温室气体减排内在诱因，形成减排的分配激励机制。

（3）补充方案：分配方案对新进者所需排放权份额做了明确规定：2002 年以后，新进者、改建者和扩建者排放权份额是以该产业平均每单位生产所造成排放量作为基准，乘以 0.9 后的具体数额作为赋予新进者排放权份额的法定标准，这是因为新进者应该拥有更新减排技术。

（4）配套措施：为促使排放主体加入排污权交易体系，方案规定：进行排放权交易的产业或主体能源燃料可以免征二氧化碳税。但一旦退出排放权交易体系，其排放权份额应当交给主管部门，主管部门通过一定方式转交给另外新进者。

4. 行业分配举例——欧盟航空业排放权初始分配

（1）排放接受主体：进出欧盟以及在欧盟内部航线飞行的飞机。对进出欧盟或在欧盟内部航线飞行的航班，如该商业航空运营人具有极低运量或低温室气体年排放量（二氧化碳排放量低于 10000 吨/年）的特性，则将予以豁免。这将意味着与欧盟存在有效航空运输关联度的发展中国家（地区）商业航空运营人将不在欧盟《排放交易指令》规制的范围之内。这种豁免不会对欧盟"碳排放配额交易体系"所覆盖的温室气体排放效果产生实质性影响。

（2）排放总量上限：航空公司 2012 年的温室气体排放额度将以 2004—2006 年平均排放量的 97% 作为排放上限，并在 2013 年将该上限额度调低至 95%。

（3）分配基本规则：以既往占有为主，即以 2004—2006 年平均排放量 97% 再乘以 85%，最后所得排放量为每个航空公司无偿获得，需要者可从市场通过拍卖形式购买，2020 年全部实行拍卖机制。为新进入或发展迅速的航空公司增加"无偿配额特别储备"。"无偿配额特别储备"不会增加配额的整体上限，因而也不会对"碳排放配额交易体系"的环保效果产生负面影响。

四　EUETS 分配模式评价

（一）明确的法律规定是保障制度有效运行的前提

同其他国家一样，制定相互协调的法律规范体系构成制度顺利运行的必不可少组成部分。

1. 欧盟排放交易体系法律框架体系

EUETS 法律框架体系主要有三个层面法律构成，即国际法、欧盟区域法和国内法。在国际法层面上，借助 EUETS 与京都机制进行连接。按照连接具体规定，成员国各个具体排放主体可以将基于 CDM 项目和 JI 项目（可核查、可认证的 CER 和 ERU）产生的排放权份额，有权作为 EUETS 初始分配的排放权份额，目的就是降低减排成本。在欧盟区域法层面，各种有关排放权交易的政策、决定和法律过程构成了内在有机统一的规范体系。《欧盟气候变化计划》将排放权交易制度作为履行《京都议定书》重要举措后，随后颁行的《欧盟排放交易指令》奠定了 EUETS 坚实法律基础。在国内法方面，高度重视排放权分配机制的构建，NAP 自然成为 EUETS 顺利和有效运行的最基本前提。从欧盟到各国层面，从指令到具体实施条令，欧盟形成了一套排放权交易的法律制度体系。这套体系将排放权分配体制机制作为重要组成部分予以建构和完善。正是这套法律规范体系，构成制度得以顺利运行的前提条件。

2. 初始分配构成法律体系重要组成部分

从 2005 年开始，欧盟根据 2003/87/EC 指令规定，正式实施总量控制下排放权交易制度。这个由 33 个法律条文和 5 个附件组成的指令对欧盟的环境政策影响巨大，共涵盖了 27 个成员国排放的 40% 以上的温室气体。温室气体包括附件 2 所明确的 5 种，不同阶段所涵盖的温室气体范围有所差别，基本上是从二氧化碳开始逐渐过渡到所有温室气体。为建立排放权交易制度，指令既明确成员国立法方向，限定立法底线，同时考虑各国具体国情差异，要求能力强的国家提高法律标准，能力弱的国家豁免某些法律义务。按照指令规定，各国均需制定 NAP，经欧盟审查通过后通过国内立法实施，以便保证各国在制定出最适合自己国情的交易制度的同时，也能建立统一的欧盟排放权市场。各国按照国内立法规定，在通过具体法律来进行排放权分配，如德国，除 2003 年欧盟通过的《欧盟排放交易指令》外，2004 年通过了《温室气体排放许可证交易法》和《2007—2012 年温室气体排放国家分配法》，2008 年又通过了《〈温室气体排放国家分配法〉实施条例》，通过上述多层次法律规范体系，明确界定了德国排放许可证分配规则和主体数量。①

(二) 原则和灵活结合确定分配接受主体及分配对象

指令第 2 条明确了分配接受主体是附件 1 中规定的大型工业点源，具体包括 20MW 以上的燃烧装置（包括安装在电力部门的大部分燃烧装置）、炼油装置、焦炭钢铁制造、石灰及水泥制造、玻

---

① 曹明德、李玉梅：《德国温室气体排放许可证交易法律制度研究》，载《法学评论》2010 年第 4 期，第 104—109 页。

璃制造、陶瓷、造纸和纸浆制造。这几类接受主体是法律明文规定必须参与初始分配以及交易。另外，从 2005 年开始，接受主体需持有温室气体排放许可证才能参与分配和交易。除了上述原则性规定之外，不同成员国可以结合自己国情，自主增加（Opt-in）或者自主减少（Opt-out）参与排放权初始分配的接受主体及排放源；在分配和交易对象方面，欧盟也采取了灵活的政策规定，在2005—2007 年交易期间仅限于二氧化碳，法国和荷兰申请从 2008年开始增加化肥制造业者排放的二氧化氮，以扩大分配和交易对象；另外一些会员国要求在 2005—2007 年交易期间，某些排放设施在履行一定程序后推出分配和交易，当然需要欧盟委员会的知情和同意。

（三）科学设计分配规则和程序

初始分配规则在初始分配机制中占据主要地位。各种分配规则都有其存在的空间和合理性，但都存在各自难以克服缺陷。因此，欧盟在排放权初始分配中并没有简单地采用一种分配规则，而是将规则进行分类，提出主要规则、替代规则和补充方案等，并在不同阶段将看似相互冲突的规则进行有机搭配和动态调整。此外，排污权初始分配规则仍然涉及其他环境法律规则包括税收规则等，故在初始分配规则制定时尚需结合其他法律规则，防止不同规则相互冲突，形成重复收费问题。分配程序也在初始分配机制中占据一席之地。欧盟将初始分配分为不同阶段，每一阶段都有明确的任务和目标。这样做的最大好处就是参与主体都对自己事项一清二楚，能够根据每个阶段不同目标调整自己的经营思路或策略，能够使其产生合理预期，这种通过制度预先规定而形成的制度预期效应构成排放权交易制度顺利进行的重要经验。

（四）欧盟排放权初始分配机制存在的问题

1. 总量控制方面

一是配额过度分配（Over-allocation），这是 EUETS 第一阶段最为突出的一个问题。[①] 例如在 2005 年，成员国所发放排放权份额超过实际排放量 4%，几乎没有一个产业的排放权处于短缺状态，钢铁、造纸、陶瓷和厨具行业的排放权发放量甚至超过实际排放量的 20%。过多的发放排放权份额，最直接后果首先就是失去了环境约束，政策法律的环境目标落空。其次是导致排放权价格急剧下降，通过减排后获得利益减少，排放主体失去了采取措施降低二氧化碳排放量的积极性。针对这个问题，在 ETS 实施的第二阶段，欧盟下调了待分配的年排放权总量。调整后的年排放权平均比 2005 年低 6%。二是基于既往占有的排放权分配采用的是无偿方式。为促使排放主体积极参与，所有排放权都是免费发放给排放主体，且以电力行业居多，结果电力行业并没有使用排放权份额抵消实际排放量，而是把排放权放到市场上出售，获取暴利。[②] 因此在第二阶段，政府提高了排放权拍卖的比例，并降低了电力行业的发放上限，迫使电力企业采取措施降低碳排放。

2. 历史数据严重缺失

既往占有分配规则是提高受排污主体参与排放交易积极性的重要因素，但这须以真实可靠和各方都能接受的既往排放数据作为支撑。EUETS 第一阶段中，既往占有分配规则的广泛使用，但这需要各种既往的排放数据等。由于存在着排放源和排放设施温室气体既往排放数据严重缺失问题，致使制定配额限值和排放总量丧失了科学依据。诸多因素导致了既往数据的缺失状况，包括一些排放主体没有如实申报数据或者漏报了数据，一些国家在东欧剧变过程中可能造成了数据流失等。建立在不可靠数据基础上的既往分配规则再加上免费方式使初始分配效果打了一定折扣。

---

① Kurkowski, "Distributing The Right to Pollute in the EU: Efficiency, Equity, and the Environment", *New York University Environmental Law Journal*, 698, 2006.

② Kurkowski, "Distributing The Right to Pollute in the EU: Efficiency, Equity, and the Environment", *New York University Environmental Law Journal*, 705, 2006.

既往占有必须有可靠的数据作为支撑，否则造成制度效果和目标难以实现。

3. 国家分配方案与各国具体国情也存在冲突之处

按照 NAP 规定，各成员国须将指令主要内容作为本国进行具体立法的蓝本，也就是通过成员国国内立法程序将 NAP 转化为各国国内法后方能生效。即具体分配方案由各国自己制定。这一制度设计初衷当然是考虑解决欧盟各国之间在法律政策、经济习惯方面存在的巨大差异。因为各国法律制度传统、现状以及产业经济状况各不相同，一旦实行统一的温室气体排放权初始分配机制体制必然导致诸多问题的产生，其结果可能会妨碍减缓温室气体的一致行动。EUETS 通过 NAP 对温室气体排放总量进行宏观分配制度架构，然后再由各国采取符合本国具体国情的初始分配规则，并将这些具体规则报欧盟备案。实体和程序方面的相对细致规定有益于排放权交易制度的构建和顺利运行。然而在 EUETS 发展过程中，各国在执行 NAP 过程中也逐渐暴露出一些弊端，一些国家特别是一些东欧转型国家法治程度和环境较差，经济仍然处于转型之中，民众环境保护观念尚未形成一种主流话语，方方面面的差异当然对包括 NAP 一体化实施进程形成制约。一些国家在温室气体排放权初始分配过程，不可避免地存在着腐败和权力滥用寻租等情况，这些都会对整个 EUETS 产生不利影响。随着欧盟排放权交易的不断成熟，2008 年修改提案决定从 2013 年开始设定欧盟整体的配额总量，取消国家分配方案，并将按照计划以线性方式逐年递减排放权配额的分配数量。①

（五）结论

第一，分配规则构成交易体系重要组成部分，各国纷纷通过

---

①　韩良：《国际温室气体减排立法比较研究》，载《比较法研究》2010 年第 4 期，第 102 页。

国内立法明确具体分配规则或原则。第二，为了提高排污主体参与积极性，在初期均采用既往或当前占有为依据的无偿方式进行分配，后期更多考虑公平，逐渐采用拍卖之有偿方式。第三，分配接受主体呈现上下游结合和数量与质的规定互动局面，数量上的增多和质的规定性细化互相补充，以便有效实现经济和环境的共赢。第四，采用拍卖所获收益分配更多转向环境保护或激励节约能源。

第四章

中国排污权初始分配的完善

第一节 我国排污权交易的立法和实践考察

一 早期排污权交易制度的试点探索

于中国而言，排污权交易制度完全是舶来品，如何将其与中国污染防治的具体状况进行有效接轨，我们在理论和实践方面也进行了不懈的探索。

早在 20 世纪 80 年代末，中国就开始了排污权交易实践探索。[①] 1987 年，上海市闵行区就开展了企业之间水污染物排放指标的有偿转让的实践。1988 年，原国家环保局颁布并实施了《水污染排放许可证管理暂行办法》，其中第二十一条明确规定："水污染物排放总量控制指标，可以在本地区的排污单位间互相调剂。"1991 年，在当时国家环境保护总局领导下，全国 16 个城市（天津、上海、沈阳、广州、太原、贵阳、重庆、柳州、宜昌、吉林、常州、徐州、包头、牡丹江、开远、平顶山）进行了大气排污许可证制度试点工作。在此基础上，1994 年又开始在 6 个城市（包头、太原、贵阳、柳州、平顶山、开远）开展大气排污权交易的

---

① 王金南等：《中国排污交易制度的实践和展望》，载《环境保护》2009 年第 5 期，第 17 页。

试点工作、并取得了初步经验。1996 年，国务院批复环境保护总局提出的《"九五"期间全国主要污染物排放总量控制计划》，正式把主要污染物排放总量控制制度作为"九五"期间环境保护的考核目标，在全国所有城市推广排污许可证制度。2000 年通过的《大气污染防治法》，以立法形式提出了主要污染物排放总量控制制度，为排污权交易制度开展提供了法律基础。"十五"期间，我国环境工作重点开始从浓度控制转向总量控制，希望通过排污许可证制度建立促进总量控制工作，借助排污权交易试点完善总量控制工作。自此以后，排污权交易试点工作开始在全国各地推广。典型的主要包括推动中国二氧化硫排放总量控制及排放权交易政策实施的研究的环境合作项目。一个是在亚洲开发银行协助下，太原市政府制定的《太原市二氧化硫二氧化硫排放交易管理办法》。一个是在美国"酸雨计划"中发挥重要作用的美国环境协会（以下简称 EDF）与环境保护总局签署了"研究如何利用市场手段，帮助地方政府和企业实现国务院制定的污染物排放总量控制目标"的合作协议备忘录，确立了"运用市场机制控制二氧化硫排放"的中美合作研究项目，江苏南通与辽宁本溪两市被列为该项目的试点城市。[①] 在本溪试点中，中美双方帮助当地草拟了《本溪市大气污染物排放总量控制管理条例》，该条例将排污权交易作为实现总量控制的一种重要手段，明确规定了排放监测、申报登记、许可证分配和超额排污处罚等重要内容。南通试点中，成功促成了南通天生港发电有限公司与江苏省太仓港环保发电有限公司排污权交易的典型案例。2002 年，江苏率先制定了《江苏省二氧化硫排污权交易管理暂行办法》，开始在全省电力行业进行二氧化硫排污权交易试点工作。2002 年，EDF 与国家环保总局合作，

---

① 王金南等：《中国排污交易制度的实践和展望》，载《环境保护》2009 年第 5 期，第 17 页。

选择了江苏、山东、河南、山西四省，上海、天津、柳州三市和中国华能电力总公司，开展排污总量控制和排污权交易的"4＋3＋1"的试点项目。主要是在大气污染物领域进行区域与行业相结合的排污权交易试点工作。2005年，国务院发布《关于落实科学发展观加强环境保护的决定》，提出进行排污权交易试点工作，这是在国家层面规范性法律文件首次提出排污权交易制度。

与此同时，水污染物排放交易试点工作也开始有所进展。2001年，浙江嘉兴越秀区出台《水污染物排放总量控制和排污权交易暂行办法》，实行了水污染物排污初始权的有偿使用。2004年，江苏省印发《江苏省水污染物排污权有偿分配和交易试点工作》。2006年，浙江嘉兴开始全市范围内的污染物排放总量控制和排污权交易工作。与大气污染物排放权交易试点相比，水污染物排放交易探索力度相对较弱。

二　当前排污权交易制度的继续深化

为了真正提高环境资源利用效率，减少环境保护的行政成本，形成排污主体自发减排治污的内在机制，在前期不断探索的基础上，国家的污染防治战略开始逐渐从传统直接命令控制转向行政、市场和社会结合进行环境治理的新思路。2007年，原国家环境保护总局正式启动国家环境经济政策试点项目，探索绿色信贷、绿色贸易、环境保险、环境税、生态补偿和排污权交易等法律政策。[①] 并与节能减排和全球控制温室气体的背景相适应，开始了温室气体排放权交易的试点探索。

与早期探索形成鲜明对比的是，地方政府开始主动关注排污权交易制度的试点工作，自发探索积极性逐渐增强，相关地方法

---

① 王金南等：《中国排污交易制度的实践和展望》，载《环境保护》2009年第5期，第17页。

规、行政规章等（以下统称规范性法律文件）出台频率加大，呈现以下几个明显特点：

（一）排污权交易制度的规范性法律文件相继出台，开始涉及排污权初始分配机制

以 2007 年为例，各地颁行关于排污权交易的规范性法律文件就目不暇接。2007 年 1 月，港粤两地政府颁布了《珠江三角洲火力发电厂排污交易试验计划》，希望快速推进两地排污权交易工作。8 月，浙江诸暨市连续出台《诸暨市污染物排放总量指标有偿使用暂行规定》和《诸暨市污染物排放总量指标有偿使用暂行规定实施细则》等规范性法律文件，这也是地方文件法律规范性首次关注排污权初始分配管理工作。9 月，江苏省人大常委会颁布了《江苏太湖水污染防治条例》，首次以地方法规形式提出在太湖流域逐步推行主要水污染物排放指标初始有偿分配和交易制度。这部地方法规也是首次将排污权初始分配机制作为排污权交易制度的重要组成部分予以明确；也是在 9 月，浙江嘉兴颁布了《嘉兴市主要污染物排放权交易办法实施细则（试行）》，并正式组建了国内首家排污权交易机构——浙江嘉兴排污指标储备交易中心，参与行政主导的排污权初始分配工作。12 月，财政部和环境保护总局批复江苏省在太湖流域开展排污权有偿使用和试点工作，江苏、浙江分别就排污权交易制度开展进行了大量立法及配套工作。2007 年年底，苏浙沪三省市开始酝酿在长三角地区共同开展排污权有偿分配和交易试点工作。规范性法律文件的陆续出台表明排污权交易制度逐渐步入了法制轨道。

（二）排污权交易专门机构或平台组织纷纷成立，开始参与排污权初始分配机制

排污权交易制度背后所隐藏的巨大经济利益开始受到来自各方商业资本的高度关注。在地方政府的穿针引线和居间协调配合之下，一些商业团体或中介组织开始不同程度地介入排污权交易工作，一些组织与地方政府共同打造排污权和排放权交易平台。有些地方政府甚至采用适度分权或依法授权方式，允许一些组织介入政府主导的排污权初始分配工作。2008 年 5 月，天津产权交易中心、中油资产管理中心、芝加哥气候交易所联合筹建天津排污权交易所，交易标的不仅包括二氧化硫、化学需氧量等传统污染物，而且涉及温室气体排放权等一切可量化、指标化和标准化的交易产品。[①] 2008 年 8 月，上海环境交易所与北京环境交易所同日成立，经营对象主要包括主要污染物排污权和温室气体排放权，并涵盖了广泛的各类环境权益物品交易项目。2008 年 12 月，国家"两型社会"试验区之一的湖南第一家环境资源交易所在长沙挂牌成立，将接受湖南省环保局委托，建立覆盖湖南全省的环境资源交易平台，主要包括污染物排污权交易、环境污染治理技术的交易以及生态环境资源的交易三个方面。2009 年 3 月，以推行环境资源有偿使用和交易的湖北环境资源交易所在武汉建成。这一政府部门推动节能减排和环境资源有偿使用的重要平台，是用市场经济手段解决环境问题的有益探索。肩负着"两型社会"创新使命，交易所先后组织多次排污权初始分配及交易工作。2009 年 11 月，重庆市人民政府《关于重庆联合产权交易所股份有限公司加挂重庆环境资源交易中心牌子的批复》中明确指出，《重庆市主要污染物排放权试点方案》已经市政府第 47 次常务会议通过，该方案确定重庆联合产权交易所股份有限公司为主要污染物排放权交易平台。为加快推进和实施主要污染物排放权交易工作，同意重庆联合产权交易所股份有限公司加挂"重庆环境资源交易中心"牌子，该中心属企业性质，接受重庆市主要污染物排放权交易管理中心的指导和监督，并协助参与排污权初始分配工作。商事公

[①]　王金南等：《中国排污交易制度的实践和展望》，载《环境保护》2009 年第 5 期，第 18 页。

司的出现和介入，使排污权交易制度主体建构方面呈现一定的复杂性和不确定性，也使排污权初始分配机制进入了一个多主体利益博弈的语境之下。

部分排污权交易的规范性法律文件汇总表：

规范性法律文件名称	颁行时间（年）	法规属性
《开远市大气排污交易管理办法》	1993	一般规范性文件
《太原市大气污染物排放总量控制管理办法》	1998	地方政府规章
《关于二氧化硫排放总量控制及排污交易政策实施示范工作安排的通知》	2002	一般规范性文件
《太原市二氧化硫排污交易管理办法》	2002	地方政府规章
《江苏省电力行业二氧化硫排污权交易管理暂行办法》	2002	一般规范性文件
《阳泉市二氧化硫排污交易暂行管理办法》	2003	一般规范性文件
《国务院关于落实科学发展观加强环境保护的决定》	2005	一般规范性文件
《江苏省太湖水污染防治条例》	2007	地方性法规
《嘉兴市主要污染物排污权交易办法（试行)》	2007	一般规范性文件
《太原市二氧化硫排污交易管理办法》	2008	地方政府规章
《浙江省水污染防治条例》	2008	地方性法规
《无锡市水环境保护条例》	2008	地方性法规
《湖北省主要污染物排污权交易试行办法》	2008	地方政府规章
《湖南省主要污染物排污权有偿使用和交易管理暂行办法》	2010	一般规范性文件
《陕西省二氧化硫排污权有偿使用及交易试点方案（试行)》	2010	一般规范性文件
《重庆市主要污染物排放权交易管理暂行办法》	2010	一般规范性文件
《浙江省排污权有偿使用和交易试点工作暂行办法》	2010	地方政府规章
《嘉兴市主要污染物初始排污权有偿使用办法》	2010	一般规范性文件

部分排污权交易平台组织表：

交易平台组织	是否参与初始分配权	时间（年）	法律属性	经营范围	备注
嘉兴市排污权储备交易中心	依法参与	2007	事业法人	制定排污权交易规则，为其提供场所、设施和信息等服务	
长沙环境资源交易所	省环境行政部门授权参与	2008	企业法人	污染物排污权、环境污染治理技术以及生态环境资源三个方面交易	
天津排放权交易所	不参与	2008	企业法人	温室气体和主要污染物排放权交易为主，涵盖节能等咨询综合服务	
北京环境交易所	北京市政府授权参与	2008	企业法人	排污权交易；节能量交易；生态补偿促进中心；CDM 信息服务中心等	
上海环境能源交易所	上海市政府授权参与	2008	企业法人	节能减排、环境保护与能源领域中的各类技术产权、减排权益、环境保护和节能能源利用权益等交易等	
湖北环境资源交易所	湖北省环境主管部门授权参与	2009	企业法人	主要污染物及温室气体排放权交易提供场所、实施，履行交易鉴证职能、权利储备等	

（三）我国排污权交易制度若干问题分析——以排污权初始分配为视角

尽管排污权交易制度在我国经历了多年和多地实践探索，在管理制度和运行机制方面存在一定的经验。但由于思想观念、政策法律法规以及配套制度措施等方面的阻力，排污权交易制度深化和推广过程中存在很多问题。

1. 排污权交易法律法规不足和效力较低，其中涉及排污权初始分配法律法规更是阙如

国家层面来看，2000 年颁行的《大气污染防治法》和 2008 年颁行的《水污染防治法》虽明确了总量控制和排污许可证等制度

的法律地位，但迄今为止仍然缺乏总量控制和排污许可证制度的具体实施细则。我们知道，排污权交易制度处在总量控制延长线上，若缺乏总量控制的具体实施细则，排污权交易也就成了无源之水，无本之木。由于缺乏配套规则，排污权交易制度中排污权的法律属性，排污权交易的基本规则、交易主体的责权利、交易纠纷裁决救济、交易税费及优惠、排污权折旧、抵押以及法律责任等都难以明确。没有国家层面法律法规的颁行，全国性排污权交易市场难以形成。

此外，涉及排污权交易的规范性法律文件效力等级较低，可操作性差。2005 年国务院颁布的《关于落实科学发展观加强环境保护的决定》，首次提出可以进行排污权交易的试点工作，构成了迄今为止关于排污权交易的最高规范性法律文件。2007 年国务院颁布了《节能减排工作综合性方案》和《国家"十一五"环境保护规划》，再度提出了进行排污权交易试点探索。2009 年到 2011年的国务院《中央政府工作报告》，更是两次提及可以试点探索排污权交易。总之，涉及排污权交易的制度规定仅停留在国务院规范性法律文件层面，且仅仅构成一种倡导性或引导性的政策宣示，无具体可操作性规范内容，无具体实施主体和无法律责任具体规定，效力较低，可操作性差，难以满足现实生活需要。总之，国家层面的立法空白、效力位阶较低和可操作性差构成我国排污权交易制度难以大规模推行的主要原因。

从地方层面来看，尽管很多地方都在开展排污权试点工作，但相关法律制度基础仍然非常薄弱。据笔者调查统计，省级或国务院批准的较大的市的地方人大或常委会只在排污许可证专门规定中涉及排污权交易制度（典型如江苏省《太湖水污染防治条例》），没有专门的排污权交易制度的地方法规。几乎所有排污权交易制度都是以地方规章或部门规章等效力较低的规范性法律文件形式存在。一直走在排污权交易制度前列的浙江嘉兴市，虽然初步形成了排污权交易的地方性法律法规体系，但由于嘉兴非国家《立法法》确定的"较大的市"，这样通过的专门的排污权交易管理的规范性法律文件就因其层级效力较低难以真正贯彻实施。有些试点地区排污权实践存在"跟风"现象，盲目性有余和理性不足。一些地方颁行的排污权政策存在"违法操作"嫌疑，一些地方颁布的排污权交易法规沦为摆设。① 尽管专门排污权交易规范性法律文件层级和效力较低，但并不妨碍这些规定以及按照这些规定进行试点的地区对排污权"交易"的无比热衷和对"总量控制目标"和"初始分配"的极力回避。全面分析这些地方规范性法律文件，几乎没有对排污权初始分配做出专门章节规定，寥寥些许初始分配规则淹没在众多交易规则之中。地方规范性法律文件对排污权"交易"的高度重视也从一个侧面反映了在"唯 GDP"时代背景下，很多制度都可能自然衍生为 GDP 增长的重要工具，排污权交易制度当然未能幸免。

2. 排放监测和监管能力不足，构成初始分配机制难以运行重要原因

准确监测、核算排污主体污染源情况是有效推行各种环境经济政策的工作前提，更是控制非法排污的关键手段。排污权初始分配和交易的公平性、有效性和科学性必须建立在排污主体排放量的准确核算和监测监管基础之上。但目前情况而言，我国污染物排放量监督监测的技术基础相对薄弱，监管能力相对不足。众多排污权试点地区尚未完全达到排污权交易制度所要求的严格监测条件。环境行政主管部门无法全面掌握真实掌握排污主体排放数据等各种信息。对排污权初始分配、交易情况的动态跟踪记录更是难以全面有效开展。即便在试点较早的江苏浙江等地，虽在

---

① 谭野：《河南排污权四年零交易》，载《决策》，参见 http：//tieba. baidu. com/f？kz＝324244531。

部分重点排污主体安装了在线自动监测设备，但缺乏原始数据的跟踪记录，排污权交易制度在实践中只停留在排污主体之间的"交易"层面。浙江嘉兴越秀虽然较早推行排污权交易制度，并在有偿初始分配方面进行了探索，但对规范性法律文件中提到的动态监测管理却未能有效进行衔接。排污权初始分配和交易在一定程度上可以理解为"数字"分配和交易。若无科学监测手段支撑，"数字"分配和交易迟早演变为数字游戏。

再者，排污权交易制度需要强有力的监管制度和较高的、更加规范的执法能力建设，需要依靠重典来杜绝排污主体的违法排放行为，但实践中存在的环境行政执法部门地位较低、执法手段单一、执法不严以及执法中存在的地方保护主义等问题都会对排污权交易制度实施带来较高风险。

3. 排污权初始分配一级市场尚未建立，致使交易二级市场潜力有限

就排污权交易案例来看，不管是最早进行的江苏南通天生港发电有限公司与江苏省太仓港环保发电有限公司排污权交易案例，抑或目前交易标的额最大（9000万元）的国网能源开发公司和山西能源集团有限公司、山西京玉发电有限公司排污权交易案例，都是在当地环境主管部门撮合、协调下完成的个案。在这些案例中，环境主管部门既是初始分配主导者，又是分配交易规则的制定者和实现交易的中介人。抛开这种很强的行政干预色彩和拉郎配的形式不说，所谓的市场机制所要求的价格杠杆和价值规律都没有发挥作用。一言以蔽之，各地排污权交易的成功案例很大程度上仅具有个案或象征意义，一些可能成为地方政府的政绩。严格意义上讲，我国并未形成真正意义上的排污权交易市场。整个排污权交易制度中，由于排污权初始分配问题最为棘手，故很多地方回避排污权初始分配这个关键环节和重要过程，直接启动了排污权交易，导致排污主体对污染物排放总量如何分配以及排污

权交易制度发展走向缺乏明显预期。在通过各种方式获取排污权后，排污主体更倾向于为自身预留发展空间，从而产生排污权二级市场潜力有限甚至出现有价无市、表面热闹背后冷清、政府大力推动和排污主体消极应对等中国症状。

影响排污权交易市场的重要原因还有：第一，"一刀切"减排政策（直接命令控制手段）直接压缩了市场机制的生存空间。2006年，环境保护总局公布了"十一五"减排目标。随着期限临近，环境主管部门拾起了得心应手的直接管制手段，希望完成节能减排目标。以电力行业为例，全国实施了"一刀切"的强制脱硫、脱硫电价补贴政策。通过上大压小，强制关停了大量小火电。据不完全统计，仅2006—2008年，全国共强制关停小火电机组5724万千瓦，就业岗位减少41万个。在中国目前情况下，只要完成减排目标，至于市场机制或行政手段都可以在所不问，尽管存在较高的行政成本。行政强制手段的滥觞无疑极大压缩了市场机制使用空间。第二，回避一级市场建设，致使二级市场难以为继。排污权初始分配构成排污权交易制度的一级市场，现行排污总量已经按照区域和行业分至具体排污主体，也就是说，在这个层面上，排污主体数量最为庞大，若将一级市场排污主体排污权份额看做存量的话，二级市场排污主体排污权份额就是增量，存量非常巨大而增量相对较少。若没有存量参与，仅限于二级市场交易主体间增量交易，规模很小久之则难以进行。建构排污权初始分配机制，启动一级交易市场，二级市场才能顺利进行，才能达到资源合理配置和减少成本目的。

4. 与现有环境法律制度之间抵牾，也会阻碍排污权交易制度推行

客观上讲，在相当长的一段时间内，环境污染法律制度仍然是以直接命令控制为主和市场手段为补充，环境影响评价制度、三同时制度、限期治理制度、排污申报登记制度、排污税费制度、

排污许可证制度等都在排污权交易时代仍然发挥着不可替代作用，处于补充而非替代的排污权交易制度主要限于经济激励方式进行污染防治和实现减排成本最小化。缺乏对排污权交易制度地位和功能的清醒认识可能会带来一些问题，甚至危及排污权交易制度自身。很多试点地区对此认识不清，"摸着石头过河"，"灵丹妙药"等过于夸大排污权交易制度的地位和功能，忽视排污权交易制度与其他环境法律制度之间存在一些冲突和抵牾。以环境影响评价制度与排污权交易为例，环境影响评价是预防性的基本环境法律制度，按照该制度规定，任何新改扩项目均需环境影响评价。一排污主体若购买排污权份额，能否以此为据通过环境影响评价。若无两个制度之间协调，建设项目所购排污权份额又有何用？再以排污权交易和限期治理制度为例，按照限期治理制度规定，若排污主体超总量排污，应当实行一定周期的限期治理，限期治理不能完成的，才能实行停产或者申请政府关闭。而排污权交易制度要求，超标排污即为违法，若排污主体实际排放额高于法定排放额，须从市场购买指标方可排污。因此，要顺利推行排污权交易制度，需对限期治理制度进行修改甚至废除。排污权制度与排污税费制度也存在冲突，现行排污税费制度尚处于变革之中，但从试点地区来看，因排污权交易而衍生出来的费用就有排污权使用费、排污权一次性出让金、排污权交易税和交易所得税（浙江嘉兴排污权交易国税加地税占到交易金额的30%），再加上业已存在的污水处理费、排污费，致使有些排污主体认为，排污权交易制度只不过是在原来排污收费制度之外再加收一种费用。有些试点地区热衷于排污权初始分配的拍卖无非也是希望借此排污权试点东风，从中分一杯羹而已。

　　综上所述，我国排污权交易制度中试点中存在的问题迫切需要通过法律和实践予以完善。同理，因排污权初始分配而引发的排污权交易制度问题也需要认真分析，通过对排污权初始分配进行不断调控，建立科学合理的排污权初始分配机制，才能最终带来排污权交易的有效运行，排污权交易制度才能最终发挥其价值和功能。

第二节　中国排污权初始分配机制问题分析

一　排污权交易制度断片化问题

"排污权交易制度存在于作为直接规制的总量控制的延长线上。因为在实现规制基准的总量规制中，作为总量规制基准，排放指标分配到各企业，当排放指标有剩余时，容许市场买卖这些指标。"[①]完整的排污权交易制度应当主要包括总量设定、初始分配和交易三个不可分割之重要过程，强调一个方面而忽视另外两个方面都会出现所谓的制度断片化现象。只有重视排污权交易制度的断片化现象并积极进行统合或整合，才能实现制度本身的价值。

（一）排污权交易制度断片化现象

严格意义上讲，我国开展排污权交易试点也有 20 多年历史，相关地方法律法规等规范性法律文件也出台了不少，在看似表面喧嚣背后，我们越来越清晰观察到这样一个问题：各地推出的排污权交易制度设计缺乏整体主义考量，断片化现象非常突出。具体体现在以下几个方面：第一，立法或实践回避排污总量控制而强调交易。排污权交易制度探索早期，从较为简单的交易入手进行探索尚可理解，因为只有交易才是市场机制的内在要素。但历经 20 年左右探索后，仍然回避排污总量控制而强调交易就可能造

---

① ［日］黑川哲志：《环境行政的法理与方法》，肖军译，中国法制出版社 2008年版。

成制度异化风险。以 2010 年陕西省首次排污权交易为例。陕西省环境主管部门为交易所制作的宣传册明确指出，这次交易指标主要来自于陕西省因超额完成国家减排任务而产生的富余二氧化硫排放量，但实际情况是不是这样呢？根据原国家环境保护总局下发的《二氧化硫总量分配指导意见》[①] 规定：截至 2010 年年底，陕西省二氧化硫排放量应从 2005 年 92.2 万吨减少到 81.1 万吨，减排目标为 12%。2009 年，环境部核定陕西省二氧化硫排放量为 80.44 万吨，比 2005 年下降 12.75%。因此环境主管部门有权就超额完成的 0.75%，即 6915 吨二氧化硫指标进行初始分配。乍一看，应当是合理和合法的，但认真分析就可能发现其中存在一定的问题。我们知道，国家在统计和公布"十一五"二氧化硫减排效果时，已将各省超额完成量全部纳入并将其作为整体国家减排效果目标予以公布。也就是说，陕西省的减排指标已经纳入国家减排目标效果，现在陕西省将减排指标（已纳入国家整体减排目标）进行初次分配（拍卖），各省（市）若纷纷跟进和仿效，都将已纳入国家减排目标的各省市超额量进行初次分配，那么国家公布减排目标仅仅表现为一连串数字的变化，在环境保护方面无任何实质意义。缺乏整体性和体制性控制的递减总量目标，排污权交易制度就会演变为简单意义上的排污权数字"交易"制度，制度本身所追寻的环境保护价值最终落空。第二，地方立法和实践活动忽视初始分配而关注交易数量和金额。前面已经讲过，初始分配建构排放权一级市场，排污权交易构成二级市场。没有一级市场的启动，何来二级市场的运行和发展，因为排放权初始分配过程构成排污权交易的逻辑起点。排污权初始分配既是一种利益分配又构成一种资源配置，对分配主体而言，如何进行分配和分配给谁都是非常敏感的重大议题，若无高层次立法对此进行明

---

① 环境保护总局文件：《二氧化硫总量分配指导意见》，环发 [2006] 182 号。

确规范，各地试点都会明智地跨过或回避这一烫手山芋，直接进入可以交易这一环节。以排污权交易制度推行较早的浙江嘉兴为例，嘉兴早在 2007 年就开始全面推行排污权交易，但无论是立法或实践，都绕过了排污权初始分配，直接进行排污权交易。不可否认，地方政府或环境主管部门希望通过二级市场的快速运作来推动排污权交易制度进展。我们知道，如同一级市场是建立在总量控制基础之上，二级市场则是建立在一级市场的基础之上。从经济学观点来看，一级市场事关存量排污企业，而二级市场只是增量排污企业。在整个政策环境下，增量是不大的，而存量却是非常大的。只有做好了存量配置以及减排工作，才能为增量带来源源不断的活水。但若没有一级市场（存量配置及减排）的有效启动和运行，二级市场就成了无源之水和无本之木，零星的排污权"交易"仅仅构成一个个的个案，所起的无非是点缀作用。

（二）断片化成因分析

回避总量控制和初始分配而强调排污权交易，这种无视制度一体性而关注某一层面现象可以称为制度断片化现象。排污权交易制度的断片化现象是造成排污权交易热火朝天但排污权交易制度举步维艰的主要原因。深入分析制度断片化成因主要有：

1. 行政体制原因

排污权交易制度三个主要阶段（总量控制、初始分配和交易）都是行政主导的，但却是由不同层级环境主管部门组织实施。这种分阶段、分层实施体制不会简单融合不同层级部门权限，故存在各层级主管部门自由裁量一面，当自由主义与地方保护主义联结在一起的时候，一体化排污权交易制度的断片化现象出现就不可避免。更深层次的成因在于，分业分层管理和实施体制下，排污权交易制度三个主要组成部分贯彻实施的风险和收益不一，成本和边界费用的大小也不同。以总量核定为例，理想状况是进行国家、省、市、县，再到具体排污主体的层层分解，这样的话，每个排污主体都对自己许可排放总量和实际排放量非常清楚。但在实际操作过程中，排污主体许可总量和实际排放量核定的标准却难以统一。究其原因，我国分业分层排污数据核算管理体制造成了环境评价、环境统计、污染源普查、排污申报和减排核查等众多排放量数据，这些数据都有一定的法律支撑，换而言之都有一定法律效力。具体实施行政主体在分析或采纳数据时，需要很大行政成本支出，因为采纳任何数据都可能引发不同排污主体的讨价还价和公关游说，较大的行政成本和耗时费钱的谈判交易成本以及伴随的政治风险都可能造成具体实施的行政主体对进行总量分配望而却步。排污权交易制度第三阶段的排污权交易市场却不同，因为具体实施部门仅仅对其进行监管，即便偶尔客串牵线搭桥，也无多大风险，更无行政成本支出，且可以通过"环境资源有偿使用"原则获得一定部门收益，交易数量和金额甚至可以作为政绩成果彰显。我国目前绝大多数试点地区热衷于排污权交易市场及相关配套设施建设而极力回避排污权初始分配机制建构与此不无关联。

2. 结构原因

斯蒂芬·布雷耶在《切断恶循环》一文中，对于风险规制的断片化从结构上列举了三点原因："狭窄视野"、"无整体行动计划"和"不协调"。我们认为，排污权交易制度断片化也可以从中找到答案。就视野狭窄来看，勤勉的不同层级具体实施人员常常囿于自己阶段目标的有效实现，以至于不能认识到其工作带来的不是利益而是危害。各地排污权实践中，对"交易"的过度关注和强调实质上就是在排污权交易制度的"最后一程"或者"最后一英里"阶段上花费了庞大的劳力和费用，但就一体化排污权交易制度整体推进而言，却导致了不合理结果，制度本身未能有效实现其价值。就"无整体行动计划"来看，排污权交易制度应理顺总量设定、初始分配和交易等不同阶段先后顺位。通过整体的或相对系统的行动计划，优先进行排污总量核定和初始分配等基础性工作，交易机制自然会在后续中顺位生成。单独将排污权交易从整体制度体系挖出进行实践和推广，虽有先易先简的一般考量，但实际上却是扰乱了制度本身的系统整体性。不协调主要表现在：总量控制、排污权初始分配和排污权交易的规制主体、规制程序以及评价方法、评价标准存在较大差异，因此同步实施、整体推进排污权交易制度可能涉及政策、法律、机制体制等方面的整体联动，但在我国目前的环境管理体制下实现整体联动几乎是不可能的。这种不协调状况迫使制度具体实施者希冀从单一方面进行突破，毫无疑问，最为简单、阻力最小、成本最低且收益最大的交易阶段自然就会成为制度突破的首选。

二　我国排污权分配共同体结构问题分析

排污权初始分配主体和接受主体构成分配共同体结构，共同体结构完善与否直接关系排污权初始分配规则的合理制定以及有效实施。本书选取我国现行规范性法律文件关于分配主体、分配接受主体等具体规定进行分析。

（一）现行规范性法律文件关于分配共同体的规定

分配主体是排污权初始分配活动和过程的组织者、发动者和主导者。分配接受主体是初始分配接受者、排污权占有者和交易市场的可能发动者。对它们相互关系的认识和把握构成初始分配的重要内容。分析规范性法律文件关于分配共同体结构的内在关系可以帮助我们了解分配主体和分配接受主体两者之间的关系，解构不同主体在初始分配活动中所形成的权责以及探寻一般规律。基于行文需要，我们选取了《阳泉市二氧化硫排污交易暂行管理办法》、《湖北省主要污染物排污权交易试行办法》、《嘉兴市主要污染物排污权交易办法（试行）》、《杭州市主要污染物排放权交易管理办法》四部典型的规范性法律文件关于分配共同体的规定进行比较分析。

分配共同体的规范性法律文件表:

		山西阳泉	湖北	浙江嘉兴	浙江杭州
分配主体	横向	环境主管部门:制定排放指标年度分配方案,每年年初以许可证形式下达 计划、经济、法制、财政、物价行政部门参与	环境主管部门:负责排污主体初始排污权核准 物价、财政、环境负责初始基价、出让金收取使用监督等	环境主管部门:负责行政辖区内主要污染物排污权交易市场的指导、监督与管理	环境主管部门:确定分配方法和原则; 发改部门:会同做好区域总量分配与考核工作 物价部门:制定初始分配指导价 财政部门:设置专用账户和监督资金使用
	纵向		省环境部门:实施统一监督、指导;核定国控重点排污单位初始排污权 市环境部门:本行政区域省控、市控重点排污单位 县环境部门:本行政区域其他排污单位初始排放权核定		市环境主管部门:以排污许可证形式确定其监管的排污单位排放指标 区(县、市)以排污许可证形式确定其监管排污单位排放指标
	中介机构及属性		设定实体条件:独立企业法人;资金、技术、管理等 程序条件:包括申报—审查—委托—公布等	市环境行政部门组建嘉兴市排污权储备交易中心,参与排污权初始分配的有偿使用工作	市环境保护主管部门委托从事公共资源排放权交易储备、回购等工作的杭州产权投资有限公司;交易平台设在杭州市产权交易所有限公司
分配接受主体		先提出排污企业概念(第二条)、后提出排污单位(第三条)和交易双方概念(第四条)等	与分配主体纵向管理相对应,可分为国控重点排污单位、本行政区域省控市控重点排污单位以及其他排污单位	本市行政区域内已经依法注册登记的企业(2600家);已经获得环境影响评价文件批准的建设项目	市场主体是指经市环境局核准进行主要污染物排放权交易的排污单位;以分配主体行政隶属关系确定分配接受主体
交易对象		二氧化硫	二氧化硫 化学需氧量	二氧化硫 化学需氧量	二氧化硫 化学需氧量 氨氮 (目前限前面两类)

（二）分配主体及其分配权配置存在问题

分配主体是排污权初始分配机制的发动者和组织者，合理配置不同层级分配主体初始分配权构成排污权初始分配机制顺利运行的重要条件。

1. 横向权力配置及存在问题

横向权力配置方面，主要涉及哪些行政主体有权参与排污权初始分配机制以及它们各自的分工和权责问题。从上述各种规范性法律文件和调研中可以看出，实践主要有以下几种做法：（1）初始分配权由环境主管部门独立承担，其他行政主体未有参与。浙江嘉兴最初仅明确规定环境主管部门承担初始分配权责，但后期陆续要求其他部门依法参与。可见环境主管部门独立承担初始分配权多在试点初期出现。（2）环境主管部门主导，其他行政主体有限参与，但参与主体各异。就笔者检索的地方规范性法律文件来看，先后有发改、经贸、法制、财政、物价、公共资源交易管理委员会等不同行政部门参与排污权初始分配工作。如《杭州市主要污染物排放权交易管理办法》规定，发展与改革主管部门会同环境行政主管部门做好区域总量分配与考核工作。财政主管部门负责设立主要污染物排放权交易（包括初始分配）专项账户，并监督管理专项资金的使用。物价部门负责制定主要污染物总量分配与排放权交易的指导价。政府其他部门按照各自职责做好主要污染物排放权交易相关管理工作。（3）依法授权或受委托的组织也参与到排污权初始分配工作中来。各地在环境主管部门下面设立组织参与排污权初始分配，或者将初始分配职责委托给业已成立的其他社会组织承担。

初始分配权行使过程，在一定意义上就是利益分配和资源配置过程，没有其他部门的参与和有机协作恐怕很难顺利进行。如何建立一个运转协调、分工明确的排污权初始分配的横向权力配置机制，在我国目前仍然存在以下几个困难：第一，缺乏刚性和规范化的部门合作机制。美国"酸雨计划"排污权初始分配合作机制中，专门设立了由EPA牵头的专门协调机构，形成部门之间具有一定法律约束性的伙伴关系，甚至部门之间冲突协调机制也规定得非常详细。明确的协调机制和责任机制以及充裕的经费保障是推动初始分配顺利运行的不二法门。第二，缺乏必要的监督和评估机制。在中国语境下，任何政策的试点在一定意义上就是突破现有权力分配框架体系，不断扩展试点地区权力且争取国家财力支持的过程。初始分配权行使过程中，不能排除地方或部门借助地方或部门规范性法律文件这种正当和合法程序"塞进"地方和部门各自利益，致使排污权初始分配机制沦为地方部门"利益分肥"的合法工具。因此，在授予一定行政主体初始分配权责同时，设立合理的制约监督机制是非常重要的，也是各国保障初始分配权正常运行的重要经验。只有通过对不同分配主体协调程度、机制运转情况和效果评价等进行全方位监督和动态评价，才能保障初始分配权能的依法实施。此外，必要的社会监督机制同样不可或缺，应聘请一定资质的监理部门对试点地区排污权初始分配部门协调机制进行全过程绩效评估，并将结论和建议向中央环境主管部门汇报或向社会公开。

2. 纵向权力配置及存在问题

纵向权力配置主要涉及初始分配权如何在上下级行政部门之间进行合理分配的问题。我国立法和实践中，初始分配权纵向配置主要有以下做法：第一，以行业确定权力配置。按照环境部和财政部起草的《关于加快推进排污权有偿使用和交易工作的指导意见》规定，中央层面重点组织实施跨区域远距离输送的火电行业（含热电联产企业与企业自备电厂）等高架源的主要污染物排放权初始分配与排污权试点工作；省级政府层面负责组织实施钢铁、有色、建材、化工等"两高一资"行业的主要污染物排放权初始分配与交易试点工作。因为不同行业存在不同特性，以此为据，理清中央与省级层面初始分配权权限。第二，以属地确定权力配置，即按照地域权限划分初始分配权。《杭州市主要污染物排放权交易管理办法》第 8 条规定，区、县（市）环境行政主管部门对本辖区主要污染物排放权交易实施统一监督管理。《湖北省主要污染物排污权交易办法实施细则》第 9 条第 3 款规定，县（市、区）环境行政主管部门负责行政区域内其他排污单位主要污染物初始排污权的核定分配。第三，以流域确定权力配置。环境保护部和财政部起草的《关于加快推进排污权有偿使用和交易工作的指导意见》指出，中央组织实施跨省界流域主要污染物排放权初始分配与排污权试点工。第四，依据接受主体类别不同设置不同初始分配权。湖北省排污权初始分配实践中，按照排污许可证发放管理工作规定，将排污主体分为国控、省控和市控。省环境行政主管部门负责组织核定属国控重点排污单位主要污染物初始排污权。市、州、直管市、林区环境行政主管部门负责行政区域内省控、市控排污单位主要污染物初始排污权的核定分配。浙江省排污权初始分配和交易试点工作中规定，总装机容量 30 万千瓦以上燃煤电厂的排污权有偿使用和交易由省环境厅直接管理。第五，委托管理，将初始分配权委托给依法授权的企事业单位实施。《嘉兴市主要污染物初始排污权有偿使用实施细则》第 5 条规定，环保部门负责行政区域内主要污染物初始排污指标核定和有偿取得的指导、监督与管理。排污权储备交易中心（以下简称交易中心）具体负责初始排污指标的购买、转让和回购等日常工作。

总体上看，初始分配权纵向配置出现从无到有，从共性走向个性的现象。纵向权力配置呈现以下几个特点：第一，结合污染物特性进行纵向权力配置。第二，结合污染主体（排污单位）管辖权限进行纵向权力配置。第三，多样性和精细化相互结合。

上述纵向权力配置存在以下问题：第一，随意性较大，突出表现就是规范性法律文件替代了正式法律，成为纵向权力配置的法律渊源。基于中国的政治生态状况，领导谈话、指示和规范性法律文件在排污权试点地区初始分配工作发挥了实质性作用。但上述领导谈话和规范性法律文件对纵向权力配置规定，更多的是基于当时情势需要而非着眼于整体权力配置的内在联系。因此，权力配置对领导讲话和规范性法律文件的借重，虽然有利于应对社会需要和政策变化，但却会使作为上位法的正式法渊源由于其抽象性而难以实现。① 造成正式法律的虚置。第二，纵向权力配置形成的初始分配不公问题开始显现。如前所述，依照行业属性、地域特征和排污主体管理级别进行初始分配权配置，在一定程度上可以弥补各地权力配置上的权责不分和职责不清。但过于多样化和精细化的权力配置方式造成排污权初始分配显失公平。湖北排污权初始分配实践过程中，纵向分配权配置是按照分类管理原则进行的，实践中就出现了这样一种情况：湖北孝感同一个工业园区内，一家省控排污主体，其排污权初始分配由湖北省环境行政部门负责，而另一家市控排污主体，其排污权初始分配工作由孝感市环境行政部门负责，由于不同环境行政机关采用不同分配规则、分配程序，造成两个同处一地的排污主体获得不同待遇，一个须通过拍卖获得初始排污权，另一个借助既往或当前占有且无偿获得初始排污权。多样化的纵向权力配置体制已经造成了明显的分配不公现象。第三，不同环境权力配置存在冲突问题。环境主管部门除了行使初始分配权之外，仍然有许多其他方面的权力。以初始分配权与环境影响评价审批权配置为例。排污权交易制与环境影响评价制度存在密切联系，各地在排污权实践中，为了遵守环境影响评价法律等规定，新建项目均需将获得的排污权份额作为环境影响审批的前置条件。以此观之，环境影响审批权配置状况如何，直接涉及初始分配权配置状况。我国建设项目环境影响评价审批权经过了一个不断变化的过程。1998 年国务院《建设项目环境保护管理条例》，2002 年国家环保总局《建设项目

① 刘志欣：《中央与地方行政权力配置研究》，华东政法大学 2008 年博士学位论文，中国期刊网。

环境影响评价文件分级审批规定》和2004年的《关于加强建设项目环境影响评价分级审批的通知》等规范性法律文件逐渐形成了环境影响标准与规模标准并重的权力配置标准。这样，审批权配置与分配权配置就存在一定冲突之处。具体表现为：第一，实施主体不同，可能存在从一个市里获得的排污权送到国家进行环境影响审批情况。第二，配置标准不一。各地排污权初始分配规则不同也会造成环境影响偏离真实情况。凡此种种，造成排污主体成本加大、无所适从以及不同层级行政主体之间相互扯皮等不良状况。

3. 受委托主体法律规定及存在问题

在排污权实践过程中，各地纷纷筹建了排污环境资源交易所、排污权交易中心等机构，或依托一定产权交易机构基础上增加其排污权方面功能。概括起来，目前存在多种模式：（1）隶属环境主管部门的国有企业。如浙江嘉兴市人民政府批准成立的嘉兴市排污权储备交易中心是隶属嘉兴环境保护局的国有企业法人。（2）经环境主管部门依法批准，经营排污权交易业务的公司法人。如湖北省环境主管部门规定相应资质要求，只要符合这个资质要求的法人单位可向环境主管部门申请经营排污权交易相关业务。（3）环保主管部门下设事业单位。如按照《长沙市环境资源交易管理办法实施细则（试行）》规定，湖南长沙环境资源交易所是受市环境保护局领导的负责环境资源交易的机构，其性质属于事业机构。（4）中方控股的中外合资公司。如天津排放权交易所由中石油下属中油资产管理有限公司以及天津产权交易中心和芝加哥气候交易所三方出资设立。① 上述受委托主体参与排污权初始分配工作，扮演行政和市场的双重角色，故对其属性的界定至关重要。但各地的立法实践对其属性存在不同界定使其在排污权初始分配

---

① 许嘉：《环境资源交易所相关法律问题研究》，湖南师范大学2009年硕士学位论文，中国期刊网。

承担职责存在诸多困境。

首先，从分布情况来看，受委托主体多集中在经济发达的东部地区。多在当地环境主管部门牵头组织下成立的。目前这种分布状况并非是有规划的、系统的设置而是资本的聚合效应。这种状况与排污权交易制度存在一定矛盾之处。因为现行环境法律主要是以行政区域为界设置排污总量控制目标和进行排污权初始分配工作。各地经济发展状况不同、市场机制与法制程度不一、环境监管水平存在较大差异。在一定行政区域内进行排污权初始分配，就很难实现跨行政区域排污权交易。即便有些交易机构希望经营全国辖区排污权交易业务，但由于污染监控体制和排污权初始分配体制等行政配套体制的不完善，可能带来跨行政区域可交易排污权配额不能互认的困难，致使环境资源交易所跨辖区排污权交易业务无法开展。① 其次，受委托主体法律属性也对排污权初始分配工作造成一定困难。现有地方规范性法律文件大多将受委托主体属性界定为企业法人，不管是国有抑或合资，法人是以营利为目的的。若依法赋予或委托企业法人行使部分初始分配权能，可能又会出现所谓的政企不分、权力寻租等问题。

（三）分配接受主体及相关问题分析

分析现有地方规范性法律文件关于分配接受主体的法律规定，我们可以看出以下几个方面问题：第一，规范性法律文件缺少排放接受主体的系统性规定。一些规范性法律文件逻辑用语混乱，不能区分接受主体和交易主体，甚至将它们混同使用。排污权交易制度下的初始分配法律关系中，法律关系主体分别是分配主体和分配接受主体，也就是说，这一阶段的排污主体名称应该叫做分配接受主体，它们参与分配法律关系和享受承担初始分配过程

---

① 许嘉：《环境资源交易所相关法律问题研究》，湖南师范大学 2009 年硕士学位论文，中国期刊网。

中形成的权利义务。而排污权交易制度下的交易法律关系中，主体主要由排污权交易主体构成。交易主体是依法买卖排污权具体份额的排污主体或其他社会组织，一些国家或一些地方甚至允许环境保护组织购买排污权份额，因此，交易主体已经超出了排污主体范畴。分配主体、排污主体、分配接受主体和交易主体在内涵和外延存在很多差别，不能相互取代和相互混同，在一定时段内可以相互借用并不意味着它们是相同的。一些地方规范性法律文件不能区分上述不同法律概念，就出现了逻辑上的混乱和不够严谨问题。如山西省《阳泉市二氧化硫排污交易暂行管理办法》①第2条将政府和排污企业均纳入交易主体范畴，第4条又授权政府对排污交易进行指导，这样，政府就扮演了交易主体和裁判员的双重角色。法律用语上逻辑混乱显然是实践中探索不够严谨的一个缩影，究其实质就是没有将初始分配机制纳入法律规范之下进行单独明确界定。第二，缺乏对排污主体数量、类别及数量的科学认识和全面分析。具体表现为：现有规范性法律文件无视排污主体不同属性类别，企图将所有排污"贡献大户"都纳入接受主体；没有进行科学市场分析，秉持接受主体数量越多，二级市场范围就会越大和市场就会活跃的不正确观点。因为不同类别属性排污主体排放污染物种类、数量都存在较大差异，应当说缺乏一定可比性，故各国在排污权实践中，从简单和实用角度出发，在制度实施初期，尽量选择具有同质性排污主体或者一定行业内具有相同特质排污主体作为分配接受主体，并明确规定非排污企业不能纳入分配接受主体范畴。反观我国现有地方法律法规等规范性文件，缺乏严谨的科学论证和实践分析，惯用直接命令控制手

---

① 《阳泉市二氧化硫排污交易暂行管理办法》第二条规定：二氧化硫排污交易是指在总量控制前提下，政府与排污企业间进行的二氧化硫配额的有偿转让、拍卖活动，以及排污单位相互之间进行的二氧化硫配额的买卖活动。第四条又规定：二氧化硫排污交易应在政府的指导下，交易双方本着自愿原则进行。

段，"一刀切"将所有污染严重企业均纳入接受主体范畴，人为造成制度实施困难。

三　排污权初始分配规则及存在问题

（一）排污权初始分配规则

1. 部分规范性法律文件关于二氧化硫排污权具体分配规则的规定

初始分配规则构成排污权初始分配机制的核心内容，也是本书研究的重点。中国排污权初始分配规则在借鉴美国"酸雨计划"基本思路基础上，进行了一定的创新。

二氧化硫排污权具体分配规则表：

	江苏	嘉兴	绍兴	诸暨	兰溪	湖北	湖南
排放主体（旧）	当前占有（无偿）	当前占有（定价出售）	定价出售（1000元/吨）	定价出售（1000元/吨）	定价出售（1000元/吨）	占有分配（无偿）	当前占有（有偿）
排放主体（新）	定价出售（2240元/吨）	定价出售	定价出售（2000元/吨）	定价出售（2500元/吨）	定价出售（5000元/吨）	拍卖（有偿）	当前占有（有偿）
备注	享受首次和一次性付款优惠措施①	旧排放主体享受阶梯式优惠制度②	2007年12月31日为限			2008年10月27日为限	2010年10月1日为限

2. 对排污权初始分配具体规则的评析

整体来看，试点地区排污权初始分配具体规则各有特色。江

---

① 首批申购8折优惠；一次性缴清优惠70%—80%；自愿试点优惠70%。

② 阶梯式优惠价格包括：2010年7月1日至9月30日期间，一次性支付的给予40%优惠；2010年10月1日至12月31日期间，一次性支付的给予35%优惠；2011年1月1日至3月31日期间，一次性支付的给予30%优惠；2011年4月1日至6月30日期间，一次性支付的给予25%优惠；2011年7月1日至9月30日期间，一次性支付的给予20%优惠；2011年10月1日至12月31日期间，一次性支付的给予15%优惠。江

苏模式中，以 2007 年作为界限，以前投入运行的机组在符合下列条件情况下可以基于"当前占有"进行无偿分配：一是安装了脱硫设施且脱硫设施正常运行；监测设施与环境行政主管部门、电力监管部门进行了联网；当前实际排放量低于核定排放量指标的。2007 年年底前投入运行机组排放二氧化硫超过核定排放指标的差额部分，2008 年 1 月 1 日以后投入运行的燃煤机组新增的二氧化硫排污权指标，必须通过有偿方式取得排污权指标。上述接受主体按照定价出售方式获得排污权指标，目前暂定价为 2240 元/吨。与江苏模式不同，嘉兴模式则规定新老排污主体均通过定价出售规则获得初始排污权。分别设置 5 年期排污权和 20 年期排污权，并为这不同期限排污权规定不同价格。为了鼓励排污主体购买排污权份额，通过梯形优惠措施排污权有偿分配。浙江绍兴、诸暨和兰溪排污权初始分配规则也以环境资源有偿使用为依据，按照固定价格出售方式进行排污权初始分配，与前面不同的是，这些模式是以一定时间为界限，分类新旧排污主体并对不同主体采用不同价格（新旧有别）。湖北模式中，是以 2008 年 10 月 27 日为界限分类新旧排污主体，对旧排污主体以当前或最近占有污染物排放量为依据进行免费分配，对新排污主体通过拍卖方式进行排污权初始分配。

　　按照《湖南省主要污染物排污权有偿使用和交易实施细则（试行）》第 11 条规定，环境保护行政主管部门按照污染物排放总量控制要求，以各排污单位上年度实际占有排放量为基准，结合其实际污染治理能力，分配和核定各排污单位的初始排污权数量。可见，湖南模式是以"当前占有"规则进行排污权初始分配，且以有偿方式进行。总之，中国排污权初始分配具体规则呈现以下显著特征：一是新旧有别原则，对新旧排污主体采用不同分配规则，无论有偿无偿，新旧排污主体获得不同对待；二是综合了当前占有，既往占有和定价出售等方式。我们知道，美国"酸雨计划"中，既往占有和当前占有分配都是以无偿方式进行且占据主导地位，但在我国排污权实践中，将占有原则和定价出售这种方式结合起来，希望形成有中国特色的初始分配具体规则。这种将不同理念的分配规则混在一起一体适用，效果如何？需要在实践中不断进行观察和分析。

3. 排污权初始分配具体规则问题分析

第一，分配规则体系构成单一。严格意义上讲，对于任何初始分配具体规则体系来说，没有简单且唯一的价值目标，蕴涵在分配具体规则体系的价值目标应当是复合的，且可以根据目标体系进行优先顺序分类。各种不同排污权分配规则都有不同价值目标取向，既往占有着眼于历史，体现了对历史的尊重，当前占有着眼于当前状况和禀赋效应，体现了对制度效率的追求，而拍卖则强调机会和开端的公平，也展现对未来的关注，定价出售和奖励更多呈现为一种工具主义的考量。不同分配规则关注不同地点、时间维度和价值追求，每一具体规则都有一定的存在合理性，但同时都难以证明它比其他规则在理论和实践上更有优越性。上述各试点地区在排污权初始分配实践中，尚处于经验摸索和积累阶段，故坚持从简原则和一刀切分配模式。要么有偿，要么无偿，或者偏重公平，或者注重效率，更有进行超环境总量的分配。未能有效实现公平、效率和环境保护的有机统一。詹姆斯·特里普和丹尼尔在谈及此问题时，讲"该计划（指'酸雨计划'——笔者注）应当提供一种公平和在行政上简便易行的方法来分配可交易的权利，尽管在公平和简便易行之间可能存在着此消彼长的关系"[1]。上述观点说明，在存在多种价值目标取向时候，单一的分配规则难以有效实现既定的复合性目标，因此需要在看似不可通约的诸种规则中寻找结合点或契合点，进行

---

① ［美］丹尼尔·H. 科尔：《污染与财产权——环境保护所有权制度比较研究》，严厚福等译，北京大学出版社 2009 年版，第 63 页。

不同分配规则的合理搭配及有效衔接。

　　第二，定价出售成本巨大，随意性问题较突出。"污染者付费"原则原本是指污染环境造成的损失及治理污染的费用应当由排污者承担，而不应转嫁给国家和社会。[①] 但现在这个原则却成了排污权有偿初始分配和环境资源有偿使用的代名词。有偿原则似乎正在成为排污权初始分配的主导原则，为了确定一个科学的排污权初始分配价格，许多地方花费了大量人力、物力和财力进行排污主体污染边际治理成本的测量工作。但实际效果又是怎样呢？理论和实践一再证明，信息不对称是造成市场失灵的重要原因。由于信息不对称，每个排污主体污染治理边际成本对政府而言就是一个黑箱，这也是排污收费难以实现总量控制目标的根本原因和关键所在。退一步讲，如果能够准确测算排污主体边际治理成本，何不直接按照边际治理成本进行排污收费控制，这样效果岂不是更好。排污权交易制度的最大优势在于排污主体比政府或环境主管部门更清楚自身的边际治理成本，从而理性地作出从市场购买排污权配额或投入资金进行治理的选择。[②] 政府即使花费再多资源，所测算的边际治理成本和依边际成本测算的定价出售也难以准确。

　　一些地方（浙江嘉兴）也许看到了初始分配排污权价格的难以测算特性，因此在排污权初始分配定价出售方面实施阶梯式价格优惠制度。但这种方式也带来随意性问题：一是如何确定排污权有效期间的起始点。如果从申购获批之日起计算排污权年限，可能的情况就是，先行购买排污权份额的排污主体要比后面（在规定期限内）购买主体多交一年左右的有偿使用费，这笔费用可能会远远超过先行购买所获得的优惠政策，这样造成阶梯优惠政

---

　　① 韩德培：《环境保护法教程》（第四版），法律出版社2005年版，第72页。
　　② 赵细康：《中国排污权交易市场如何破局?》，载《环境保护》2009年第5期，第28页。

策失效风险。如果从申购优惠期结束之日算起，又会无形中推动排污主体拖延和观望心理，造成优惠政策失效。再者，若依照环境资源有偿使用理论作为定价出售的理论依据，如何解释实践中出现的不同优惠政策。因为按照这些优惠政策规定，使用期限不同，价格不同；缴费时间不同，价格不同；缴费方式不同，价格也不同。可见优惠购买虽然摆脱了定价出售本身所固有的僵化问题，但同时却带来了随意性问题。

第三，拍卖规则功能异化，有沦为资本游戏风险。因测算成本巨大和随意性大，定价出售在实践中造成了一定争议。与之相对的是，有偿分配之拍卖规则似乎正在受到越来越多的青睐和关注，先后就有陕西、湖北、湖南和重庆等地在排污权初始分配实践中开始大规模采用拍卖规则。我们发现，实践中的拍卖规则却存在诸多问题：一是拍卖规则功能异化。从拍卖规则正当性理论分析可以看出，拍卖价值取向主要在于给予不同排污主体的机会和开端公平。不可否认，借助拍卖模式可能带来巨额资金收益，这恐怕是地方政府热衷于拍卖的主要原因。获得巨额资金收益仅是拍卖附带性结果而非拍卖最终价值。基于拍卖是保障机会平等的目的，要求在具体实施中要科学设置拍卖程序和按照最谨慎原则设立拍卖前置条件，充分保障不同排污主体机会平等，防止可能出现的损害机会公平的一般情形。以陕西省排污权拍卖为例①，虽然在报名条件中没有设置任何附加时间等条件，但并不妨碍环境主管部门通过时限程序限制，一部分符合条件主体由于未能及

---

① 按照陕西省环境厅报名条件规定，只要在陕西省内具有法人资格，已获得建设项目预审或取得环境影响评价文件，无环境违法行为即可参加拍卖。记者在采访过程中发现，参加拍卖的 12 家企业中，2/3 都是在 5 月中下旬才获知此次拍卖，并在短短的 10 天时间内准备所需材料，赶到西安完成报名手续。陕西省环保厅总量处处长赵生山称，"我们对这 18 家企业进行了筛选，经过审核发现其中一部分并不是为了项目来报名，而是为了囤积指标"。详情请参见：http：//news. qq. com/a/20100622/000169. htm，2011 年 4 月最后访问。

时准备拍卖材料而失之交臂；通过自由裁量行为认定一部分排污主体是基于囤积排污权指标而购买排污权指标，故而将其拒之门外。不合理规定拍卖时限程序和随意设置前置条件违反了排污权拍卖所要求的机会平等原则。二是拍卖过程造成排污主体巨大成本开支，拍卖结果造成排污主体难以正常实施生产计划和污染防治计划。按照湖北排污权初始分配的拍卖规则要求，湖北咸宁市中德环保电力公司的垃圾焚烧发电项目需要购买 60 多吨二氧化硫排污权份额。为了保障生产经营的顺利进行，该公司耗费大量财力，进行了精心准备，然而经过四轮竞价，咸宁市中德环保电力公司却未能成功拍得所需要的 60 多吨二氧化硫排污权份额。究其原因，在于按照拍卖"价高者得"的基本原则，其他排污主体因需求量少而抬高竞价，最终造成中德环保电力公司竞价失败。由于没有既定的排污权指标，中德环保电力公司不能正常组织生产经营，更谈不上实施污染防治计划。三是各地排污权初始分配拍卖模式中，参与竞拍主体多有国有企业背景。因此，是否存在这样一个状况：国有企业以其强大的资金实力和官方背景造成其他所有制企业难以通过初始分配获得排污权份额。因为在国有土地使用权招拍挂过程中，大型国有企业参与已使公众看到国有资本与房价上涨之间的内在联系。在排污权初始分配的拍卖模式下，此种现象是否重演，也是需要关注的要素。

4. 有偿分配费用名目繁多，名称各异，且有加重排污主体负担问题

据笔者实地调查和不完全统计，纳入排污权交易体系的排污主体除按照《排污收费条例》规定正常缴纳排污费之外，仍在"环境资源有偿使用"原则下，需累加缴纳排污权有偿使用费、出让金、交易税、交易所得税、交易手续费等各种名目繁多的费用。上述诸多费用虽依据来源不同，究其实质，就是在从管制制度向市场激励制度变迁过程中，各级各类政府希望获得制度收益而将

巨大成本转嫁给排污主体，而这恰恰形成排污主体不敢不愿参与排污权交易深层原因；再有就是排污税费随意性大。包括排污费征费对象确定随意性、收费标准确定随意性，收费数量和类别减免随意性，以及排污权初始分配有偿无偿随意性以及分配主体截留、赠送、奖励排污权具体份额的随意性等。分配主体初始分配权以及排污收费政策实施过程中的自由裁量随意性一方面造成参与排污权交易的排污权主体负担增加，形成与市场公平理念的冲突；另一方面也给分配主体（行政部门）留下巨大权力寻租空间。嘉兴市环保局副局长沈跃平曾经撰文指出，目前国家对排污权交易在税收上没有优惠政策，地税加国税占到总交易金额的 30%，这样的税率可能导致企业交易所得收益在税后大打折扣。缺少了利益刺激和排污主体的积极主动参与，排污权交易制度可能成为行政主管部门演唱的独角戏。

（二）初始排污权期限规则

1. 部分规范性法律文件关于初始排污权期限规定

对已经分配的初始排污权设置一定期限是各地实践中普遍做法，各地法规实践中规定的初始排污权期限却大相径庭。

各地初始排污权期限表：

规定	江苏	浙江嘉兴	浙江绍兴	浙江诸暨	浙江兰溪	湖北	湖南
有效期	1 年	5 年、20 年	8 年	10 年	5 年	5 年	5 年
闲置期	无	5 年	无	无	无	2 年	无

2. 对初始排污权期限规则的分析

基于功能性权利的原本考量，各地排污权初始分配过程中对初始排污权确定不同期限是可以理解的。但如何进行合理期限的界定却是可以讨论的问题。从上表可以看出，各地对初始排污权期限有不同规定：最短期限只有 1 年，最长可达 20 年，一般情况定为 5 年，这与我国 5 年计划和许可证期限是契合的。初始排污权期限长短规定直接影响排污权交易市场的正常运行，因此，合理设置一定期限的排污权非常重要。一般来讲，排污主体对排污权需求与其经营状况存在必然联系。当排污主体经营销售状况良好时，它对排污权需求就会增多，形成对短期排污权的客观需求。如果不能通过市场获得排污权份额，排污主体将被迫减产甚至停产；当排污主体经营销售状况不好时，其对排污权需求也相应减少，导致排污权出现暂时闲置状况，市场上就会形成对短期排污权的供给。总之，排污主体当年经营销售状况等因素，客观上要求形成一个短期的排污权供需市场，且应当规定一定的闲置期制度。但短期限排污权也存在一定缺陷，由于期限较短，排污主体难以实施污染治理技术的研发工作，更谈不上制定长期减排规划。

长期排污权就是在短期排污权存在缺陷的背景下出现的。但长期排放权最为重要的是如何恰当地确定其有效期限。长期排污权克服了短期排污权弊端，有利于排污主体制定长远生产和污染防治规划，最为关键的它能够形成一定的预期。长期排污权有利于减排技术创新，因为减排技术创新是需要时间的。理论上讲，只有设定长期排污权的有效期限大于排污主体从事技术创新的时间，当排污主体进行技术创新所花费的成本小于它从排污权市场购买排污权的成本时，它才愿意进行技术改造和创新。但排污权期限较长也存在一定弊端：排污权期限越长，影响排污权需求的不确定因素就会越大，诸如国家年度减排计划就很难通过长期排污权这一功能性权利得到贯彻。在中国国情下，为了贯彻一定政治意图和实现一定目标，最终可能重新回到命令控制的传统手段上去，从而造成排污主体难以形成合理预期。再者，排污权期限越长，排污主体预期排污权在未来升值的可能性就会越大，势必导致排污主体不愿意出售排污权，就会产生所谓的"惜售"状况，使得排污权市场供给严重不足，不利于排污权交易市场健康运行。排污权期限越长，拥有排污权的排污主体由于不愿意出售排污权指标，新增排污主体获得排污权指标就会越来越困难，这在一定程度上抑制了新增排污主体平等发展的机会和权利。

（三）初始排污权权属管理规则

1. 初始排污权权属管理之规定

初始排污权权属管理是初始分配机制的重要内容之一。各地规范性法律文件进行管理的措施主要有：第一，自由选择规定。湖北模式规定，获得初始排污权期满一年内，通过采取工程治理、结构调整和监督管理等减排措施，在扣除法定减排任务后富余排污权指标，经环保部门核定确认后，可以进行市场交易或由交易中心回购，也可用于本单位新增建设项目审批。第二，变更规定。排污主体发生改组、合并或分立等变更行为的，变更后排污指标总量不得超过核定排污量。责令关停或被取缔的排污单位，其初始排污权通过交易中心无偿收回。依法关闭、取缔企业其无偿获得的主要污染物初始排污权由省环境保护行政主管部门无偿收回。其有偿获得的主要污染物排污权可通过排污权交易市场进行转让，也可用于今后转产项目。第三，保留规定。企业自行关闭、破产，其拥有的排污权可通过排污权交易市场进行转让，也可用于今后转产项目，保留期为两年。排污单位改组、兼并和分立等，应报经原分配初始排污权的环境保护行政主管部门重新核定。变更后的排污权大于变更前的排污权之和的，超出部分应通过排污权交易市场获得。排污单位在原址改制、变更法人等，不涉及排污权和排污方式变化的，其原拥有的初始排污权指标继续有效。如需要新增排污权指标的，新增部分应通过市场获得。①

初始排污权权属管理表：

---

① 卢栎仁：《湖北：排污权交易有特点》，载《产权导刊》2009 年第 9 期，第 62 页。

	湖北	浙江嘉兴
依法关闭、取缔排污主体	无偿获得无偿收回 有偿获得可交易或可保留（期限两年）	5年内没有使用排污权指标，无条件收回 无偿收回闲置超过2年排放权指标 鼓励将闲置不足两年指标储存交易中心
排污主体自行关闭、破产	可交易或可保留（期限两年）	交易中心收回，但给予一定补助，补助额不得高于按出让价收购总额的50%
排污主体改组、兼并和分立	初始排污权须经原分配主体核定	初始排污权须经原分配主体核定
排污主体原址改制、变更法人	不涉及排污权和排污方式变化的，原初始排污权指标继续有效	无规定
排污主体参与交易条件	工艺更新、清洁生产以及强化污染治理 须环境主管部门认定	工程减排、结构减排和管理减排 须环境主管部门认定

2. 初始排污权权属管理规则评析

首先应当明确一个问题：排污主体闲置排污权指标可以吗？按照湖北规定，保留期限为两年。按照浙江嘉兴规定，闲置期限不得超过两年。也就是说现行规范性法律文件允许进行两年期限的闲置规定。一旦超过两年期限，可能导致无偿收回的法律后果。从环境保护角度，排污主体闲置排污权指标是应当受到鼓励的，闲置时间越长，环境保护效果才能越好；越多排污主体参与排污权指标闲置带来的当然是排污总量的持续下降。从地方经济发展角度，排污主体闲置排污权指标意味着地方经济发展的迟缓和其他不利因素。综合环境保护和地方经济发展需求，规范性法律文件做出的允许闲置指标和控制闲置期限具有正当性和可行性。但对闲置超过一定期限的排污权指标无偿或无条件收回就存在一定问题，因为这实质上是对保护环境的一种变相惩罚。此种措施若出现在闲置土地的政策中尚可理解，出现在环境保护制度中却值得商榷。至于其他关于权属管理的规定都应当遵循一个基本原则：尊重排污权主体的合法财产权益和选择自由，在进行征收、回购等情形下应履行一定正当程序和补偿。

（四）初始排污权数据管理规则

1. 现行规范性法律文件关于排污权数据的管理规定

制度名称	核算主体	主要目的	主要特点
项目环评	社会中介组织负责建设单位配合	反映拟建项目理论允许排污水平	适用于新、改、扩项目审批；有法律效力；仅限于理论水平
"三同时"验收	环境监测部门	反映项目建成后较好运行状态下排污量	适用于新、改、扩项目验收；只能反映排污设施最佳运行状态下排污量
排污申报	排污主体	反映排污主体在某一时段的实际排污水平	排污主体自己申报，覆盖面广；数据可靠性差
环境统计	环境主管部门	重点排污单位在某一时段实际排污状况	针对重点排污主体，覆盖面窄；缺乏法律制约机制，可靠性差
污染源普查	环境主管部门为主，农业部门和统计部门配合	反映所有排污主体2007年度实际排污状况	覆盖面广；缺乏工业污染专业深度分析；有国务院行政法规保障；耗时长，难以及时反映排污最新状况

2. 排污权数据管理规则现状

排污权初始分配及交易离不开排污的"数字管理"，若无科学、可靠且准确的数据，排污权交易制度可能最终沦为"数字游戏"。长期以来的直接命令控制手段使我国污染物排放量数据方面累积了很多制度规定。按照《环境影响评价法》规定，项目环评主要针对新、改、扩项目建成和建设过程中对周围环境的影响进行分析评价，并提出污染防治措施，其中核心内容就是掌握拟建项目和现有项目的污染源排放工作。项目环评的排放数据工作主要在建设单位的配合下，由一定资质的社会中介机构负责完成。项目环评数据虽然可靠性好，具有法律效力，但是这个数据只是反映了拟建项目允许排放量的理论数量，不能反映排污现状；"三同时"制度中排放量数据工作也是在建设单位配合下，由一定资质的社会中介机构负责完成，并由各级环境监测部门按照分级管理要求，通过实测得出排放浓度，根据废水量或废气量及运行时间得出污染物排放量。"三同时"污染物排放量数据虽然反映了项目建成后额定情况下污染物排放量，但它只反映了最佳运行状况下的排污水平，也不能代表实际排污水平。排污申报制度中，排污主体自行进行申报，环境管理部门根据污染物在线监测数据、监督性监测数据等手段对污染物排放量进行核算。排污申报中的数据虽然可能反映排污主体在某一个时段的排污实际状况，但也存在排污主体谎报、虚报以及法律责任追究机制的欠缺等弊端。环境统计制度中，主要的排污主体按照要求提供资料，环境部门进行核实。但存在针对排污主体范围较小和责任追究制度乏力等弊端。污染源普查制度是环境部门按照要求，对所有污染源排污状况进行全面普查，从而得出排污主体的排污状况。普查制度虽然核定结果相对可靠，但也存在只反映年度污染状况和耗时长，对排污主体无任何强制力等弊端。

3. 排放量数据管理规则问题分析

由于各项环境数据是在不同环境管理制度下完成的。各项环境管理制度目的、方式和法律责任制度各不相同，致使污染物排放量数据统计口径和结果混乱，甚至出现排放数据相互矛盾情况。凡此种种，严重妨碍排污权初始分配工作顺利进行。具体来讲，排放量数据法律规定存在以下几个方面问题：第一，缺乏规范的排放数据库管理制度。近年来，各地为了落实环境管理制度，相继建立了各种环境数据库，具体包括排污主体自己排污数据库，环境监测部门的排污主体污染源信息库，环境监察部门的排污申报数据库以及环境主管部门的环境统计数据库、污染源普查数据库和减排数据库。各个数据库关于排放量计算标准、方法、范围、程序、内容和要求各不相同。结果出现同一个污染源有多个不同的甚至相互矛盾的排放量数据。由于缺乏排放量数据统一规定，致使排污权初始分配中陷入如何从多种数据进行选择和无排放量数据可用之怪现状。第二，缺乏数据管理的主体责任机制。排放量数据管理制度中，存在社会中介组织、排污主体以及环境行政部门及内设机构等责任主体。在排污数据管理的实践中，经常出现排污主体排放申报中的谎报、漏报和虚报，"三同时"验收中相互合谋、弄虚作假、项目环评中的虚假信息和寻租行为等问题存在。由于责任主体不清不明、责任定位不准，主体权限分工和协作机制没有完全建立，致使排污数据核算结果不可靠、核算方法体系迟迟不能建立。在直接管制手段主导环境管理情况下，不同排放量数据尚可"相互独立"、"平安无事"甚至可以作为排污主体、行政主管部门业绩政绩凭证。在排污权交易制度"数字管理"情境下，排放量数据法律地位发生了重大变化。从监管上看，数字是排污主体守法违法的主要标准，数字代表了排污主体是否具备交易的资质以及获取行政奖励的充分条件。从排污主体看，数字代表着一定的经济利益及获得经济利益的可能性，甚至代表着一定数量财产权利。故建立科学合理的排污量数据管理体制对推行排污权交易制度至关重要。

4. 初始分配的总量核定规则

既有排污主体可允许排放量核定规则。结合现有数据要求，从排污权交易应当建立法定排放量和实际排放量两套数据体系的一般要求，对现有排污主体初始允许排污总量核定，应遵循以下思路：第一，以排污许可证核准的排污总量为基准；第二，对于列入减排计划的排污主体，以减排计划核准的排污总量为基准；第三，对未列入减排计划的企业又未排污许可总量的排污主体，参照环境部颁发的《主要水污染物总量分配指导意见》、《二氧化硫总量分配指导意见》，结合排污单位既往、当前排放状况和申报情况，依法确定排放总量。第四，新进入者法定排放量核定规则。新进入者在严格遵循排污总量控制计划和排放标准情形下，法定排放量核定应遵循以下原则：第一，对不同行业排污主体可允许排放量核定应区别对待。对全行业产品、工艺单一，可按当前排放绩效确定可允许排放总量。第二，对行业产品众多、工艺复杂且排放差距较大的排污主体，应以环境报告数据为准确定可允许排放量，若环境影响评价报告数据大于当前排污量的，应以数据为准。若环境影响评价报告数据小于当前排放量的，应以当前排放量为准。第三，建设项目试运行期间临时许可证的允许排放总量，应结合环境影响报告数据，建设项目"三同时"验收数据为参考，以设施正常运行后当前排放量为基准核定可允许排放量。

第三节　中国排污权初始分配机制的构建

一　建立健全排污权交易法律法规

（一）建立健全排污权初始分配法规体系

美欧诸国排污权交易制度的经验表明，没有国家层面的立法出台，难以保障排污权交易制度的顺利构建。只有通过国家层面的立法，才能明确排污权法律属性；只有通过国家层面的制度构建，才能建立科学和运转有序的排污权初始分配机制，才能为排污权交易奠定坚实的前提。

结合目前正在进行的《环境保护法》修订工作，分别在《环境保护法》、《大气污染防治法》、《水污染防治法》法律法规中明确总量控制制度及实施措施，明确授权环境主管部门排污总量初始分配的权责；结合行政法规《排污许可条例》的制定工作，分别出台国家层面的《二氧化硫排放权初始分配指导规则》、《二氧化硫排放权初始分配操作规程》、《水污染物排放权初始分配及交易方案》、《温室气体排放权初始分配方案》等。各地可在此基础上颁行具体规范性法律文件，通过法律、行政法规、地方法规等，初步形成排污权初始分配的法律法规体系。法规体系必须将排污权初始分配机制置于排污权交易制度框架体系内，与总量分配机制和交易机制相互协调、相互呼应，才能防止出现制度的断片化现象。

（二）完善排污权初始分配管理体制

1. 初始分配权配置原则

第一，效率原则。排污权交易制度产生的一个主要原因就是直接管制手段的成本过高和效率低下，故能否促进效率提高是初始分配权配置的应有之义。简而言之，效率就是指政府组织和行政工作人员从事公共行政管理工作所投入的各种资源与所取得的成果和效益之间比例关系。在实践中效率可分为三个层次：组织效率，管理效率和工作效率。初始分配权"准立法权"层面所表现的效率就是组织效率，又称决策效率。组织效率主要体现在能否提供规范且符合实践的法律政策，满足排污权交易的制度需求。中间执行层所表现出的效率为管理效率，管理效率主要体现在能否将规范的制度结合本地特点进一步细化为可操作性规则，并对实践问题进行及时反馈和沟通。具体执行工作人员所表现出的效率为工作效率。三个层次效率不能单独存在的，而是相互影响相互补充，只有三个层次的效率都高，组织才能达到真正的高效。因此，依法明确初始分配权并建立上下互动和运转高效的决策、执行体制才能有效提高初始分配的效率。第二，适度分权原则。初始分配权是对利益（财富）或责任的初始配置。横向权力配置实际上就是探索如何建构环境主管部门主导及其他政府部门之间有效参与的参与管理机制。在"利益行政"背景下适度向其他政府部门分权才能保障排污权初始分配有序进行。适度分权原则首先需要明确哪些行政部门应当参与排污权初始分配，其次就是这些参与的部门配置多少权力才能保障排污权初始分配的顺利进行。我国现有的环境管理体制所呈现的情况来看,① 此种适度分权采用抽象原则指导和直接列举方式②恐怕也是目前最好解决办法。由于利益行政可能导致排污权初始分配可能异化为担任分配主体的行政部门之间对利益的竞相追逐或相互分肥,初始分配权最终沦为行政主体追逐自利性的工具。若无明确的责任机制与分权配套措施,排污权初始分配可能转化为行政主体相互指责对方并回避自己责任的正当借口。故厘清不同分配主体权责和建立相互制约协调机制在排污权初始分配机制运行初期极为重要。第三,参与原则。参与原则首先体现在分配共同体内部结构中,分配主体按照法定规则将一定的财产利益在接受主体之间进行分配。若没有接受主体的有效有序参与,分配规则、分配程序等很难得到他们认同,初始分配过程可能变成分配主体的一场独角戏,最终分配结果可能变成分配主体单方意志的反映,难以引起接受主体的共鸣。故分配程序、分配过程和分配规则的制定实施,都要求分配接受主体的有效参与以及建议的有效表达和反馈;其次参与原则要求排污权初始分配尚需共同体之外的公众或社会团体的有序参与。排污权初始分配事关民众的生产和生活,若在权力配置过程中缺少对公众或环境保护组织的积极参与的制度设计及环境诉求的合理关注,最终也难以达到目标。

2. 初始分配管理体制的完善思路

第一,横向方面突破点仍然在于如何协调处理国家环境保护主管部门与国家发改主管部门之间的权力配置问题。国家环境保

---

① 我国环境管理体制为:"环境主管部门统一监督管理和分部门、分级管理相结合。"上述体制存在很多问题。详见王灿发《论我国环境管理体制立法存在的问题及其完善途径》,载《政法论坛(中国政法大学学报)》2003年第4期,第50—58页。

② 浙江、江苏、湖北等地关于排污权初始分配的地方立法在权力配置方面均采用了抽象原则指导和直接列举方式来配置初始分配权。

护部作为中央层面的环境主管部门，负责制定和实施一切污染防治制度措施。排污权交易制度作为污染防治措施，其制定和实施应当是以国家环境保护部为主导进行的。具体到初始分配方面，包括确定污染物排放总量，进行排污权初始分配等，甚至包括协调与其他环境法律制度关系。国家发改委是国务院的综合政策制定机构，制定包括资源环境在内的发展战略规划。在排污权初始分配体制方面，两个部门之间的法定职能或分工存在一定冲突。由于排污权初始分配是对排放总量的分配，故设定污染物排放总量是重要前提。但排放总量是与生产规模和经济发展规划紧密联系。高速的经济增长和大规模能源需求都会引发排放总量的增加。从国家发改委角度来看，如果充分考虑环境因素，那么就必须在环境约束条件下制定经济社会发展规划。从国家环境保护部角度来看，若要保障环境质量持续改善，那么就必须设定持续下降的排放总量上限。国家环境保护部目标是单一的，即必须保障持续性的总量减排工作；而国家发改委目标是复合的，经济发展和环境保护优先顺位在不同时空背景下是不同的。由于两个行政主体在排放总量方面沟通协调不足，致使国家环境保护部（包括前环境总局）制定的污染物排放总量减排目标难以与国民经济发展规划相匹配，难以与能源生产与供给相适应。总量控制目标难以实现无疑使排污权初始分配失去了前提。除此之外，随着温室气体排放权制度的推行，关于温室气体排放总量的规定也使环境部与发改委权力配置冲突再次浮现。基于以上问题，我们希望借鉴欧盟各国排污权（排放权）制度的一般经验，依循能源和环境政策一体化思路，依法明确国家环境保护部在总量控制和初始分配的主导地位，建立包括国家发改委等其他部门在内的具有约束力的伙伴关系，通过联席会议制度和通报制度，辅之以强力的财权和人事配置，实现初始分配权的横向合理配置。

　　第二，纵向权力配置方面突破点在于建立以中央管理为主，分省管理和共同管理为补充的分配管理体制。针对排污主体所在区域和排放污染物属性不同而进行纵向权力配置。具体包括：在中央层面，国家环境保护部可以依法履行全国火电行业等一定标准的高架源主要大气污染物排污权初始分配工作，包括依法确定火电行业排放总量；明确一定数量排放接受主体；制定全国统一的排放权初始分配规则（包括技术规则）；组建国家级排污权交易管理平台依法参与排污权初始分配工作。国家环境保护部还有权协调跨省市（包括台港澳地区）排放权交易工作。省级环境主管部门主导本行政区域初始分配权工作，负责辖区内除高架源之外的所有污染物排放源排污权的初始分配工作，具体包括确定排放总量的设定，包括预留排放总量份额；确定参与排污权制度的排污主体，在国家排放权分配规则之外，制定符合本地具体实施细则；建立或指定省级排污权交易管理平台参与排污权初始分配工作。设区的市和县环境主管部门应在省级环境主管部门统一协调下，参与排污权初始分配工作，不单独享有初始分配权，也不宜建立排污权交易平台。现有市级初始分配和交易的管理平台，可有序纳入省级平台体系，以便形成一定地域范围内的交易市场创造条件。

第三，排污权交易储备中心可依法参与排污权初始分配工作。排污权交易中心在法律属性上可以选择经营性事业单位、非经营型事业单位或者企业。其性质不仅事关排污权交易中心存在发展问题，而且事关排污权初始分配及后续交易工作的顺利进行。按照我国法律法规规定，若将排污权交易储备中心定位为企业单位，企业单位以营利和缴税为主要特征，那么就无法解决排污权储备问题，因为企业无权就初始排污权进行预留工作，或者收回关停并转企业的排污权。此外，属性定位企业法人仍需按照国家规定缴纳税款，这些税款的负担最终转移到排污主体身上。若将其定位为非经营性事业单位，无法借助经营方式回购市场上流通的排污权，也就是说，在将政府储备的排污权投放市场交易时，还另需申请设立专门的收费名目和标准。综合比较来看，可将排污权交易储备中心定位为经营性事业单位，因为经营性事业单位兼具了行政管理单位和企业的双重优势，既可以借助行政优势储存排放权份额，也可以利用企业优势回购流通排污权。在排污权制度设立初期，排污权交易中心进行这样的法律属性设计无疑有利于排污权交易制度顺利运行。

二 分配接受主体及分配对象确定

（一）分配接受主体考量要素

借鉴美国"酸雨计划"和欧盟 ETS 排放交易制度关于分配接受主体和分配对象的经验教训，分配接受主体和分配对象的科学确定构成排污权初始分配机制的重要组成部分。依法确定分配接受主体时，下列要素应当给予充分重视。

分配接受主体考量要素表：

不同要素	经济考量	管理考量	环境考量
接受主体的数量控制及减排成本差异问题	能否形成后续排放市场的规模效应	能否实现直接手段向经济手段转型	是否构成环境污染最大贡献者
接受主体的同质性和异质性问题	可以形成有效市场	异质性会使管理成本和难度加大	异质性与整体环境目标存在冲突
接受主体总排放量能否落实到具体排放源	直接影响交易量和供给量	环境监测和数据难度加大	直接影响地区或行业排放总量目标和减排效果
接受主体环境信誉评价	市场能否有效运行的诚信问题	寻租问题	是否存在偷排、漏报等历史问题
接受主体环境基础设施等软硬件	数字即货币	数字化管理	主要污染物减排目标和环境质量目标
新进入者能否参与初始分配	市场新生力量	产业转移管理	环境技术更新及清洁生产

（二）排放接受主体举例——电力行业

1. 电力行业具备排污总量分配条件

早在"十一五"计划期间，中国就以单列方式确定了电力行业二氧化硫排放总量目标。为此，国家环境主管部门出台了电力行业总量分配指南和技术准则，通过明确分配基准，制定了全国统一的排放绩效标准分配方法。更为重要的是，目前电力企业98%左右排放总量指标已经落实到具体排放源。排放总量指标的明确为开展排污权初始分配及交易工作奠定了前提。

2. 电力行业不同排污主体治理成本存在显著差异

电力企业之间减排成本存在一定差异，费用节省潜力明显。有关专家经过测算发现，电煤含硫率为0.3%，平均治理成本3700元/吨，电煤含硫率3%，平均治理成本600元/吨。含硫率0.5%与含硫率1.5%的治理成本差异高达1倍以上。[①] 当发电机组从10万千瓦增加到60万千瓦时，电力企业二氧化硫治理成本差异高达60倍以上。电力行业不同企业治理成本存在显著差异为排污权初始分配和交易提供了经济前提。

3. 电力行业排污权初始分配有法律政策支撑

国务院2007年颁布的《节能减排综合性工作方案》明确要求制定《二氧化硫排污交易管理办法》。此前2006年国务院关于"十一五"期间全国主要污染物排放总量控制计划的批复中指出，电力行业二氧化硫计划单列。到2010年年底，电力行业二氧化硫排放量控制在951.7万吨，其中国家预留47.7万吨，用于电力行业二氧化硫排污权有偿分配和排污交易试点工作。上述政策法律也在一定程度上保证排污权初始分配工作顺利进行。

4. 电力行业二氧化硫贡献率最大

电力行业二氧化硫占全国排放总量的50%以上。如果电力行

---

① 王世玲：《排污权交易电力先行：政策框架成形，细节存争议》，《21世纪经济报道》，源自www. stockstar. com，2010年12月最后访问。

业有效减排，就能够有效控制中国未来二氧化硫排放总量。目前中国电力行业迅猛增长，火电装机容量和发电量大幅增加，构成煤炭消耗和二氧化硫排放大户，2007年消耗煤炭量已经达到14.62亿吨，占全国煤炭消耗总量的56.7%。由于电力行业高速发展，排污指标需求旺盛，总量指标变得越来越稀缺，排污交易机制能盘活总量指标，促进电力行业深度治理。

5. 电力行业参与排污权初始分配和交易有技术和检测支撑

与其他行业和领域，电力行业减排技术设备也有了成熟基础。截至2007年年底，燃煤电厂烟气脱硫设备比例达到48%，到了2008年年底，这个比例达到了70%左右。同时，电力行业监测监控手段也基本到位。按照2007年《主要污染物总量减排监测办法》规定，"国控"重点污染源必须在2008年年底前完成污染源自动监测设备的安装和验收，也就是说，已有70%—80%以上火电厂安装了在线监测设备。从环保部获得的数据显示，目前全国已有3000多家电厂脱硫设施安装了在线监测，大部分已与环保部门实现了联网。华北网已经在线联网装机容量达到1亿千瓦以上，五大电力公司基本都实现联网。而国家已启动了环境保护业务专网系统的建设，实行排放数据联网，计划2009年完成。①

最后，美国"酸雨计划"电力行业排污权初始分配和交易实践提供成熟经验和教训。

当然，电力行业推行排污权初始分配和交易也存在一些不利条件：二氧化硫排放对整个大气都有影响，但其交易开展具有很强区域性，跨市、跨省的交易很少见。而二氧化硫的污染源主要来自电力行业，这些企业多是国有大型企业，不受地方管辖。

（三）有序扩展至其他行业和领域

随着排污权交易制度不断成熟，分配接受主体逐渐扩大态势

---

① 王世玲：《排污权交易电力先行：政策框架成形，细节存争议》，《21世纪经济报道》，源自 www. stockstar. com，2010年12月最后访问。

会逐渐明显。从火电厂的高排放企业到低排放企业，甚至将两者有序结合进而纳入接受主体范畴。从电力行业到钢铁制造业，再到造纸行业；从普通企业到国防、公共安全和社会公用事业的企业和单位。排污权接受主体有序扩大要求国家需要制定明确的排污权交易制度实施规划。在宏观方面，规划应体现国家产业发展政策和能源需求政策的长远发展趋势。在微观层面，规划能够促使排污主体形成合理制度预期以便未雨绸缪，预先制定发展经营规划和污染防治计划。另外，扩大排污接受主体除了考虑减排成本差异之外，环境守法方面的信用责任问题、是否有排放数据等技术支撑要素都是非常重要的。此外，强制参与主体和自愿参与主体的类别区分以及两者相互转换及退出机制均应进行明确规定。值得观察的是，美国 2007 年《利伯曼法案》以及《美国清洁能源安全法案》在分配接受主体方面呈现范围扩大、类型细化等诸多特征，不同主体因性质不同而实行不同分配规则。

（四）初始分配对象的审慎选择

1. 区分大气污染物和水污染物，设置不同分配规则

现有规范性法律文件将大气污染物和水污染物一并纳入统一排污权分配和交易规则是不正确的。第一，污染物自然属性和造成危害不同。[①] 空气污染物具有扩散性和流动性特点，对环境危害具有大范围、跨区域甚至跨国界特征，故空气污染物排污权初始分配可在较大区域之间、国家范围和全球领域进行，参与主体众多，具市场机制先天因素。水污染是对既定流域和一定民众产生危害，且因水体不同而呈现不同甚至迥异特点，湖泊水污染多对周边居民生产生活和当地生态环境造成危害，河流水污染常在上游下游之间产生纠纷。水污染及危害属性要求排放权初始分配须

---

① 王清军：《排污权交易若干问题之思考——以水污染为视角》，载《武汉理工大学学报》（社会科学版）2009 年第 4 期，第 67—68 页。

依流域及一定流域范围内区域为基础。分配接受主体也应在此流域范围内，不同流域不能进行排放权交易，同一流域不同节段交易要受到诸多限制。范围限制使其不可能形成跨区域甚至全国范围市场，同时也要求水污染排放权交易制度要与空气污染物排放权制度有所区别。

第二，制度设计复杂程度不同。空气污染物排放交易制度进行了较长时间探索，实践中也有众多案例可循。结合各国实际和借鉴先进经验进行合理制度设计和技术支撑，成功可能性较大。与之相反，水污染物排放权初始分配和交易则越来越多展现地方化和特殊性。不同流域、同一流域不同区域、同一区域不同地段水质不同，不同地区和在不同阶段对水质要求也不同，不同季节水质处于变化状态。制度设计必须考虑水质变化不确定性和满足人们对水质要求的多层次性。另一方面我们也要认识到水污染来源广泛，除法律规制的点源污染之外，还有大量面源污染（主要是农业污染），这类污染数量和比重在不断攀升，水污染物排放权交易制度构建必须对这类污染有所回应。这种复杂性也表明不宜出台全国性水污染排放权交易的法律法规，只能借助国家框架计划结合生态补偿制度进行探索。①

第三，协调管理体制不同。排污权初始分配机制中，公权力发挥着不可替代作用。具体到空气污染物排放交易管理机制来看，各国情形大体相同，均是专司空气污染治理的环境监督管理部门发挥主导作用。分配主体单一性与排放交易市场一体性有机结合，环境和经济双赢可能性加大。水污染物交易则不同，面源污染和点源污染并存，水质和水量相互缠绕，排污总量控制与取水总量控制相互依存，排污权交易和取水权交易又

---

① 美国 EPA 从 2003 年开始实施"Water Quality Trading"计划，该计划通过实施点源污染之间交易、点源与面源之间交易。该计划与"酸雨计划"存在诸多不同，相反与我国生态补偿相关联的生态系统服务市场化存在互补性，对此将另行探讨。

相互影响。将两者分部门进行管理并不意味着它们之间是相互独立，相反要求在一体规划的基础上协调部门合作。水污染物排放权初始分配及交易有效运行必须要求环境部门与水利行政部门建立制度化的协作模式，建立水量分配和水质分配以及市场建设的联动机制。

2. 细化大气污染物，推行排污权初始分配工作

"酸雨计划"主要设计者泰坦伯格认为，根据各污染源与污染对象间关系将污染物分为三类，即均匀混合型污染物、非均匀混合型污染物和均匀混合积累型污染物。均匀混合型污染物主要是指有机性挥发物，它在环境中不存在积累性，各污染源的分布状态对整体环境质量影响不大，因此在一定污染区内排放相同污染物都能对污染受体产生相同作用，故所有具体污染源都有治理污染的相同责任。均匀混合型污染物的特性告诉我们，若将其纳入排污权交易体系，那么在维持既定污染物排放总量目标同时，可以有效减少治理污染的费用。非均匀混合型污染物同污染控制目标存在密切联系，具体污染源方位、位置、集中性程度与排放总量控制目标至关重要。许多主要大气污染物和水污染物，包括悬浮颗粒、二氧化硫和生化需氧量等都归属此类。对于这类污染物，若实施排污权交易制度，必须结合环境质量目标要求确定一定地域、区域污染物排放总量，排污主体可将分配排污权份额与实际排放排污权份额的差额出售，从而降低总的治理费用。当然，这类污染物交易所要考虑因素要远比第一类污染物多。美国"酸雨计划"在经过科学考察和成本效益分析基础上，将分配和交易对象限定在非均匀混合型污染物二氧化硫上，由于忽略了监测点位置的差异性，故大大降低了主要污染物排放量与环境质量之间的内在联系。但减少了对交易的限制又增加了交易的范围，实践证明是值得的。均匀混合积累型污染物是指其排放量超过环境吸收能力就会在环境中积累物质，如氟化氢、铅等。这类污

染物的控制一般不考虑其排污率大小问题，而是直接控制或限制排放总量。

　　总之，确立初始分配和交易对象原则主要有三个：第一，环境因素。对环境危害较大，国家在一定时段内需要对其进行主要控制的污染物可以考虑纳入。第二，技术因素。环境监测和统计手段能够支持的方能列入。第三，配套制度因素，能够实施总量控制的方能列入。

三　建立一种分配规则为主，多种规则并存分配格局

（一）正确认识各种分配规则

　　通过对欧美各国排污权法律制度和实践的考察，我们认为，各种排污权初始分配规则在立法或实践中都有广泛的运用，但同时都存在一定的局限。每一种规则都有它的优势和不足，在不同的地域行业、技术以及其他条件下，这些优势或者缺陷可能会最大化或者最小化。没有一种分配规则可以证实在所有情况下，考虑到制度的各个层面都优于其他分配规则。排污权初始分配规则的选择，必须满足多项价值目标，最终取决于在某个特定时间和地点起支配作用的制度、经济和技术条件。

　　占有分配在实践中有广泛的运用，不管是既往占有抑或当前占有，都是以确定历史或当前既得利益为前提的。按照占有分配规定，当前或既往排放主体基于占有原则获得排污权份额之后，新进入者只能从市场上购买排污权份额。新旧排放主体初始分配不公问题也一直是遭人诟病的主要原因，但如果过于纠缠这个问题很可能难以进行排污权初始分配工作。以我国住房制度改革的逻辑思路来看，首先承认原有公房占有者的历史合理性，其次对现实分配中起点不公平的无房者进行合理性补偿，从而顺利实现住房改革的制度变迁。同样，排污权初始分配如果过分囿于公平

与否，犹如两个射手在争论空中的大雁该如何吃的道理一样。①

由于欧美各国排污（放）权初始分配经常将占有分配与无偿方式联结起来，这一做法也遭到越来越多的批评和非议。近年来，我国学界和事务界在谈及此问题时，都声称应以"环境资源有偿使用"基本原则为正当理由要求占有分配应与有偿方式联结起来使用，以形成有中国特色的分配机制。抛开基于占有进行排污权分配的正当性不提，排污权有偿使用真正能够实现排污权交易制度最终的价值目标吗？恐怕颇值怀疑。"排污权有偿使用确实可以增加政府的收益，但是如果将排污权有偿使用作为政府融资的一种手段，那么政府就有可能忽视环境保护这一根本目的而热衷于收费，政府就有可能无视环境容量的有限性而增加排污权的供给。如此，排污权有偿使用制度就完全走向了它本来应有结果的反面。"② 当然我们也应该清醒地认识到，基于占有的免费分配尽管普遍受到排污主体的欢迎和认同，鼓励他们与政府合作，顺利实现制度变迁，但这种分配规则也存在致命弊端：从整体的排污权交易制度来看，它不能为排污权交易提供定价基础。排污主体基于占有原则无偿从政府获得排污权配额以后，出于对不确定性（主要针对政府政策走向）的本能担忧，通常不愿意出售多余排污权份额，这就造成了排污权交易量不足和活跃性不够。

拍卖规则受到越来越多的关注，更成了许多地方排污权初始分配的首选。拍卖规则的好处自不待言，但必须考虑我国长期处于发展中国家阶段的客观现实。这个阶段就是大规模工业化和城市化阶段，而且许多环境污染严重企业多集中在经济欠发达区域，强力推行排污权拍卖模式势必增加主体成本负担，遇到抵触自是

---

① 赵细康：《中国排污权交易市场如何破局?》，载《环境保护》2009年第5期，第28页。

② 沈满洪：《生态经济化的实证与规范分析——以嘉兴市排污权有偿使用案为例》，载《中国地质大学学报》（社会科学版）2010年第6期，第33页。

不可避免。拍卖规则之"价高者得"的竞争机制，也有可能使特定区域初始排放权指标被集中在少数具有资本绝对优势的大企业手中（特别是一些实力雄厚的国有大企业）。这些大企业还有可能在排污权交易市场中高价出售其剩余排污权指标，或者让其他排放主体不得不依靠其是否愿意施舍一定排放量才能够生存下去。拍卖规则也存在致命缺陷：它造成排污主体一定成本支出后，未能有效组织生产经营计划和污染防治计划，显然对社会正常生产造成影响。任何将中国国有土地使用权拍卖模式运用到排污权初始分配拍卖方面，都可能完全偏离制度的价值定位，都会产生不可低估的消极影响。

定价出售规则虽然简单、易于实行，但定价的科学性和合理性非常难以把握，且常含有较大主观成分。定价出售虽有减少冲突和降低行政成本的考量，但也存在一定弊端：首先是垄断定价的存在。定价出售可能带来两类垄断并由此成社会福利损失：一是制定分配价格的分配主体在利益行政引导下，具有实施垄断定价的内在激励；二是寡头市场结构情况下，寡头企业可能采取类似于后向一体化的措施，从而达到垄断控制产品市场的目的。其次是专用性投资激励弱化。依固定价格出售排污权份额，虽存在一定分配收益，但并不具有专用性投资激励，因为价格波动与争夺导致了排污主体对"是否能获得排污权"的不确定性或风险加大，造成排污主体不愿、不敢、不能投资研发污染防治或减排措施。最后是信息不对称严重。市场价格机制要求政府必须对市场信息有充分了解，因此政府必须承担较高的信息成本。但政府很难把价格确定在市场供求相等水平上，如果定价平偏高，会导致排污权供给大于需求；反之如果定价水平偏低，则出现排污权的超额需求。

与其他规则一样，奖励规则在排污权初始分配也扮演了重要角色。通过奖励方式的有效使用，可以使一批清洁生产或环境友好的排污主体能够参与排污权交易体系。但奖励规则造成分配主体自由裁量权力得以扩大，故如何限制权力和规范权力运行程序，减少寻租和腐败构成一个难题。

（二）合理搭配各种规则，建立多种分配共存的分配机制

中国排污权初始分配机制建构应当是一种分配规则为主，多种分配规则并存的局面。只有这样，才能实现环境、公平和效率的有机统一。具体思路包括：结合我国污染防治和节能减排的长期规划，分阶段实施排污权初始分配规则。第一阶段可以采用基于既往占有或当前占有的免费分配模式为主，拍卖和预留作为重要补充的混合机制模式（Hybrid Distribution）。[①] 依据排污主体既往或当前污染物排放量或其他排放基准，以此或以一定比例确定排污主体可获得的排污权或排放权数量。主要原因首先在于中国加入世界贸易组织后，整体关税水平下调，建立在高能耗和高污染基础上的中国制造商品价格优势已经荡然无存，各国排污权初始分配通过既往或当前的免费方式，本身就希望确立与国外竞争的比较优势。在其他各国采用基于既往或当前占有的免费模式下，我国采用基于拍卖的有偿模式显然不利于与国外产品竞争。其次，我国排污权交易制度尚处于起步阶段，真正意义上的排污交易政策法规、规则和市场都没有正式形成，在这种情况下，任何政策的出台都必须考虑前后衔接问题。在不改变现有排污权分配总体格局的前提下，基于既往或当前占有的免费分配模式可以顺利实现与原有排污收费制度的对接，避免引起制度变迁过程中利益相关主体因利益调整而抵触和冲突。相对其他模式而言，此种分配模式更具现实可行性。

当然，在这个阶段可以适时引进拍卖规则作为辅助手段。因

[①] Holmes Friedman, "Design Alternatives for a Domestic Carbon Trading Scheme in the United States", *Global Environmental Change*, 10, 371—386, 2000.

为在排污权制度初期无法形成明确的价格信号，但拍卖有助于提供一个明确的价格信号。因此，主要基于当前或既往占有实施免费分配的同时，允许省级以上环境主管部门（包括省级）依法预留一定比例排污权指标在一定行业或相对主体间进行拍卖。借助拍卖模式不断寻求相对科学的价格信号。为了防止势力雄厚大企业包括国有特大型可能高价购买指标，囤积居奇以牟取暴利，可借鉴美国"酸雨计划"做法。一是建立"零收益拍卖制度"。在计划分配年度期间，法律可以强制要求拥有排污权份额持有者必须将一定比例（具体比列视情况而定）的排放权份额公开拍卖，拍卖收入归还给企业而非政府所有，防止任何参与者或团体囤积排放权配额而使市场陷入困境。二是中央政府环境主管部门在年度分配时必须预留部分排污权指标，借助中央银行公开市场业务方法调控排污权市场。

第二阶段可以逐渐过渡到以拍卖为主和基于当前或既往占有为补充的混合机制（Hybrid distribution）。[1] 在这个阶段中，可以制定与第一阶段相互对接政策，从第一阶段的基于当前或既往占有的免费为主、拍卖等为补充的混合机制逐渐过渡到以拍卖为主，基于既往或当前占有、奖励和预留为补充的混合机制。在这个阶段中，结合国内外排污权交易制度的一般进程，在政府主管部门预留一部分排放权份额外，仍然允许一定比例（这个比例应按照5年计划规定逐渐变小）排污权份额按照既往或当前占有进行分配，当然可以采用有偿或无偿各种方式。其余数额主要采用拍卖规则进行。

不同比例分配规则而形成的混合机制具有如下优势：首先，对于排污主体而言，形成一个逐步过渡适应期，让它们结合生产

---

[1] Edwards Hutton, "Allocation of Carbon Permits Within a Country: a General Equilibrium Analysis of the United Kingdom", *Energy Economics*, 23, 373—386, 2001.

经营计划逐步调整需要购买的排污权数量。这样，一方面可以降低排污主体由于初始分配形成的各种成本，减轻其经济负担，促进它们进行合作，从而减少该制度推广的阻力。另一方面也有利于排污主体形成合理的制度预期，它们知道自己下一步该怎么办，有利于制定下一步生产经营计划和污染防治计划。其次，政府或主管部门可以结合国内外产业发展具体情况，不断对各种分配规则之间（尤其是免费和拍卖之间）比例大小进行动态调整。政府可以按照时间及空间范围将拍卖收益进行分配，避免宏观经济影响所造成的不利冲击。基于当前或既往占有的免费分配模式随着边界条件的不断成熟，不断进行相应的动态调整。当然，这种模式存在的问题是，根据各个区域、各个国家不同的情况，最初的免费分配的比例该如何确定，每次降低的比例又是多少，要分几个阶段才能最终过渡到主要采用拍卖方式，这些都是实践中有待解决的问题。

奖励或补偿等工具主义分配方式在有偿分配成为主导规则背景下仍有存在的空间和必要，一些在环境资源保护和节能减排方面作出突出贡献的排污主体仍然可以通过这些方式获得应有的回报和补偿。在环境污染防治技术方面作出突出贡献并将法定程序予以认可的排污主体有权在初始分配中得到一定份额的免费分配作为奖励。在重大环境污染事故等突发应急事件中，为了公共利益需要，排污主体自愿放弃一定排放份额在事后也应得到一定数额的补偿。为防止环境行政主管部门滥用职权和侵犯排污主体合法权益，可以通过相关制度的完善和监管机制的有效运行来保障免费初始分配规则的有效实施。

参考文献

一 中文著作类

1. 王玉庆：《环境经济学》，中国环境科学出版社 2002 年版。

2. 厉以宁：《经济学的伦理问题》，三联书店 1995 年版。

3. 祝兴祥：《中国的排污许可证制度》，中国环境科学出版社 1991 年版。

4. 胡代光：《西方经济学说的演变及其影响》，北京大学出版社 1999 年版。

5. 陈新民：《法治国公法学原理与实践》，中国政法大学出版社 2009 年版。

6. 刘超：《环境法的人性化与人性化的环境法》，武汉大学出版社 2010 年版。

7. 王金南、杨金田、马中等：《二氧化硫排放交易——美国的经验与中国的前景》，中国环境科学出版社 2000 年版。

8. 王金南、杨金田、马中等：《二氧化硫排放交易——中国的可行性》，中国环境科学出版社 2002 年版。

9. 杨金田等：《中国实施排污交易政策的可行性分析》，中国环境科学出版社 2004 年版。

10. 马中、杜丹德：《总量控制与排污权交易》，中国环境科学出版社 1999 年版。

11. 韩德培：《环境资源法教程》，法律出版社 2007 年版。

12. 吴健：《排污权交易》，中国人民大学出版社 2005 年版。

13. 罗勇等：《环境保护的经济手段》，北京大学出版社 2002年版。

14. 王树义：《俄罗斯生态法》，武汉大学出版社 2001 年版。

15. 杜群：《环境法融合论——环境、资源、生态法律保护一体化》，科学出版社 2003 年版。

16. 陈慈阳：《环境法总论》，中国政法大学出版社 2003 年修订版。

17. 吕忠梅：《环境资源法学》，中国法制出版社 2001 年版。

18. 孟庆瑜：《分配关系的法律调整》，法律出版社 2005 年版。

19. 邓海峰：《排污权——一种基于私法语境下的解读》，北京大学出版社 2008 年版。

20. 张梓太：《环境纠纷处理前沿问题研究》，清华大学出版社 2007 年版。

21. 张梓太：《自然资源法学》，北京大学出版社 2007 年版。

22. 吕忠梅等：《环境资源法学》，中国法制出版社 2001 年版。

23. 曹明德：《生态法原理》，人民出版社 2002 年版。

24. 周珂：《环境与资源保护法》，中国人民大学出版社 2010年版。

25. 王灿发：《环境法学教程》，中国政法大学出版社 1997年版。

26. 中国 21 世纪议程管理中心 清华大学编著：《清洁发展机制》，社会科学文献出版社 2005 年版。

27. 孙宪忠：《德国当代物权法》，法律出版社 1997 年版。

28. 王蓉：《中国环境法律制度的经济学分析》，法律出版社 2003 年版。

29. 幸红：《污染控制策略创新——排污权交易及其法律规范》，华南理工大学出版社 2007 年版。

30. 崔建远：《准物权研究》，法律出版社 2003 年版。

31. 胡 静：《环境法律正当性和制度选择》，知识产权出版社2009年版。

32. 张 勇：《能源资源法律制度研究》，中国时代经济出版社2008年版。

33. 李挚萍：《环境法的新发展——管制与互动的民主》，人民法院出版社2006年版。

34. 张文显：《法理学》，高等教育出版社、北京大学出版社2001年版。

35. 李进之等：《美国财产法》，法律出版社1999年版。

36. 唐代兴：《公正伦理与制度道德》，人民出版社2003年版。

37. 常纪文等：《环境法学》，中国方正出版社2003年版。

38. 张梓太：《自然资源法学》，北京大学出版社2007年版。·

39. 梅夏英：《财产权构造的基础分析》，人民法院出版社2002年版。

40. 国家环保总局：《排污收费制度》，中国环境科学出版社1997年版。

41. 张维迎：《博弈论与信息经济学》，上海三联书店2004年版。

42. 世界环境发展委员会：《我们共同的未来》，三联书店1997年版。

43. 蔡守秋：《环境资源法论》，武汉大学出版社2003年版。

44. 沈满洪等：《排污权交易机制研究》，中国环境科学出版社2009年版。

45. 刘扬：《法律正当性观念的转变》，北京大学出版社2008年版。

46. 钱弘道：《经济分析法学》，法律出版社2003年版。

47. 曹明德：《生态法原理》，人民出版社2002年版。

48. 王克稳：《经济行政法基本论》，北京大学出版社2004

年版。

49. OECD：《环境管理中的经济手段》，中国环境科学出版社1996年版。

50. 宋国君：《创建中国排污权交易市场的可行性及案例研究》，中国人民大学出版社2000年版。

51. 沈满洪：《环境经济手段》，中国环境科学出版社2001年版。

52. 李挚萍：《经济法的生态化》，法律出版社2003年版。

53. 李寿德：《排污权交易的基本问题研究》，西安交通大学出版社2001年版。

54. 张春生主编：《中华人民共和国行政许可法释义》，法律出版社2003年版。

55. 戴剑波：《权利正义论》，法律出版社2007年版。

56. 王泽鉴：《民法总则》，中国政法大学出版社2001年版。

57. 王小龙：《排污权交易研究：一个环境法学的视角》，法律出版社2008年版。

58. 徐国栋：《绿色民法典草案》，社会科学文献出版社2004年版。

59. 桑东莉：《可持续发展与中国自然资源物权制度之变革》，科学出版社2006年版。

60. ［美］斯普兰克林：《美国财产法精解》，钟书锋译，北京大学出版社2009年版。

61. ［美］伯纳德·施瓦茨：《美国法律史》，王军等译，中国政法大学出版社1989年版。

62. ［德］弗朗茨·维亚克尔：《近代私法史》，陈爱娥等译，上海三联书店2006年版。

63. ［美］泰坦伯格等：《排污权交易——污染控制政策的改革》，崔卫国等译，三联书店1992年版。

64.〔美〕劳森等:《财产法》,施天涛等译,中国大百科全书出版社 1998 年版。

65.〔美〕德沃金:《法律帝国》,李常青译,中国大百科全书出版社 1996 年版。

66.〔美〕伯特尼:《环境保护的公共政策》,穆贤清等译,上海人民出版社 2006 年版。

67.〔美〕托马斯·思德纳:《环境与自然资源管理的政策工具》,张蔚文等译,上海人民出版社 2006 年版。

68.〔美〕罗尔斯:《正义论》,何怀宏等译,中国社会科学出版社 1988 年版。

69.〔美〕萨缪尔森等:《微观经济学》,萧琛等译,华夏出版社 1999 年版。

70.〔美〕乔治·恩德勒等:《经济伦理学大辞典》,李兆荣等译,上海人民出版社 2001 年版。

71.〔美〕庞德:《普通法的精神》,唐前宏等译,法律出版社 2001 年版。

72.〔美〕庞德:《法律史解释》,邓正来译,中国法制出版社 2002 年版。

73.〔美〕埃莉诺·奥斯特罗姆:《公共事物的治理之道——集体行动制度的演进》,余逊达等译,上海三联书店 2000 年版。

74.〔美〕科斯等:《财产权利与制度变迁》,刘守英译,上海三联书店、上海人民出版社 2005 年版。

75.〔美〕博登海默:《法理学——法律哲学与法律方法》,邓正来译,中国政法大学出版社 2004 年版。

76.〔美〕波斯纳:《法律理论的前沿》,中国政法大学出版社 2003 年版。

77.〔美〕托马斯·思德纳:《环境与自然资源管理的政策工具》,张蔚文译,上海人民出版社 2005 年版。

78. ［美］A. Denny Ellerman：《关于设计一个适合中国的二氧化硫排污交易制度的构想》，阚宏钧译，中国环境科学出版社 1994 年版。

79. ［美］泰坦伯格：《排污权交易污染控制政策的改革》，崔卫国等译，三联书店 1992 年版。

80. ［美］波特内：《环境保护的公共政策》，陈昕等译，三联书店 1993 年版。

81. ［美］诺思：《制度、制度变迁与经济绩效》，三联书店 1994 年版。

82. ［英］哈特：《法律的概念》，张文显译，中国大百科全书出版社 1996 年版。

83. ［英］麦考密克：《制度法论》，周叶谦译，中国政法大学出版社 1994 年版。

84. ［英］戴维·米勒：《社会正义原则》，应奇译，江苏人民出版社 2001 年版。

85. ［法］亚历山大·基斯：《国际环境法》，张若思译，法律出版社 2007 年版。

86. ［美］波斯纳：《法理学问题》，苏力译，中国政法大学出版社 2002 年版。

87. ［美］波斯纳：《法律理论的前沿》，武欣等译，中国政法大学出版社 2003 年版。

88. ［美］布坎南：《公共物品的需求与供给》，马珺译，上海人民出版社 2009 年版。

89. ［日］宫本宪一：《环境经济学》，朴玉译，三联书店 2004 年版。

90. ［美］考默萨：《法律的限度》，申卫星译，商务印书馆 2007 年版。

二　中文期刊类

1. 吕忠梅：《论环境使用权交易制度》，载《政法论坛（中国政法大学学报）》2000 年第 4 期。

2. 林云华：《排污权初始分配方式的比较研究》，载《石家庄经济学院学报》2008 年第 6 期。

3. 潘家华、陈迎：《碳预算方案：一个公平、可持续的国际气候制度框架》，载《中国社会科学》2009 年第 5 期。

4. 占红洋：《哪种权利，何来正当性——对当代中国排污权交易的法理学分析》，载《中国地质大学学报》（社会科学版）2010 年第 1 期。

5. 钱水苗：《论政府在排污权交易市场中的职能定位》，载《中州学刊》2005 年第 3 期。

6. 王小军：《论排污权交易在我国的实施》，载《宁波大学学报》2005 年第 5 期。

7. 何延军、李霞：《论排污权的法律属性》，载《西安交通大学学报》（社会科学版）2003 年第 3 期。

8. 王申义：《论物权的社会化》，载《法学评论》1999 年第 1 期。

9. 马俊驹等：《无形财产的理论和立法问题》，载《中国法学》2001 年第 2 期。

10. 肖国兴：《论中国资源环境产权制度的架构》，《环境保护》2000 年第 11 期。

11. 上官莉娜：《权力—权利"共生性"缕析》，载《武汉大学学报》（哲学社会科学版）2009 年 5 月。

12. 幸红：《排污权交易法律制度探讨》，《广东商学院学报》2003 年第 4 期。

13. 胡春冬：《排污权交易的基本法律问题研究》，载王树义

《环境法系列专题研究》（第 1 辑），科学出版社 2005 年版。

14. 徐祥民：《建立排污权转让制度的几点思考》，载《环境保护》2002 年第 12 期。

15. 蔡守秋、张建伟：《论排污权交易的法律问题》，载《河南大学学报》（社会科学版）2003 年第 9 期。

16. 曹明德等：《德国温室气体排放许可证交易法律制度研究》，载《法学评论》2010 年第 4 期。

17. 张梓太：《污染权交易立法构想》，载《中国法学》1998 年第 3 期。

18. 张璐：《论排污权交易法律制度》，载《河南省政法管理干部学院学报》2000 年第 1 期。

19. 王伟中等：《〈京都议定书〉和碳排放权分配问题》，载《清华大学学报》（哲学社会科学版）2002 年第 6 期。

20. 罗丽：《美国排污权交易制度及其对我国的启示》，载《北京理工大学学报》（社会科学版）2004 年第 1 期。

21. 秦天宝：《国际法的新概念"人类共同关切事项"初探》，载《法学评论》2006 年第 5 期。

三　硕博论文

（一）硕士论文

1. 邝山：《排污权拍卖的机制研究》，上海交通大学 2007 年硕士学位论文，中国期刊网。

2. 张喆：《中国电力行业二氧化硫排污权交易经济分析》，中国环境科学研究院硕士学位论文，中国期刊网。

3. 叶立春：《排污权交易法律制度的立法研究》，西南交通大学 2007 年学位论文，中国期刊网。

4. 孙良：《论我国碳排放权交易制度的建构》，中国政法大学 2009 年硕士学位论文，中国期刊网。

5. 张芳：《国际碳排放交易对我国排污权交易的影响》，对外经贸大学 2006 年硕士论文，中国期刊网。

6. 季虹璟：《排污权交易的法律探究》，河海大学 2007 年硕士学位论文，中国期刊网。

7. 蒙志敏：《排污权交易法律问题研究》，兰州大学 2006 年硕士学位论文，中国期刊网。

8. 杨晶：《排污权交易制度基本问题研究》，东北大学 2003 年硕士学位论文，中国期刊网。

9. 徐志成：《我国二氧化硫排污权交易立法探讨》，东北林业大学 2006 年硕士学位论文，中国期刊网。

10. 法晓红：《排污权交易制度探讨》，苏州大学 2009 年硕士学位论文，中国期刊网。

11. 向勇：《排污权交易制度研究——排污权的分配、时间及空间问题》，中国海洋大学 2004 硕士学位论文，中国期刊网。

12. 许嘉：《环境资源交易所相关法律问题研究》，湖南师范大学 2010 年硕士学位论文，中国期刊网。

13. 惠军亚：《我国排污权交易的立法研究》，昆明理工大学 2006 年硕士学位论文，中国期刊网。

14. 于惠燕：《我国排污权交易的立法研究》，西北民族大学 2007 年硕士学位论文，中国期刊网。

15. 郭蓓蓓：《论排污权及法律性质》，中国政法大学 2010 年硕士学位论文，中国期刊网。

16. 段欢欢：《排污权交易法律制度研究》，西南政法大学 2010 年硕士学位论文，中国期刊网。

17. 宣海霞：《排污权交易制度研究》，福州大学 2004 年硕士学位论文，中国期刊网。

18. 任捷：《关于建立中国温室气体排放权交易体系（ETS）的研究》，中国科技大学 2010 年硕士学位论文，中国期刊网。

（二）博士论文

1. 马晶：《环境正义的法哲学研究》，吉林大学法学院 2005 年博士学位论文，中国期刊网。

2. 赵惊涛：《排污权研究》，吉林大学法学院 2008 年博士学位论文，中国期刊网。

3. 张立伟：《权利功利化及其限制》，中国政法大学 2006 年博士学位论文，中国期刊网。

4. 宋起柱：《无线电频谱资源的市场分配机制研究》，北京邮电大学 2010 年博士学位论文，中国期刊网。

5. 黄有璋：《论当代中国分配正义》，中央党校 2010 年博士学位论文，中国期刊网。

6. 李丹：《环境立法的利益分析——以废旧电子电器管理立法为例》，中国政法大学 2006 年博士学位论文，中国期刊网。

7. 刘志欣：《中央与地方行政权力配置研究——以建设项目环境影响评价审批权为例》，华东政法大学 2008 年博士学位论文，中国期刊网。

8. Timothy Heinmiller, *Partners and Competitors, Intergovernmental Relations and the Governance of Transboundary Common Pools*, Oxford Ph. D. dissertation, 2004.

四　英文文献

（一）英文著作

1. Piere, Debating Governance, *Authority, Sterring and Democracy*, Oxford University Press, 2000.

2. Tietenberg, *Emissions Trading: Principles and Practice*, DC Resources for the Future, 2006.

3. John Rawls, *A Theory of Justice*, Harvard University Press, 1971.

4. Elizabeth Rolph, *Government Allocation of Property Rights*: *Why and How*, Rand Press, 1982.

5. Leigh Raymond, *Private Rights in Public Resources-Equity and Property Allocation in Market-Based Environmental Policy*, RFF Press, 2005.

6. A. Denny Ellerman, Barbara K. Buchner and Carlo Carraro, *Allocation in the European Emissions Trading Scheme*, Cambridge University Press, 2007.

7. Christine Aklein, *Natural Resources Law*, Aspen Publishers, 2005.

8. R gnvaldur Hannesson, *The Privatization of the Oceans*, REF, 2006.

9. Keohane Olmstead, *Markets and the Environment*, US: Island Press, 2007.

10. David Freestone Charlotte Streck, *Legal Aspects of Implenting the Kyoto Protocol Mechanisms*, Oxford University Press, 2005.

11. A. Denny Ellerman Barbara K. Buchner and Carlo Carraro, *Allocation in the European Emissions Trading Scheme*, Cambridge University Press, 2007.

12. Tietenberg, *Emissions Trading Program*: *Theory and Design*, (Volume1-2-3), Ashgate, 2008.

13. Barbara Pozzo, *Property and Environment*, Carolina Academic Press, 2007.

（二）英文论文

1. Montgomery, *Markets in Licenses and Efficient Pollution Control Programs*, Journal of Economic Theory, 1972, 5 (3), 395—418.

2. Palmisano, *Air permits Trading Paradigms for Greenhouse Gases*: *Why Allowances won' t work and credits will Discussion Draft*, Enron

Europe Lid, London, 1996, 32—33.

3. Hahn, *Trade-offs in Designing Markets with Multiple Objectives*, Journal of Environmental Economics and Resource Economics 1986, 3, 1—26.

4. Sunnevag, *Auction Design for the Allocation of Emission Permits*, Working Paper in Economics, 2001, (11), 7—8.

5. Cramton, *Tradeable Carbon Permit Auctions: How and Why to Auction not Grandfather*, Energy Policy, 2002, (30), 333—345.

6. Boemare, *Implementing Greenhouse Gas Trading in Europe: Lessons from Economic Literature and International Experiences*, Ecological Economics, 2002, (43), 213—230.

7. Kvemdokk, *Tradable CO2 Emission Permits: Initial Distribution as a Justice Problem*, CSERGE GEC Working Paper, 1992.

8. Tietenberg, *Economic Instruments for Environmental Regulation*, Oxford Review of Economic Policy, 1991, (6), 125—178.

9. Burtraw, *The Effect of Allowance Allocation on the Cost of Carbon Emission Trading*, RFF Discussion Paper, 2001, 1—30.

10. Godby, *Market Power in Laboratory Emission Permit Markets*, Environmental and Resource Economics, 2002, (23), 279—318.

11. Stavins, *Transaction Costs and Tradeable Permits*, Journal of Environmental Economics and Management, 1995, (29), 133—148.

12. Friedman, *Competitive Bidding Strategy*, Operations Research, 1956, (4), 104—112.

13. Vichrey, *Counter Speculation, Auctions, and Competitive Sealed Tenders*, Journal of Finance, 1961, (16), 8—37.

14. Milgrom, *A Theory of Auctions and Competitive Bidding*, Econome trica, 1982, (50), 102—105.

15. Stranlund, *Endogenous Monitoring and Enforcement of a Trans-*

ferable Emissions Permit System, Journal of Environmental Economics and Management, 1999, 38: 267—282.

16. Ausubel, *Demand Reduction and Inefficiency in Multiple-unit auctions*, Working Paper, 1996.

17. Barry, *Auctions of Divisible Goods: On the Rationale for the Treasury Experiment*, Review of Financial Studies, 1993, (4), 733—764.

18. Klemperer, *Auction Theory: A Guide to the Literature*, Journal of Economic Surveys, 1999, (2), 227—286.

19. Cason, *Incentive Properties of EPA's Emission Trading Auction*, Journal of Environmental Economics and Management, 1993, (2), 177—195.

20. Cason, *An Experimental Investigation of the Seller Incentives in the EPA's Emission Trading Auction*, American Economic Review, 1995.

21. Cason, *EPA's New Emissions Trading Mechanism: A laboratory evaluation*, Journal of Environmental Economics and Management, 1996, (2), 905—922.

22. Svendsena, *The US SO2 Auction: Analysis and Generalization*, Energy Economics, 1999, (21), 133—160.

23. Sushi, *Ascending Price Vickrey auctions*, Games and Economic Behavior, 2004, (5), 216.

24. Wilson, *Activity Rules for the Power Exchange*, Report to the California Trust for Power Industry Restructuring, 1997.

25. McAfee, Selling Spectrum Rights, Journal of Economic Perspectives, 1994, (8), 145—162.

26. Charles Holt, *Auction Design for Selling CO2 Emission Allowances under the Regional Greenhouse Gas Initiative*, ALI-ABA Course of Study April 3—4, 2008.

27. Myerson, *Optimal Auction Design*, Mathematics of Operations Research, 1981, (6), 58—73.

28. Hahn, *Barriers to Implementing Tradable Air Pollution Permits: Problems of Regulatory Interactions*, Yale Journal on Regulation, 1983, (1), 63—91.

29. Fischer, Instrument Choice for Environmental Protection When Technological Innovation is Endogenous, Resources for the Future Discussion paper, 1999, (99), 99—104.

30. Ledyard, Designing Organizations for Trading Pollution Rights, Journal of Economic Behavior and Organization, 1994, (25), 3—4.

31. Gene, Environmental Impacts of A North American Free Trade Agreement, National Bureau of Economic Research, Cambridge, 1991, Working Paper, 3914.

32. Ellerman, *The European Union Emissions Trading Scheme: Origins, Allocation, and Early Results*, Review of Environmental Economics and Policy 1 (1), 2007, 66—87.

33. Fische, *Emissions Pricing, Spillovers, and Public Investment in Environmentally Friendly Technologies*, Energy Economics, 2008, 487—502.

34. Gorecki, *EU Climate Change Policy* 2013—2020: *Thoughts on Property Rights and Market Choices*, Working Paper 292, Economic and Social Research Institute, Dublin.

35. Hahn, *Market Power and Transferable Property Rights*, The Quarterly Journal of Economics, 99, 753—765.

36. John Woodley, *Reviewing the European Trade*, Public Utilities Fortnightly, 2007, 202—342.

37. Klepper Peterson, *Emissions Trading, CDM, JI, and More: the Climate Strategy of the EU*, Energy Journal 2006, 27 (2),

1—26.

38. Gerlagh, *Trade Liberalization and Carbon Leakage*, Energy Journal, 2003, 24, 97—120.

39. Mavrakis, *Classification of Emissions Trading Scheme Design Characteristics*, The Journal of European Environmental Policy (Wiley), Feb, 2003, 65—190.

40. Palmer, *The Benefits and Costs of Reducing Emissions from the Electricity Sector*, Journal of Environmental Management, 2007, 83, 115—130.

41. Rehdanz, *Unilateral Regulation of Bilateral Trade in Greenhouse gas Emission Permits*, Ecological Economics, 2005, 54, 397—416.

42. Rehdanz, *Ocean Carbon Sink sand International Climate Policy*, Energy Policy, 2006, 34, 3516—3526.

43. Reilly, *The Role of Non-CO$_2$ GHG Sin Climate Policy: Analysis using the MITIGSM*, Energy Journal, 2006, 503—520.

44. Teresa Davidson, *Carbon Trade-off Challenge for Business*, Business Source Premier, 2007, 42—154.

45. Tol R. S. J. , *Multi-gas Emission Reduction for Climate for Climate Change Policy: An Application of FUND*, Working Paper 2004, FNU – 46. Economic and Social Research Institute, Dublin.

46. Tol R. S. J, *The Social Cost of Carbon: Trends, Outliers and Catastrophes Economics-the Open-Access, Open-Assessment*, E-Journal 2 (25), 1—24.

47. Tol R. S. J, *Intra-union Flexibility of Non-ETS Emission Reduction Obligations in the European Union*, Energy Policy, 37 (5), 1. 2009, 745—1752.

48. Tol Rehdanz, *A No Cap But Trade Proposal for Emission Tar-

gets, Climate Policy, 8 （3） 2008, 293—304.

49. Harvard Law Review Association, *Federal Statutes-Clean Air Act- D. C. Circuit Holds That EPA Cannot Prevent State and Local Authorities From Supplementing Inadequate Emission Monitoring Reqirements in the Absence of EPA Regulation. Sierra Club v. EPA*, 536 *F. 3D* 673, Harvard Law Review, January, 2009, 982—1022.

50. Reuven Uhlmann, *Combating Global Climate Change： Why a Carbon Tax Is a Better Response to Global Warming Than Cap and Trade*, Stanford Environmental Law Journal, 2009, 3—5.

51. Robert Stavins, *A Meaningful U. S. Cap and Trade System to Address Climate Change*, Harv Envtl. L. Rev. , 2008, 293—296.

52. Clare Langley, *An International Market for Transferable Gas Emission Permits to Promote Climate Change*, Fordham Envtl. L. J. 1998, 261.

53. Libecap, *Property Rights in Environmental Assets： Economic and Legal Perspectives*, Arizona Law Review, 2008, summer.

54. Mackenzie, *the Optimal Initial Allocation of Pollution Permits： a Relative Performance Approach*, Environ Resources Econ （2008） 39： 265—282.

55. Colby, *Cap-and-trade Policy Challenge： a Tale of Three Markets*, 76 Land Econ. , 2000, 638.

56. Diane, *Profit and Price Effects of Multi-Species Individual Transferable Quotas*, Agric. Econ. , 2005, 31.

57. Tietenberg, *Tradable Permits in Principle and Practice*, Penn State Environmental Law Review winter, 2006, 25.

58. Albert Mumma, *Designing a Global Post-kyoto Climate Change Protocol That Advances Human Development*, Georgetown International Environmental Law Review, summer, 2008, 619—653.

59. Edwards Hutton, *Allocation of Carbon Permits Within a Country*: *a General Equilibrium Analysis of the United Kingdom*, Energy Economics, 2001 (23), 373—386.

60. Dellas Deluca, *One For Me And One For You*: *An Analysis Of The Initial Allocation Of Fishing Quotas*, New York University Eniveronmental Law Journal, 2005, 377—384.

61. Manik Roy, *the Prospects for a Greenhouse Gas Cap and Trade Law*, Virginia: American Law Institute-American Bar Association Continuing Legal Education, 2008, February 6—8.

62. A. Dan Tarlock, *From Natural Scarcity to Artificial Abundance*: *The Legacy of California Water Law and Politics*, West-Northwest Law Review, 71 (1994).

63. Carol M. Rose, *From H_2O to CO_2*: *Lesson of Water Rights for Carbon Trading*, Arizona Law Review, spring 2008.

64. Peter D. Nichols, Miccosukee, *the Potential for Clean Water Act Discharge Permits for Water Transfers*, Colorado Lawyer, August 2004.

65. Lisa Heinzerling, *Climate Change in the Supreme Court*, Environmental Law, Winter 2008, 1—57.

66. Robert N. Stavins, *Policy Instruments for Climate Change*: *How Can National Goverments Address Global Problem?* University of Chicago Legal Forum, 1997.

67. John D. Leshy, *Breaking the Logjam*: *Environmental Reform for the New Congress and Administration*, New York University Environmental Law Journal, 2008.

后　记

　　屈指算来，我在武汉大学已经赖了将近十个年头了，在这也许是人生中最重要的十年里，我目睹和见证了一批又一批的环境法青年才俊们在这里聚集，又从这里远行。这里所承载的欢乐、希望、悲伤和困惑，无一例外都暗合着我人生重要阶段的发展状况。所幸有许多人给予的无私帮助和亲切关怀，没有他们，我不可能顺利完成这人生的重要过渡。

　　向所有关心过、帮助过我和本书创作的他们表达谢意是我继续前行的主要动力。感谢我的硕士和博士生导师蔡守秋老师，他用十年的时间来呵护我的成长。在本书写作过程中，一次次的叮嘱，一字字地修改，一遍遍的锤炼无不衬托出这是一个严谨的思者，一个独立的智者，一个真正的学者。感谢王树义老师，他的整体格局、专业智识和处事理念高山仰止，景行行止，令学生受益和感念终生。感谢李启家老师，他的挥斥方遒、谈笑怒骂和快意人生令我每每醍醐灌顶，茅塞顿开。感谢秦天宝老师，他的深厚内功、纵横驰骋时时给予我辈鞭策和鼓励。感谢杜群老师，她让环境法所倡导的和谐即美、融合即美变为真实的现实。感谢张梓太老师，他的睿智和潇洒使其轻轻挥一挥手，就能引起无穷的遐想。感谢罗吉老师，她是将我引入环境法殿堂的第一人，当进去后不知所措时，她又在前方向我招手。感谢李广兵老师，他的鼎力相助使我屡屡化险为夷，他的无拘无束和自然自在更是环境法学的最高境界。感谢柯坚老师，他的缜密思考和逻辑掌控使任何游离行为备受煎熬，唯其如此，环境法学才得以健康成长。我们在异国他乡的互相呼应也使我难以忘怀。感谢吴志良老师，他的环境问题意识和挥洒自如令我不断咀嚼"云深不知处"意境。感谢胡斌老师，他的厚实基础和专业背景可以有效回答环境法从哪里来的问题。

感谢华中师范大学社科处石挺老师、李华忠老师，他们的大力鼓励和无私支持是我继续前进的不竭动力。感谢华中师范大学政法学院的各位领导和同事们，他们的关心和帮助也让我领略了集体的温暖。

感谢美国佛蒙特法学院的杨泽铭老师、刘晶晶老师，中山大学的韩光明老师、中国政法大学的侯佳儒老师等，像兄弟一样的感情一直伴我不断前行。

感谢美国环境署的 Mark Pollins、Brain Joffe、Marilyn Engle、Benjamin Bahk、Suzanne Giannini，美国乔治城大学的 Richard Lazarus，英国剑桥大学的 Jeff Shield。他（她）们或者为我在美国环境署实习提供诸多便利，或者为本书写作提供了大量资料，向他（她）们致以谢意。

感谢本书责任编辑宫京蕾女士，为本书出版做了大量的编辑和校对工作，正是她的大力支持，才会有本书的及时面世。

最后应该感谢我的家人，大爱无言，他们永远是我前行的无穷动力。

王清军

2011 年 5 月于武汉桂子山